专业棋牌出版

世界冠军

李 一 姚志勇 / 编著

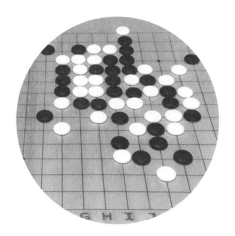

李一评五子

成都时代出版社
CHENGDU TIMES PRESS

图书在版编目(CIP)数据

世界冠军李一评五子 / 李一,姚志勇编著. -- 成都:
成都时代出版社,2023.11
ISBN 978 - 7 - 5464 - 3316 - 5

Ⅰ. ①世… Ⅱ. ①李… ②姚… Ⅲ. ①五子棋 - 基
本知识 Ⅳ. ①G891.9

中国国家版本馆 CIP 数据核字(2023)第 203523 号

世界冠军李一评五子

SHIJIE GUANJUN LIYI PING WUZI

李一　姚志勇　编著

出 品 人	达　海
责任编辑	樊思岐
责任校对	李　航
责任印制	黄　鑫　陈淑雨
封面设计	袁　飞
装帖设计	合创同辉

出版发行	成都时代出版社
电　　话	(028)86785923(编辑部)
	(028)86615250(发行部)
印　　刷	成都博瑞印务有限公司
规　　格	165 mm×230 mm
印　　张	18
字　　数	310 千
版　　次	2023 年 11 月第 1 版
印　　次	2023 年 11 月第 1 次印刷
印　　数	1 - 3000
书　　号	ISBN 978 - 7 - 5464 - 3316 - 5
定　　价	63.00 元

前　言

　　《世界冠军李一评五子》是五子棋世界冠军、全国冠军李一毕生棋评，这棋评文字生动、细致，值得品味，可谓中国五子棋第一评。

　　李一，棋风平稳扎实，擅长中盘搏斗，对部分布局有较深入研究，为北京那威五子棋俱乐部青年先锋。对中国五子棋爱好者而言，棋局点评可是"头条热点"，特别是李一的自战解说，对对手、对棋局的剖析，以及内心正反"小我"的互搏与反省，让你身临其境，让高手的棋艺变得"通俗易懂"。《世界冠军李一评五子》是五子棋定式学习的"酵母片"，是五子棋比赛的"镇定剂"。

　　李一"突然的离开"让我们悲痛万分，但有"李一棋评论道"长存，相信中国五子棋坛会有无数个"李一"走上领奖台。

目 录

世界冠军李一评五子

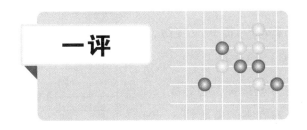

第一届全国五子棋团体锦标赛于2007年5月2日至4日在中国棋院举行，浙江弈缘代表队、河北金环钢构代表队、网络掌棋盟代表队获前三名。

✻ ✻ ✻ ✻ ✻

三天的比赛，我们（北京师范大学附属实验中学队：李一、张驰、孙羽浩、张诗佳）取得7战4胜3负的成绩，名列第十。

整个比赛组织得很好，闭幕式上杨采奕老师的一番话发自肺腑，激励我们在这条路上继续勇敢地前进。

第一轮　李一（黑）胜王晨（白），瑞星局（交换），5A＝F9

本想考对方弱5，不料白4转为金星黑优局。6强防，我不会定式了，其实应该7－12直接活三转化为寒星必胜定式。实战7稳定局势，8可以预见，9！10若反挡，则11－13直接做出大优棋形，实战中10－10，11做VCT，12无奈回防，13再一子通三路，14也基本上是最强防。15？是我太急躁了，16－25白棋将有强烈反击！可惜对手错过了唯一的机会，17后黑必胜。

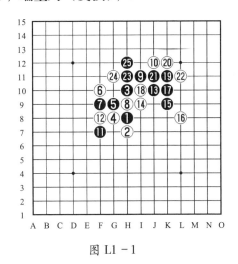

图 L1－1

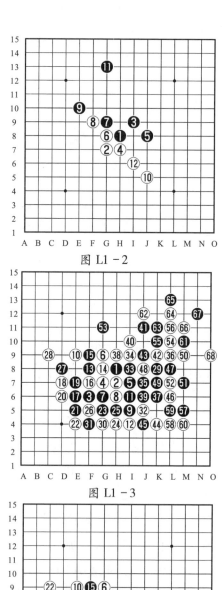

图 L1 - 2

第二轮 李茗(黑)负李一(白),斜月局(交换),5A＝I7

黑5不给两打就拍钟,还好我没有直接应对,因为我本来就想留下一打……结果不料他不会两打……6后黑棋无防。

第三轮 胡瑜(黑)负李一(白),疏星局(不换),5A＝G8

14不好,14－15最佳!以下黑棋主动。18、20无奈,以下变化至31手黑棋大优,32尽力防守,可惜33~39进攻不利,46后黑棋被动。54后白优,55弱防?57布下陷阱!58稳健。以下黑棋难防。62后白棋有VCF。看图L1－4,11换种思路也许赢棋概率更大,白棋很艰苦。图L1－5中白22挡上不行。

图 L1 - 3

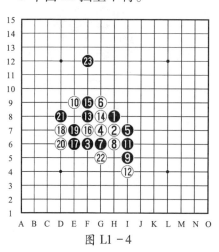

图 L1 - 4

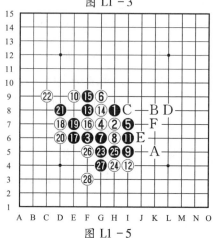

图 L1 - 5

第四轮　张真（黑）负李一（白），名月局（交换），5A＝J9

本想考对手黑5的复杂必胜，不料对手明智地选择了实战黑占优势的5。9－10最强。13－17的话，14－18白棋有优势。实战13正确！14是临场想出的着法，以下15－19，16－23白棋顽强防守。可惜15－15？黑棋在白棋压迫下走出错着！16争先后简单抓禁。

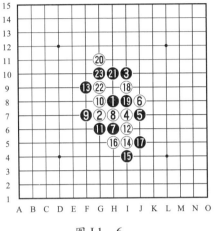

图 L1－6

第五轮　谢磊（黑）胜李一（白），疏星局（不换），5A＝I7

实战的黑5我比较熟悉，也很少在这个局面上失利。15奇怪，变化至17后白棋有先手，18！19～22之后白棋在左上和下方都有难以遏制的优势，黑棋只得强攻！23、25好形，27连通上下，29稳健！33后黑必胜！白棋防守不利，黑棋进攻精彩！

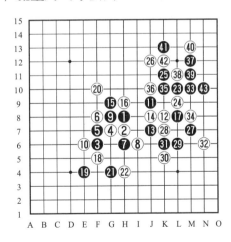

图 L1－7

第六轮　李一（黑）胜司博（白），松月局（不换），5A = I10

松月局，本想对手交换后变云月局，给一个黑5必胜的白6复杂强防，不料对方竟然不换，并且白6弱，黑7后应该可以追胜，于是……就这么赢了。

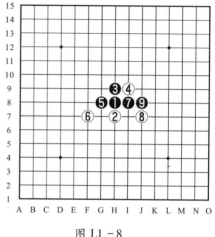

图 L1 - 8

第七轮　田汉法（黑）负李一（白），名月局（交换），5A = I7

再次选择名月局，这个白6我在与宋霰的对局时使用过，效果不错。田老师的黑7也没有走对。9后10强！黑白混战，以下交换至20是正常变化。21？22反击，本想黑棋防守后在左上方有所作为，不料23 - 23！24强！黑棋陷入骑虎难下的境地，防守困难，又攻不出来。25选择强攻！26争先后黑棋速败。

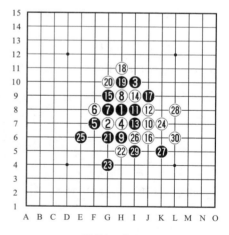

图 L1 - 9

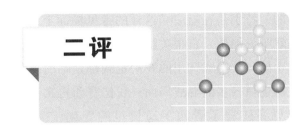

二评

"星梦月圆杯"京沪连珠五子棋擂台赛于 2007 年 4 月 2 日至 11 月 25 日分别在上海北京举行，北京队获得了最终的胜利。先锋：姚金蕊（北京）、顾婉卿（上海）；次锋：胡瑜（北京）、俞满江（上海）；三锋：李一（北京）、黄宇峰（上海）；中坚：仇云飞（北京）、戈翀宇（上海）；三将：曹冬（北京）、陈文夏（上海）；副将：吴昊（北京）、朱建锋（上海）；主将：陈伟（北京）、葛凌峰（上海）。

❊ ✳ ❊ ✳ ❊

第四场　李一（黑）和俞满江（白），流星局（不换），5A＝J9

赛前分析：这场比赛应该说只许胜利不许失败，和棋都不成。之前已经了解过俞满江的棋风，前一天又看了他与胡瑜的对局，感觉他下得确实比较稳，特别是执黑棋的时候，防守得也是游刃有余，这对于守擂的俞满江来说自然是十分有利。因此我考虑使用疏星局、长星局或流星局来迫使他执白，即使对方善于防守，只要以更强大的进攻来击破就好了。我的看法是，没有绝对的防守和进攻，对阵

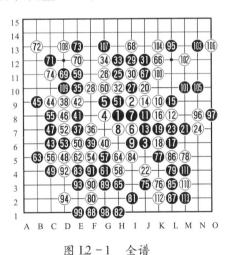

图 L2 - 1　全谱

俞满江，取胜的唯一策略就是进攻。但这不适合我的棋风，因此对于我而言是难上加难。我自己的研究少，长星局也很容易转化为疏星局，而比研

究我肯定是不利的，特别是在疏星局这样的常见局面上，因此我最终决定使用流星局。虽然听说他们一直很关注我空间里面的动态，但实际上只知道流星开局毫无用处，甚至我选用的开局定式都是临时准备出来的一个白棋变招较少、黑棋选择较多的混战局面。我比赛前再次温习了流星局的各种变化，稳妥起见我还看了看四手通长星的变化，选出了自己擅长的局面。

实战解析：比赛开始后我自然选择自己开局，并很快给出了流星开局。俞满江思考了一下竟然给出了实战中极为少见的白4！见图 L2－2。

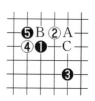

图 L2－2

这个局面下，A、C 两点通流星一打、二打，B 点也不错，白棋稍有不慎就会失误，见图 L2－3。但由于赛前准备上的严重失误，我并没有关注更多的白4变化，也就是说我完全不会这个局面下的五手两打！A 点通流星一打我实际上已经算到，可惜我先入为主地认为在黑5的位置分割白棋一定是两打之一，因此在思考了十分钟之后我给出了 A 点和黑5的两打，俞满江很自然地留下了实战的黑5，在开局阶段就占据了主动地位。我准备的两个主要变化则是图 L2－4、L2－5 的两个开局定式，第一打点的选择黑棋都有少许优势，在此不再赘述。

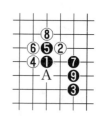

图 L2－3

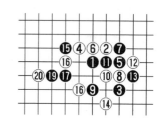

图 L2－4

见图 L2－3，黑9后黑棋在 A 点做棋。图 L2－4，黑17为个人研究，以下空间开阔，有机会进攻。图 L2－5，以为俞满江再想变也无非是通长星变化，黑11积极抢攻稍有优势。

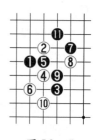

图 L2－5

俞满江自然在白6简单防守，见图L2-6。略去白4、黑5两子，我本来有机会从流星长星互通的变化重新开始，选择 A 或 B 点，但由于明显感觉到两打判断错误产生了心理负担，便保守地在黑7的位置打断，白8-C、黑9-D 都是可以预料的变化。

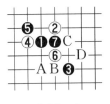

图 L2-6

实战中白8做两个活二也是可以想见的好棋，黑9自然盖。此时白棋握有主动权，是攻是守？见图L2-7。防守的话，A 点是当然的选择，外势不错但主动性稍显不足，其实我当时也很忌惮俞满江在 B 点的连攻。实战中白10的选择是出乎我意料的妙手！复盘时曹冬也提到这一手在此处应为最佳。

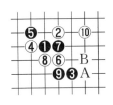

图 L2-7

此时局面对黑棋已经非常不利，许多选点都将面临败北的结局，A 点的选择看似不错，但被白棋在12的位置一盖，局面立刻就逆转了。实战的黑11非常无奈，白12是能够想到的最好应对，见图L2-8。

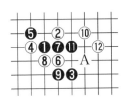

图 L2-8

黑棋再次面临防守的选择。拆棋时殷立成建议按照图L2-9来防守，但经过拆解，结论是白胜。

图 L2-9，白14好手顺，黑15只能如此，白16妙手做杀！白胜。

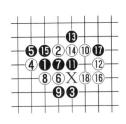

图 L2-9

实战中的选择如图L2-10，黑13直接在白14位填是否更佳？实战中黑棋力求通过下方的牵制来限制白棋在上方的发展。

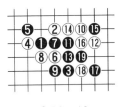

图 L2-10

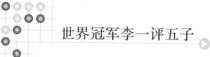

实战的 20 当然进攻，如图 L2－11。但我个人以为使用另一个活二进攻应该更强，以后白棋的连接和选点都会更加丰富。黑 21 是否应当先跳四？23、24 自然交换，至 25 黑棋保留在 A、B 连攻的机会，白棋有所忌惮。

实战中，俞满江精确地切断了我的进攻路线，同时自己形成了一个眠跳三，见图 L2－12。黑 27 只好如此，如果在 A 点防守的话反而留给白棋上下连通的手段，28－B 后黑棋难以选择好的防点。事实上即使在实战中，28－B 也是极好的选择，但可能是守和的想法比较强烈，俞满江走得不太积极，选择在白 28 的位置继续做棋。

实战中，黑 29 是我非常满意的着法！见图 L2－13。意在引诱白棋在 A 点防守，我则准备了一套 VCT，见图 L2－14。当然这只是一个威胁手段，我还是希望通过自己的进攻来控制白棋的优势。图 L2－14，黑 31 是连接上下优势的好手。

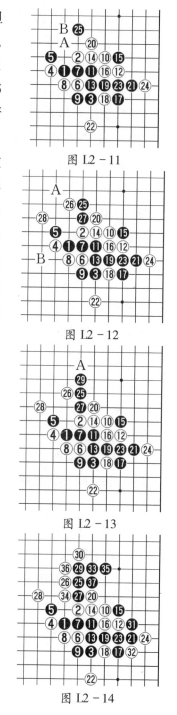

图 L2－11

图 L2－12

图 L2－13

图 L2－14

实战中俞满江当然没有中计，采取了稳固的防守，见图 L2－15。一串交换之后，黑35再防守，压缩了白棋的空间和优势。现在黑棋要在白棋最后的一块优势地带——左下方开始艰苦防守了。

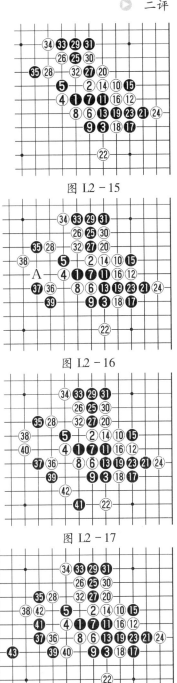

图 L2－15

实战中白36一子通三路，很强烈的进攻！见图 L2－16。黑37外挡，同时做大跳二构成威胁，白38？这步棋的意思不太明确，或许是希望打乱棋形吧！此时黑39在 A 点打断或许最佳，实战中黑39强攻做出眠三和活二，其实不好！白棋有锐利的进攻手段！见图 L2－17。

图 L2－16

图 L2－17，白40积极！黑41虽能做杀，但终究没有后续手段，左边白大优。可惜，俞满江走得又有些保守了，见图 L2－18，白40打断！41、42交换之后我掌握了主动，但白棋在此处的三个活二给我造成了巨大的威胁。长考之后我走出了实战中的黑43！这是这盘棋中我对自己最满意的一手棋！虽然有很大的危险，甚至有人评论这手棋后白棋能胜，但我终于摆脱了防守反击的思维，黑43的攻击手是我在思维意识上的巨大突破！

图 L2－17

图 L2－18

9

见图 L2-19，白 44 活三！意在通过反击来控制黑棋的进攻态势，同时还有其他的一些想法……黑 45 直接反三的话，变化可以预料，并不太好，双方无棋，局面稳定，趋向于和棋，见图 L2-20。

图 L2-20，交换之后至白 52 为自然手段，双方无棋，因此思考之后我考虑黑 45 向上跳活三，之后……脑子中"轰"的一声炸开了，这不抓禁了吗？俞满江似乎也看到了一个"三三"禁手，迅速开始了进攻——白 46、48！见图 L2-21。

以下，黑棋若在中间防守，白棋自然抓禁，见图 L2-22。然而，胜负在一瞬间不那么清晰了，实战黑 49 反三！见图 L2-23，不知是不是我想"负隅顽抗"的缘故，我的直觉让我走出了这步棋，挽回了败局。以下白棋无奈交换，黑 57 若在中间防守反三，则白棋有"A、B、C"的 VCF。白棋若继续采用抓禁的战略，可参见图 L2-24。图 L2-22，黑 49 防守后白棋自然抓禁。

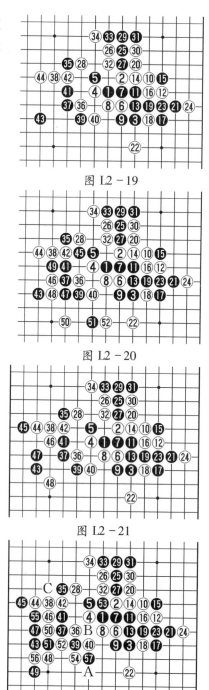

图 L2-19

图 L2-20

图 L2-21

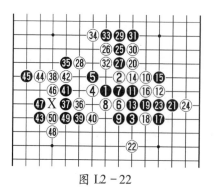

图 L2-22

图 L2-23

图 L2－24，黑 53 因 X 点的位置为"四四"禁手而不成为"三三"禁手。实战白 58 盖冲，变化至黑 65，和棋局面已经出现，见图 L2－25。此时俞满江的基本时间已经用完，开始读秒，而我还有二十多分钟。我以加快行棋节奏的方式给俞满江施加压力，希望他能走出漏着。以下变化至黑 77，做杀！黑棋有"A、B、C、D、E、F、G"的 VCF，这是最后的机会！见图 L2－26。

可惜俞满江稳稳地在实战 78 的位置进行了防守，见图 L2－1。以下盘面没有多少空间了，俞满江也没有犯什么错。变化至黑 113 手，我的基本时间也用完了，无奈接受了和棋的事实。

赛后总结：本次比赛我和对手有着巨大的实力差距，能够侥幸和棋，还是依靠了俞满江在某些关键时候没有积极进攻。在以后的对局中我会更加注意行棋的方式。还有就是要注意基本功，不要搞错了学习定式的顺序。更要锻炼自己临危不乱的心理素质，努力提高在劣势情况下分析局面的水平。

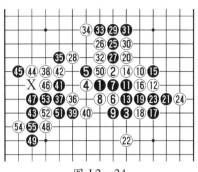

图 L2－24

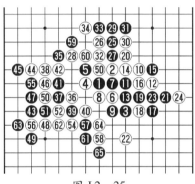

图 L2－25

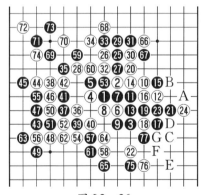

图 L2－26

三评

首届全国少年儿童五子棋锦标赛于 2007 年 8 月 6 日至 10 日在秦皇岛佳伦酒店举行。少年男子组李一、芦海、魏佳星，少年女子组张萌森、蒋思雨、邹沄，儿童男子组徐嘉琦、张煜东、赵子轩，儿童女子组刘昭、程碧莹、周淳轩分列各组前三名。

✤ ✤ ✤ ✤ ✤

第一轮　岚月局（交换），5A＝J7，廖星宇（黑）负李一（白）

我第一轮一般不老实，感觉对手不强就开名月－岚月的强防。因为赛前临时拆了 9－10 的最强点，感觉 10－H7 后黑棋没有简单的必胜手段，所以就使用了一下。同时拆解了岚月局中白 4 立二的一个不常见的黑优变化作为出奇制胜的手段。对手很聪明地没有选择必胜的 5－K8，那个必胜太复杂了，我估计赛场里没人走得出来。实战 5 控制局面，黑优势大，我

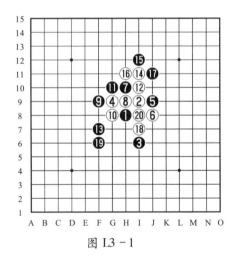

图 L3－1

也是希望执白在中盘之后有所作为，但此时还是佩服对手的策略。实战 9 不好，10 后白棋其实很生动，11 最强，12 后黑棋难以选择防点。13－17 则 14－18。实战 14 是一个小小的欺骗性手段，15 必败，15－20 则 16－G6 进行防守反击。实战 19 失误，白棋五连。19－20，20－G5，21－H6，22 －G7，白棋抓"三三"禁手，依然可以简单取胜。

第二轮　瑞星局（不换），5A＝I7，丰伟诚（黑）负李一（白）

这一轮的赛前准备很成功！丰伟诚与我接触得比较多，我认为他要么使用我不熟悉的瑞星局，要么使用他熟悉的疏星局，因此特意准备了多套变化。实战他果然开出瑞星局。到 11 正常，12、13 的变化他了解，令我惊奇的是他竟然对这个 14 很陌生！以下可能是有些慌了，17 不好，让 18 明显便宜。但是我计算出至实战 25 的变化，黑棋会被抓禁速败，因此确定黑棋没有更好的进攻手段，必然回

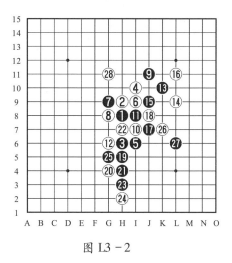

图 L3－2

防并让我掌握先手。丰伟诚竟然真的按照我的套路走出必败……其实 18 后黑棋就不应该这么用强地进攻，至黑 23 都没有必要。

第三轮　松月局（交换），5A＝I8，芦海（黑）负李一（白）

图 L3－3，赛前回忆了一下芦海和高手们的对局，发现以斜月局居多，决定避开斜月局。考虑到我个人喜爱执白的特点，就选择了松月局，其实"松月二打"的定式我也不太熟悉，只好依靠临场计算了，反正我的速度比较快，大概不会出现时间问题。实战 5 是流行的三打，我心里有些没底，怀疑芦海是不是也很熟悉！这个 5 要比 5－29 强一些。我预感到按照最强变化走会对白棋很不利，只好选择了实战中这个 12 的弱防，期待芦海进攻出错。13 简明一手，14 -

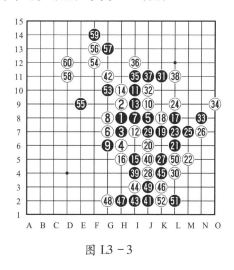

图 L3－3

32 风险太大，应对 15 - 15 太有利了，之后在下方做棋，白棋很难防守。实战 14 的选择以 15 应对依然是好手，16 也最强，17 - 19 或 45 都是简明的好手，白棋很难防守。但芦海似乎状态不太好，实战至 25 进攻无理，26 后局部彻底安定，现在理应直接防守，但一串交换之后至黑 41 彻底失先，其中 38 反挡是否可行？实战是保守的选择。认真确认黑棋没有 VCT 之后 42 率先进攻，黑棋提前将下面交换干净，我也谨慎地防守，避免不必要的失误，54 展开，扩大左上方白棋的优势。此时芦海的时间已经不够了，55 明显是避开局部的攻杀，期望我在进攻时出现失误，否则如果白棋占 55 位，黑棋再进行大局上的防守考虑，时间也就一定不够了。我的时间还很富裕，用 5 分钟考虑一下，56 是简明一手，当时就穷尽了附近的防守，已然必胜了。

第四轮　瑞星局（交换），5A＝I7，李一（黑）胜孙羽浩（白）

图 L3 - 4，这轮同城德比我要全力争胜，否则我的小分太低了，毕竟我肯定是最后一次参加全少赛，是把冠军作为目标的。至 31 是著名的瑞星和棋大定式。32 - F9 则 33 - E10，34 - 35 唯一防，34 - 42 黑棋可以简明必胜，34 - 40 是赛前就和孙羽浩走过的一个变化，当时白棋满盘控制，现在看来黑棋也有很强的进攻手段。实战 33 是我综合分析了无数定式后认为的最强点，34 是谱上的防点，35

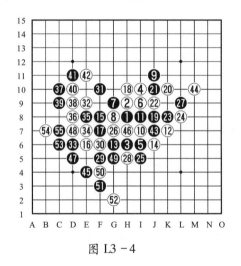

图 L3 - 4

后定式结束，但后来拆棋认为 34 - 35 才最强，不知道那个定式是怎么回事。事实上 35 后白棋很难选择防点了。

36 后我长考，37 先手冲四！否则 37 - 39，38 - 37，黑棋顿时就没有攻势了。41 单防，42 防守。47 便宜一手，48 无奈，49 盖冲同时做杀，白棋无解了。

第五轮 斜月局（交换），5A＝G9，魏佳星（黑）负李一（白）

赛前一直分析，认为浙江最强的棋手应该是朱佳晨，不过这一局令我的想法有了变化，实际上魏佳星在最后一轮战胜了孙羽浩，证明了他强大的实力！留下斜月一打是预定的计划，三打也准备了一些变化。实战白6走出后有些后悔，因为7－8的必胜变化我还不会，还好，实战7正着。其实这个定式浙江方面早就讲过了，但魏佳星忘掉了。能一直计算到15正谱很令我佩服，只不过我知道定式

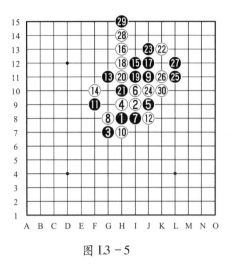

图 L3－5

并且走得非常快（并且显得很有信心）可能导致他的心理出现了波动。其中9－F7则10－11白必胜，13－21则14－H6白大优。17－21好点，以下18－19无奈防守，黑棋全盘控制。黑27在30位冲后再挡27位，黑形势不错。可黑27给自己带来禁手。

四评

首届全国五子棋锦标赛于 2007 年 10 月 3 日至 6 日在天津青年宫举办，男子组曹冬、吴镝、黄宇峰，女子组郑蔚楠、张萌森、王珏分获各组前三名。

✤ ✤ ✤ ✤ ✤

第一轮　瑞星局（不换），5A＝I7，易海立（黑）负李一（白）

刚一看到第一轮的对阵表，我就有点发晕，我要对阵联众五子棋中亲爱的"传鹰大叔"……总之一切都表明我将面对一场富有戏剧性而又十分艰苦的全国赛。

开出瑞星的时候我还稍微放心一些，尽管我号称瑞星最差，但物极必反，最差就要认真研究，所以即使差，也比什么"恒星""水月""山月"要好得多。至少不会被秒杀吧，我这么想着……通常也就不会交换了。白 12

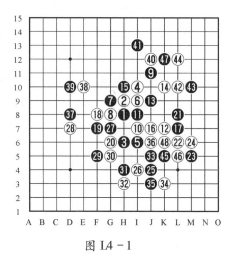

图 I4－1

我没有选择最古老的那个定式，白 32 换个防点就可以脱离大定式（反正我大定式不会；值得一提的是，那基本上是大定式中唯一一步白棋多选的棋）。是黑优，让他攻去吧，我全力防守。当然，事实是，如我所料：黑 13 的选择！这个定式我也稍微会一点……走到白 24 之后，虽然还是正常，但"大叔"的心理可能出现了变化，估计"大叔"准备变招了。我在对冬瓜（曹冬）的一盘棋里下出了 25－I4 的变招，之后被冬瓜虐……因此我的希望就是，走 I4 吧。实战的 25 - J4 让我不知所措，26 的应对也是随机应变的招法，感觉即使还原回去黑棋也损了，不还原又没什么太好的连接点。我计算了附近每个点的进攻，应该都有直接的一步防守就封死黑棋的所有线路。27 后感觉黑棋还是很难有作为，28 果断！29、30 是预想的交换，31 看起来弱，但是不防不行，又没什么特别好的防点——这样的棋出现是令对手最憋屈的了。33 一落我瞬间就乐了，34 是不假思索的一手——早就计算过的完全的防守，35 无奈，36 是充分利用形势的手段，反正下面没东西了，优势能多点就多点吧……37 防守之后，应该考虑白棋的进攻了。下面的交换，具体分析就不难发现 27 是最大的败笔。38 是临场发现的手段，自我感觉不错，有空间感，攻防兼备。39 无奈地跟住，这手下完之后双方相对傻笑了一下。40～44 的手段是我理想中的手段，不过其实黑棋有很多好的防守方法，白棋完全没有机会取胜。"大叔"在最后时刻有点心理崩溃的意思，但是我的想法也没好到哪去，本来 39 后觉得要和了，毕竟这样的进攻并非我擅长的。41 在防守方向的判断上稍微出了点问题，正上方有空间，却没有足够的连接，右上方可是两者兼备。47 一落，"大叔"就看到了取胜的手段。48 后黑投子认负。

第二轮　疏星局（不换），5A＝J8，李一（黑）负戴晓涵（白）

图 L4 - 2，碰完"传鹰"再碰"带小孩"，我有种想找块豆腐撞死的冲动。我只好以"苦尽甘来"自我安慰（后来证明我的苦到了第四轮结束才尽）。疏星局没换很正常，留一打很奇怪，我估计是看了第十届世锦赛吴镝对冈部的棋，有点怕三打了吧！不过我也很郁闷，那个打点的许多变化我就用不上了，更大的问题是——我都好久不下一打了！生疏了……

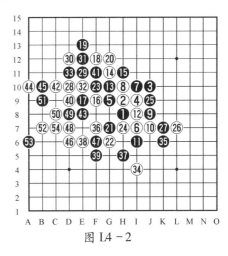

图 L4 - 2

这个白 8 也很奇怪，可能是由于对正常的白 8 研究太多了——不过我不会执黑占优，据说这个白 8 虽然"被虐"，但还可以一战。白 10？10 - I8 或 K8 我都有一定研究，唯独实战的这个是我的盲点！一下就晕菜了……据说最强是在 I8 活三后（忘了挡哪边了）K10 眠三做棋。实战 11 是临场计算的，正谱之一！可惜我"认为自己走弱了"（我只计算出白棋不能简单胜），14 后头皮开始发麻。17 - H12 如何？实战是飘逸的手段。

18、20 对棋形十分敏感！K9 一个隐蔽的禁手将白棋上下的优势联系了起来。21 试图搅乱局面，22 不慌不忙地还原。23 是最后的败招，众多反击无处发力。28 手时机准确，左上交换完毕后没有抢回先手，以下是戴晓涵教科书式的进攻手段，38 是冷静的一手，简明必胜！

第三轮　恒星局（交换），5A = I8，李一（黑）和张珵（白）

两位北京好友，都只积了一分，碰头了。

恒星局，张理受山口棋风影响很大……白 6 是山口的强防，必胜不会，黑 7 - 8 位直接进攻后有一路复杂而诡异的手段。

但是看日本的老谱有如实战黑 7 占优的手段，据说是长谷川走出来的（其实应该是很久以前就有此招数了）。这个局面下简单计算一下，追胜的可能性几乎没有，白 8 继续山口

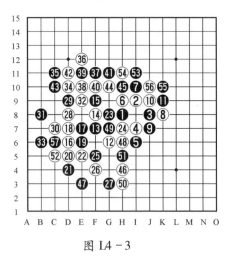

图 I4 - 3

的强防！黑 9 - j7 的话，相信就离和棋不远了，实战的黑 9 是诡异的手段，看似有损失，但白棋难有强手，10、11 交换之后可以保留向下发展的余味，同时右端白棋出头无望。12 好棋！选点准确。见此招法我心潮澎湃，心想这全国赛真是卧虎藏龙之地啊！9 盘下来绝对不虚此行了！激情之下没怎么想就走出了 13 昏招，似佳实劣！15 更是不知所云，16！白棋拉开了进攻的大幕。17 无奈，但 18 也不敢轻举妄动，以下我拼命抵抗终于保得小命一条。32 有趣的一手，双方都计算出 33 - F10，34 - C6 的"必胜

手段"，于是我稳健防守，自以为计算精准，对手则认为我没有简单"挂掉"，事实上挡在外面白棋无胜……无奈了。36 华丽的一手！像极了第十届世锦赛上"坦克"砍"山口"那一盘，幸好这里还有 37 这样诡异的防守，上方交换完毕之后 46 做杀期待我的失误（无论是看棋的进程还是看对手的级别，都下成这样了，怎么可能失误呢……），47 竟然还争了个先手，不过没什么意义了……57 后双方战和。

第四轮　明星局（交换），5A＝G9，段然（黑）胜李一（白）

图 L4－4，这局输了，应该是没什么可说的，因为只是临时选择了这个定式，没有深入地研究过……但是可以讲讲相关的东西……16－H7 的话并没有拆出简单必胜。17 如果先往下活三则反挡，依然没有简单必胜。选择这个变化就是为了"受虐"，不想17 在必胜点单做，对局时看了看，好华丽啊！于是当时就崩溃了。以后可能不会选用这个变化了，因为即使黑棋不知道怎么胜，只要先手占据 G10要点，白棋也没有好的反击。

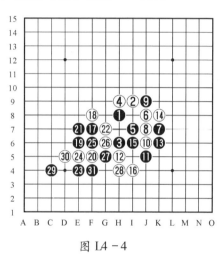

图 L4－4

这一局可以说是大智大勇的一局。对手开出云月不说还给我这个白 4的防守，我想我至少不会攻崩掉，大不了控制局面积累优势吧！黑 5 一出，白 6 的选择也就在意料之中了——这个必胜的特点是对选点的把握非常之大，顺序也很重要。

第五轮　云月局（交换），5A＝J9，李一（黑）胜韩帅（白）

虽然取胜的步数不过二十步左右，但我确信我走不出来，毕竟有些要点的选择还是超出了我的水平的。不可硬拼只能智取，转化成松月三打是我常用的策略，这种"示弱"或许也能给对手带来一定的心理优势！白 8

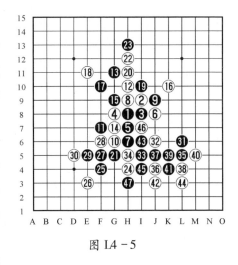

图 l4－5

最强，反挡的话，Ando（世界冠军）在一篇棋评里提到应该是黑棋大优的局面，但是我不会——如果真的出现那种情况我也只好拼一下了。幸运的是，棋局进入我熟悉的路线——松月三打的定式。以前在和"冬瓜"的对局中了解到一些变化，白棋不认真防守的话很容易崩溃——其中包括这个黑27。值得一提的是整个定式过程中我没有浪费一点时间，走得很有自信，这或许让对手感到了一定的压力。当韩帅充满怀疑地落下白28时，我似乎看到了胜利的曙光（28最强应该在F3），"冬瓜"在今年上海名人战对山口那一局的棋评中介绍了这个Sushkov研究的必胜变化，幸运的是，这个变化的基础要点并不难掌握，对手也没有走出任何变招（比如先在黑31位跳四）来打乱我的部署。黑35最后的要点我不大记得了，但感觉上应该比直接性的35－l9来得更好，事实证明我的判断是正确的。36、38是用自己的连接做反击，但在这种情况下却适得其反，构成了帮我做棋的绝佳机会。黑41一手做杀，白棋无解了。

第六轮　疏星局（交换），5A＝G9，靳博（黑）负李一（白）

上一轮的取胜可以说是酣畅淋漓，尽管已经过了一天，我依然信心十足。对于靳博我只知道他的实力应该没有我强，所以更显信心十足，这样却导致我下出这九盘棋中最不满意的一盘棋。疏星开局，他不知出于什么考虑选择了交换。之后没有什么欺骗性手段，直至黑15都是我熟悉的套路。白16可以选择18位，以前我一直认为这是难以掌握的最强防守，现在才知道这个白16的防守是最强的。黑17委屈，白18非常猥琐地跟着，之后大家都很猥琐……当然我不会忘记我是在慢慢积累优势。至黑35防守为止先手成功夺回。36明显的要点！37好防守……接下来的进攻没有什么逻辑性，防守也乱七八糟，直到白46、黑47为止，我如梦初醒，发现可能有攻不下来的危险！这样可太丢人了。幸好活三之后，白50的必胜点唾手可得，我没花多少时间就算了出来，幸运地取胜！

第七轮 疏星局（不换），5A = G9，兰志仁（黑）负李一（白）

兰志仁是一名很强的棋手，这盘棋可能是发挥不好没有显示出实力吧！两连胜之后，我不但找到了下棋的感觉，还找到了更重要的下棋的心态，可以说我是放开了手脚！面对两打我思考了一下，便拔去了一打，而另一个打点的定式我完全不知道！这样近乎疯狂的选择倒是极少发生在我的身上，我当时只是希望快乐洒脱地下棋，尽自己最大的努力！即使面对完全未知的局面，我也试图找出最佳的选点。6、8是简单的应对，白10！"冬瓜"

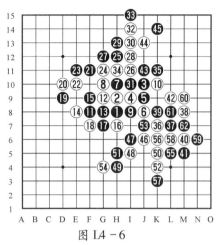

图 L4－6

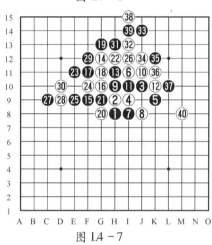

图 L4－7

推荐下12位，下在11位是定式的招法，但经过计算我一直以为实战的白10是最强的，12位黑棋根本利用不上。黑13是朴实而强大的一手，实战时深入计算就会发现它的妙处。14是我能想到的最积极的招法。15、16的交换有待商榷，17似乎就变得很无奈了。18～22漂亮的进攻！这是完全超越了我正常水平的进攻！23－29唯一防，以下25－32，26－31，27－26，28－J6！空间感极强的一手，并且攻守兼备。我十分感慨我当时的状态，竟能清晰地发现这样一条简明而强大的进攻路线！实战23的大恶手令我十分震惊！"冬瓜"说这一手"完全破坏了黑棋自身的形状"。白30后兰志仁似乎也发现了无可挽回的形势，就开始拖时间……经过20分钟，他很快地交换到白40手，然后认输了。

第八轮　疏星局（不换），5A＝G9，魏强（黑）负李一（白）

魏强是我曾经接触过的一名棋手，在京津团体交流的时候我就和他对局过，当时他斜月执黑一通强攻，我经过苦防才艰难取胜，但我并不认可他的综合实力——当然攻击力还是值得称赞的。赛前我准备了许多强硬的斜月变化，期待他开出斜月然后交换。令我意外的是他开出了疏星！难道转变风格了？我平复了心情决定以不变应万变。结果又面对这个黑5的选点！这次我没有犹豫。黑13终于显出强攻

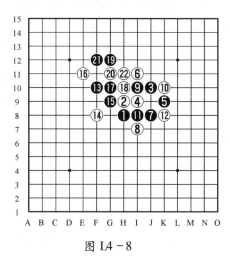

图 L4－8

本色，但黑棋也谈不上什么极好的招法。16 单挡以占势为主，17、19 正常，预想 21－22，22－21，24－F13 后黑棋将更加困难。但 21 直接给我让出了一套 VCF。前几轮经常听到队友们谈论对手不顾自己的做杀而导致速败，心里很是郁闷，因为我以前的对手一直下得很仔细。不过这次终于让我捡到漏儿了！

第九轮　疏星局（不换），5A＝G9，李一（黑）和樊星岑（白）

图 L4－9，诚实地说，我低估了樊星岑的水平。由于取得四连胜的战绩，并且已经达到了预期的名次和分数，因此这盘棋的前半段下得非常凌乱，直到后面才打起精神来。8、10 的选择都是为了避免和棋。15 临场计算的飘逸一手，16 可能是为了酝酿以后的反攻吧。17 无理的进攻，18 干净的防守！至黑23 我提和——樊星岑当然不会选择和棋，24 最强的防守！26、27 预想的手段，以下我终于打起精神来拼命计算，确保了29 以下上方交换先手不失，但上方白棋余味非常丰富，37 无奈的一手，继续提和！38 并不见佳，再补一手都做不出 VCT。为了完全分断下面与左上的联系，

我利用最后的机会展开了防御性进攻。至41、42 交换，左上方的确被限制了，但下方大片空间完全属于白棋！无望的局面只好使用无理的招法，43 毫无意义的一手跳二竟然也被防守，47 活三之后竟然还给白棋带来了一定威胁，可惜没有任何取胜的可能，樊星岑还是过度保守了。56 最后一软，57 以下完全地稳定控制，双方终于战和。于我而言这是幸运的，也是最好的结果。

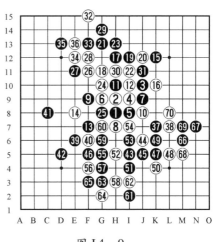

图 L4－9

五评

“掌棋盟”是中国著名的网络五子棋社团。2007 年 11 月 2 日至 3 日晚在“QQ 五子棋三手交换房间”举行了擂台邀请赛

❀ ✱ ❀ ✱ ❀

第一关：明星局（交换），5A＝G9，白胜

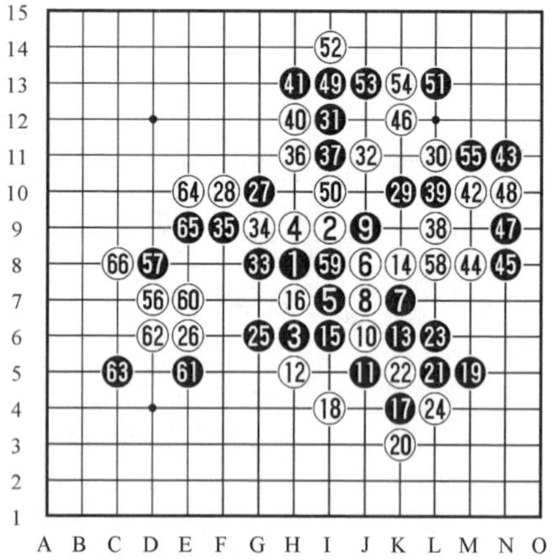

图 L5－1

两局比赛一律为攻擂方开局。

明星局“受虐”的定式。擂主鬼使神差般给了我一斜止，总之……明星局交换正常。16 生硬的手段，黑棋却强攻不下。17～24 研究过的手段，优势越来越小。25 终于转身！26 手隐含防守斜线的意思。27 占据要点，原则上此时白棋没有什么好的路线，19 以下防守的话，白棋机会也不大。刚才右下方算杀的过程消耗了擂主大量的时间，不知是时间紧迫造成棋路不稳还是心境有变求胜欲望太强，总之擂主是没有利用好擂台赛下“和棋”的特殊战术（这令我想起了京沪擂台赛中我的对局）。29 一般，31 不好，32 后白棋连接颇多，26 的存在使左下方不得安宁，黑棋又没有好的牵制手段。33 先阻挡，34 平凡而有趣的一手，35 无奈。38 手以下是很想局部取胜的，但可惜一直没有机会。45 小问题手，至 55 白棋先手将右上方处理干净。56 明显的好点，57、59 是黑棋“无奈的失误”，以下白必胜。

第二关：疏星局（不换），5A＝G9，白胜

疏星"和棋大定式"至23手正常，24微妙的顺序调整！25还原是通常的选择，这个25只是更加勇猛的一手而已。局部来讲这个位置确实是好点，我也很高兴完全靠临场计算来规划出以下一系列的进攻。27孤注一掷的下法，至32是明显的强攻，可惜白棋反击实在太多，限于我的棋力和时间问题，即使存在必胜我也是无法走出的。以下是无奈的胡乱进攻，白胜的结果已经无法改变。

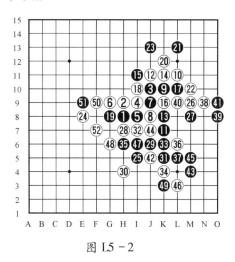

图 L5 - 2

六评

第八届北京高校五子棋赛，2007 年 11 月 24 日至 25 日在清华大学旧水利馆举行，李一十连胜夺得冠军，并与校友为清华夺得团体冠军。

✿ ✿ ✿ ✿ ✿

这次高校赛拿到十战全胜的成绩并夺得冠军，对我自己来说是件挺意外的事情。各高校内卧虎藏龙，并有仇云飞、张珵等高水平棋手参与进来，虽然我赛前给自己定的目标是前三，但也并非那么有信心。我的这次比赛与以往不同的一点就是我花了一个星期的时间来准备，那段时间里一直在拆解各个棋谱、做各式习题。尽管在高校赛前我认为我拆解的棋谱量足够，但面对一道道不会做的习题和毫无头绪的定式变化，我还是深深地被自己计算力的下降程度打击了。这一个星期的准备在一定程度上使我恢复到了一个较好的水平，对棋也敏感了许多，这可能是我在比赛中发挥比较好的原因之一。

当然，除了赛前的准备，也要看临场的发挥状况，毕竟赛场上引起变化的因素很多，什么事情都有可能发生。我在第二轮和第五轮遇到的对手其实都有一定的实力，但都因为某些偶然因素在开局输给了我，否则这两局棋的结果还很难说。第一天的最后一轮和第二天的第一轮都是清华队员之间的战斗，这对我来说是很幸运的——跨越了两天的这两局棋给了我极好的休养生息的机会，令我在接下来更加艰苦的比赛中占据了巨大的优势。第八轮是我最没有底气的一轮，赛前准备期间我针对张珵和云飞各准备了一套小巧有趣的变化，并准备了对付各个水平段的对手的相应变化，但却完全忽略了吴承昊这样级别的对手！幸好我在第一天并没有碰到他，而对于他的准备完全是在第一天的晚上进行的。虽然我一向喜欢被对手开局，但面对其强大的实力，我还是希望能掌握一些主动，不幸的是，我竟然在被施同亮开局之后再次被他开局。这局棋进行得十分有戏剧性，我将在棋评中仔细讲解。张珵是我第九轮的对手，战胜他还是存在许多客观因素的。最后一轮的对手并不强，很快进入我知道的一个变化，我们的对局是最快结束的对局之一，这让很多人感到惊讶，纷纷怀疑我是不是成功地把对手劝和了。

本次比赛还有两个幸运的因素：一是没有碰到云飞，事实上赛前准备的一个变化在比赛当天被告知有一套很巧妙的应对，具有云飞水平的强手已掌握，如果真的碰上的话，我想我多半会败下阵来。二是段然参加了无禁组的比赛，虽然我并不认为我的实力比他差，但很难胜过他却是一个事实，可能是棋风相克吧！

本次比赛的定式储备稍稍增加了一些，主要是松月和疏星的，但也没有太多，毕竟这个赛场和全国赛不一样，还是以真枪实弹的计算力为主要武器的。然而我的计算力并没有增强，因为我已经习惯通过小巧的计算达到最简洁的占优目的，对于我个人而言，似乎做题是增强计算力的唯一方法。心理方面有了很大的突破，我学会了放松自己的方法，学会了以平和的心态对待每一盘棋。这样的想法说起来简单，但在以前我却总是很难做到。两天10轮的比赛密度算非常大的，自我感觉有些轮次发挥得还是不够稳定，但至少做到了面对不同层次的对手都能全力以赴，没有轻敌或恐惧的状况发生。

这届高校赛结束了，涌现出了不少有潜力的选手，我也从中受益匪浅。荣誉已经成为过去，还是要着眼未来，努力弥补自己的不足，争取更上一层楼！

第一轮 峡月局（交换），5A = J7，李一（黑）胜程诗佳（白）

一句话总结：第一轮发挥总是不稳定，要改！

图 L6 - 1，黑7活三是莫名奇妙的手段，黑9之后才发现7-9还原为疏星局黑优（胜？）一型（有盘端问题），顿时懊悔不已。白10是老实而有效的手段，黑11把握局势立刻开始控制外围，12弱？14反挡也并无大碍，16 - J6唯一，实战16弱防后黑简单胜。

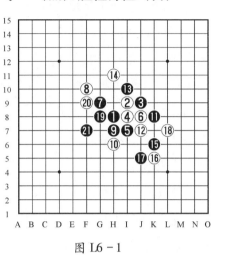

图 L6 - 1

第二轮 名月局（交换），5A = F8，李思强（黑）负李一（白）

图 L6 - 2，一句话总结：名月岚月，百骗不厌。

这是我应对水平一般的棋手常用的一个局面，似乎还没有失败过的经历……正解的招法我已经讲过很多次了，在此不再重复。13弱，15败。值得一提的是，两打点 F8 似乎是一个平衡点，我是因为实在不熟悉又没想到好的应对方法才拔去的。

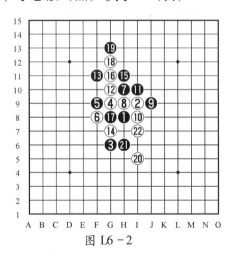

图 L6 - 2

第三轮　疏星局（不换），5A＝I8，王晨（黑）负李一（白）

一句话总结：绝不在同一个地方两次跌倒。

图 L6－3，白 8 之后的手段是希望模仿全国赛上戴晓涵胜我的下法。黑 9？这个点的变化在团体赛对过胡瑜之后我早已熟悉，因此并没有太大威胁，而对手的黑 15 出了问题，18 先抢要点！26 转机！预想 29－31，30－F7。不料对手一步诡异的弱防直接葬送了这盘棋。

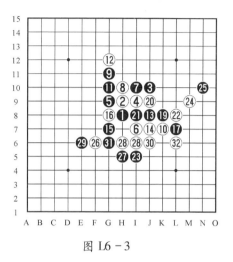

图 L6－3

第四轮　斜月局（交换），5A＝G9，王维涛（黑）负李一（白）

一句话总结：优势局面，更要好好把握。

白 18 后我坚信黑棋局部无胜，当然总体而言黑棋并无不好之处，敢于这么下棋的人恐怕很少了。33 诡异的交换，34 便宜很大。35 后为平和防守成功，36 是保守的方法。37 弱，此时面对巨大的先手优势，我并没有把握。38、40 后的巨大优势其实只是海市蜃楼，42 以下交换力求先手不失，至 48 开始利用全盘的优势，49 终于弈出弱防。

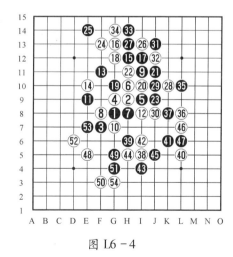

图 L6－4

第五轮 明星局（交换），5A＝G9，宋磊（黑）负李一（白）

一句话总结：五子棋，一子棋。

黑 7 一出，我就知道这盘有希望了，这个强攻的定式我还是有所了解的，白棋只要认真防守就能迎来光明。11 及时变招，12 防，13 攻守兼备……正当我思考如何防守的时候，一个念头划过我的脑海：为何不进攻？14 一落，对手的脸上明显有些难看，15 诡异的防守，17 再弱防，18 常见的做杀形状，黑棋无解了。

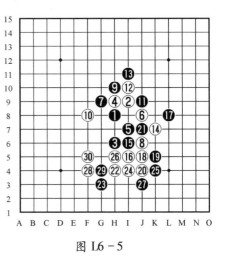

图 L6－5

第六轮 疏星局（不换），5A＝J8，王泽涵（黑）负李一（白）

一句话总结：要对棋形敏感，找到对手的薄弱点，以强胜弱才是最简单的取胜之道。

图 L6－6，黑 5 的变化其实是高三暑假期间自己研究过的，虽然印象不太深了，但基本的思路还记得。11－I7 强，实战 11 白棋可追胜，14 的手段值得好好体会。

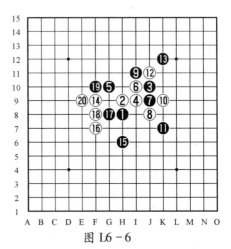

图 L6－6

第七轮　瑞星局（不换），5A＝I7，施同亮（黑）负李一（白）

一句话总结：变招的前提是了解。

图 L6－7，12 的选择让黑棋又有了更强的应对，这个 13 之后的变化还是很丰富的。15－18 强，实战 16、26 妙手！27－29 后依然黑苦。

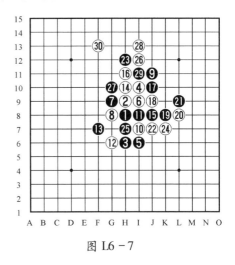

图 L6－7

第八轮　瑞星局（不换），5A＝I7，吴承昊（黑）负李一（白）

一句话总结：棋乱心不乱。

13 是赛前特意研究过的手段，当时作为执黑的一方，我总觉得在右下方难以争先，现在看来研究棋或定式储备的确不是我的强项。21 的手段令我很痛苦，至 27 手，白棋似乎很难防守了。没想到 28 以下至 41 缓手，再至 44，竟然防守成功了。47 一手顺序错误！47－48 后局面将向和棋发展。实战 50、52 敏锐，白好形，黑无解了。

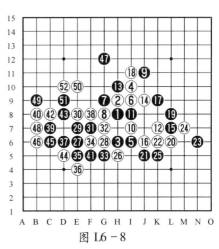

图 L6－8

第九轮　松月局（不换），5A＝I8，李一（黑）胜张珵（白）

一句话总结：定式定也，实战战也，战无所定。

图 L6－9，张珵没有交换，既在情理之中，又在意料之外。黑 7 好手！黑 9 活三至 11 是我们共同探讨过的手段。12 是可以预见的强手，如果我继续走最强的 13－22 恐怕也会落入研究吧！13－52 是一般的应对，实战 13 是临场的发挥，局面应属平衡，但张珵竟然走出了白 16 并开始计算杀法

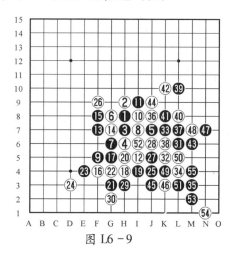

图 L6－9

——最终证明这不但是徒劳的，而且浪费了宝贵的时间（每人 30 分钟对我们来说真的太短了）。21 手段巧妙，25 完全地控制。26 无奈，先控制最强点。以下我利用先手在右边腾挪，张珵终于败在了紧迫的时间之下，42 随手后黑胜。

第十轮　瑞星局（不换），5A＝I7，杨岸然（黑）负李一（白）

一句话总结：了解一下对手的对局还是必要的。

与第七轮异曲同工，魔术般的十连胜最终如此轻松地降临。

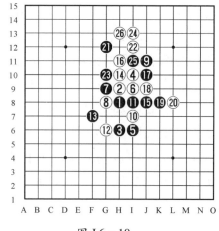

图 L6－10

七评

"新春杯"新体验五子棋争先赛，于 2008 年 1 月 26 日在北京海运仓小区社区活动站举行。曹冬、李一、王硕分列前三名。

✤ ✤ ✤ ✤ ✤

本次比赛我的赛程可谓异常困难啊，看看我的对手最后的名次就知道了：1、3、4、5、8、9。我的小分（25.5）头一次这么高，比第二高的曹冬足足高了 2.5 分啊……这次比赛我执白 4 次全胜，执黑 2 次一胜一负。另外，关于棋谱，由于和 RIF 规则下的开局有本质的区别，就不给相应的开局命名了，直接给出前三手的坐标。

第一轮　K4－L5－J3（不换），5A＝I5，李一（黑）胜吴刚（白）

这局总体而言非常失败，但这样的打击也让我恢复了状态。由于是第一局，我并没有意识到这样的开局对黑方非常不利，白 4 的好点我看到了，但我还是选择了这个局面，当对方"如我所料"地走出白 4 时，我还没有意识到我即将面临的危险。白 8 后我看到对方在布八卦，认为他只会防守，且产生了"对手水平不高"的错觉。一直到黑 17，我和对方互防，我认为慢慢积累优势才能避开对方善于防守的长处，18 的好点我看到了，但我知道威胁并不大，以至于 19 的想

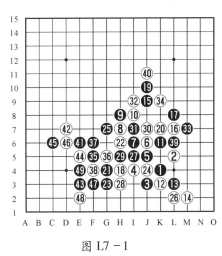

图 L7－1

防守的长处，18 的好点我看到了，但我知道威胁并不大，以至于 19 的想

法冒出后我还沾沾自喜，认为对手随便攻一攻，让我反击一下得个先手就必胜了，实际19是大恶手！20好棋！我知道我麻烦大了。目前白棋的反击足够多，多到黑棋不能取胜，下边必须跟防。22好棋！我立刻意识到这个对手并非等闲之辈。如果对手只是计算力强一些，我是能应付得来的，那样的对手层次最多是中等偏上，但这不假思索的一着显示出对手执白进攻在思维层次上已经和一般的棋手拉开了距离，而且是质的区别。黑23是绝望中的希望，对手落子很快，或许是对禁手概念理解不到位吧，黑29落下后他很疑惑，直到被指出这是假禁手……虽然因为横9线五连筋的原因双方没有立刻分出胜负，但先手本质上还在白棋。33的位置白棋先占似乎更好，34－I11如何？至38局面处理完毕，我想了半天，由于对手水平较高以及我自身有点"虚"的缘故，39选择了保守的手段。40并非要点，黑棋在局部没有发展，应该先在左边控制，黑棋此时当然可以在上方选择防守，白棋无胜，但眼看局面向和棋发展，还是有些不甘心。41局部的好形状！42随手，43做杀黑棋必胜（44－E4最强防）！

第二轮　G6－G7－H6（不换），5A＝H5，仇云飞（黑）负李一（白）

这是我第一次选择开局点，我的三盘棋开局点都在和天元隔一格的5×5边框上，本意是想避开RIF规则出现完全相同的开局（其实这里大脑有点短路，这些位置可以通"溪月、峡月、长星、寒星、恒星"，除此之外，开局点在天元周围可以通"云月、雨月、花月"）；另一方面，选择离天元不远的开局位置还能部分保留原有的定式基础，同时使局面变得很微妙——这在和高水平棋手对局时是

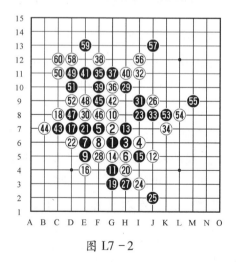

图 L7－2

非常明显的。经过分析，我认为以我比较少的定式储存量来看，这个白4是唯一不能必胜的防点，我决定尝试一下，后来复盘时云飞也提到这个点

不能取胜，其实他所说的定式和我印象中的日本老定式完全不是一码事……言归正传，开局时我走得非常痛苦，白10起我陷入回忆定式的阶段，直到感觉中的白18外挡，我看了看局面，松了一口气，觉得还是可以接受的，22考虑过走C7位，但认为不能获得多少优势，没有细想就选择了保守的实战走法，以下交换至白28，局面平稳，白棋在右边有少许外势。正当我盘算29－K8后白棋如何进攻时，实战的29令我感到了差距，这样积极的一手迫使我跟住，但防点很难选择，似乎走哪里都不够厚实，惊叹云飞的实力之余我选择了冒险的30，彻底封死左边的黑棋，由于26的存在相信黑棋也很难有作为。32－I10的想法似乎并不见佳，实战的手法应该更有效率，以下交换至39，40应对，41平凡的好手！42委屈而无奈。以下交换至白54，黑55单挡，局面白优，但是如何选择进攻点？如果不细致考虑的话很可能使优势迅速丧失，那时想不和棋都难了。由于云飞已经进入读秒阶段，利用时间上的优势我决定先选一些必要的步骤，56、58是争取时间的两手棋，59有些随意，以下白棋抓E10的"四四"禁手。

第三轮　D4－E4－F4（交换），5A＝G6，王硕（黑）负李一（白）

图 L7－3，或许王硕经过两轮的胜利也意识到，开局离天元越远，越能考验对手，在固有思维的影响下白棋将有更大的优势，于是选择了最远的开局点。我吸取第一轮的教训也进行了一些思考，觉得这种情况下的"平衡局"要保证黑白双方向中央有平等的发展权利，当时认为这个局面还是可以接受的。王硕选择了交换，白4在寒星局中是经典的弱防，但在这里却成为梦幻般的防点，其防守效

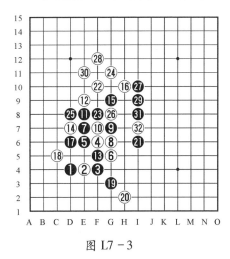

图 L7－3

率相信很多人都能看到。两打留下的一点并不见佳，其实走得开阔、自由一些机会会更大（比如E7）。白6组型，以下按照我的预定思路发展（黑

9 也没有其他选点了），至黑 13，我考虑了一下选择了实战的白 14，为以后在上方进攻打下基础。15、16 都是局部的好手段，20 外挡追求效率！21?! 大恶手失先！22 一手奠定了白优乃至取胜的基础，以下是简单的进攻手段。

第四轮　F6 - G6 - H8（不换），5A = G5，谢磊（黑）负李一（白）

本轮的对手谢磊曾经战胜过我，我对他的印象是攻击力比较强，而且十分自信，在对手稍微有点优势的局面下，只要对手防守出现一点失误就能攻下来，因此我决定这盘保守一些，伺机一举制胜。开局之后我认为白棋没有不利之处，便没有交换，这个黑 5 是他很擅长的，考虑到盘端问题，我选择了白 8 的变化——其实我并不太清楚这个定式。9 直接在 H7 穿通活三似乎就不错，实战的手法是

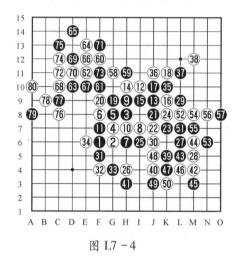

图 L7 - 4

我认为并不好的应对，本以为 13 - I8 后 14 - J8 白棋优势很大，但实战中谢磊的黑 13 很有新意！14 强手，15 正常应对，经过考虑后我认为 16 应该保留变化，从 24 起双方胶着，26 好点！在局部没有强手的情况下使用这种很"飘渺"的防守往往能达到事半功倍的效果。以下直至黑 57，我确定我拿到了先手，于是从 58 起放心地展开了进攻。白棋优势过大，虽然黑 63 积极抵抗，但白 68 定形后黑棋没有任何机会了。

第五轮　J8 - J7 - I9（交换），5A = K8，李一（黑）负曹冬（白）（Time）

我不得不承认这失败的一局是最精彩的一局棋！开局时曹冬就花了约 7 分钟来考虑，有些对局都已经结束了，盘面上还只有孤零零的一颗黑子，当我左顾右盼的时候，师父却很专注，让我赞叹不已。黑 5 的选择令我很困扰，因为应对传统的一打，在这个局面下白 6 - I7 将成为很强的手段，

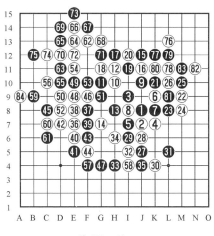

图 L7－5

无奈之下我选择了实战的两打，让棋局朝开阔的方向发展。黑 7 预定的手段！白 10！我一下子没有了办法，局面陷入了困境。11 一方面是看看对手的防守，另一方面有套回原定式的想法，毕竟白棋的进攻力量还不够。12 直接占据要点，非常准确！15 以下的手段通过进攻想化解白棋的势力，17 强手，18 最强防！19－f5 单挡如何？21 缓兵之计，22 效率高！23－l9 似乎不够稳妥，27 如上一轮白 26 的防守

再次出现！正当我为此而松了一口气时，曹冬弈出白 28！阻挡一个活二，在 27 的压制之下看似委屈的一手……却相当稳定地连接了两边的优势！G6、K6 皆成要点，29 一手反而令我感到是很无奈的防守。30 稳妥而不失余味，31 跟过去防守，32 可以预料，思考之后我下了实战的 33。34 之后 35 的选择……或许是太过紧张的缘故，我误算了右边的棋，白棋似乎是难以成杀的，实战则在左边给白棋留下了广阔的空间。36 拓展好棋！37 无奈，38－F7 后 40－F.8 将异常强劲！但曹冬已经开始读秒，实战 39 抢占要点，42 局部强攻。45 在 F9 先冲是否更好？实战中实在太想取胜了……46 压盖后 47 必须防守，此时白棋已然必胜，48－E10 后即可在上方从容进攻，优势过大，但曹冬由于时间问题没有及时看到进攻点。以下不断强防，至黑 61 巧妙的一手，局部白棋无胜，我提出和棋，曹冬拒绝了。白 62！是啊，这么大的优势怎么可能和棋呢？我连判断局势的能力都快要丧失了，64 极强的手段，尽我所能至黑 73 交换完毕之后，我才确定我是防住了，以下多次努力，白棋均没有成果，直至白 84，我在读秒中陷入思考，终于意识到 M12 位可以先行冲四争取时间，抓棋子，没抓起来！落子，拍钟，超时……就这样我输掉了这一局，当然没什么遗憾的，是我自己对局经验不足所导致的，以后会慢慢好起来的。还是得佩服一下师父战

斗到底的精神！本来应该是白胜的棋局，何必太追求最后是不是真的能和棋呢？

第六轮　I8－Jj8－G8(不换),5A＝H9,李一(黑)胜王立群(白)

图 L7－6，光看这盘棋，或许会以为是和哪个普通对手的棋局吧……其实我的对手是最终成为本次比赛第四名，在上一轮战胜云飞的王立群，因此我还是存了几分戒心的。这次能够战胜，无非是碰上了对手的盲点而已（我认为，任何高手都有盲点，普通棋手都觉得平凡至极的局面，很可能成为高手们无法控制的领域）。这个开局点出现后，我决定利用一下小小的研究：就是这个三打！现在白棋

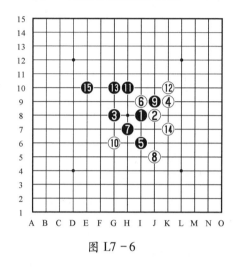

图 L7－6

无法必胜，但我在网上曾经研究出一个平衡的走法，即使我走白棋，也有另一套有意思的平衡应对（原为必胜定式）。本想考验一下对手，不料白6 的手段实在不好，随后白棋没有任何悬念地输掉了。

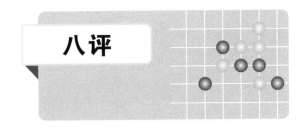

八评

第二届全国五子棋团体锦标赛于 2008 年 6 月 7 日至 9 日在河北石家庄市诺亚人力资源公司多功能厅举行。浙江队、上海市 2 队、上海市 1 队分列前三名。

❀　❀　❀　❀　❀

这次团体赛无论从总体还是个人来看都很不满意，原因是多方面的，主观来讲主要是没有摆正自己的位置，走出了一些莫名其妙的招法；客观而言对手的实力确实比较强大，即使我方发挥较好也不一定能保证争冠。浙江此次卫冕，是出乎我的意料的（虽然我的预感一直比较差），浙江队在第三轮完败给我们队之后，不屈不挠凭借实力拿到了冠军，实在令人尊敬。上海市 2 队比较令人惋惜，但相信明年会有更好的表现，而我们也同样会努力，本次比赛确实发现了很多问题，希望今日的失败能成为明日成功的基石。

第一轮　斜月局（不换），5A = F7，李一（黑）胜郭睿（白）

浦月定式不熟，该输而没输的一局。7 - 8 正着，8 - 13 简单防。10 之后黑 11 通 1 - 1，2 - 4，3 - 5，4 - 10，5 - 3，6 - 6，7 - 7，8 - 2，9 - 11，10 - 8，11 - 9 的恒星必胜变化，白棋无防。

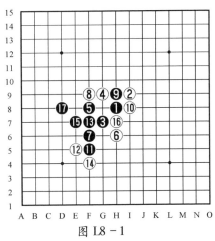

图 L8 - 1

第二轮 瑞星局（不换），5A＝I7，陈靖（黑）和李一（白）

白 12 后的变化，16 - 17 正常，实战少交换一手，19 后黑大优，21 好手，以下局面白棋困难，但黑棋并没攻下来……黑 47 控制空间的防守，48 后黑简单防住，之后双方无棋。对手防得天衣无缝，不亚于久经战阵的棋手，实力很强！

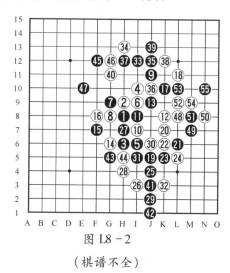

图 L8 - 2

（棋谱不全）

第三轮 瑞星局（不换），5A＝I7，李一（黑）胜易海立（白）

参考吴镝的棋谱至白 42，这个变化"传鹰"并不熟悉，所幸中途无分支，也无可错之处。43 - J4 强？实战 44 好防守！黑棋在右下虚张声势，眼见赢棋无望，黑 53 是最后一手，此时戏剧性的场面发生了：54 - I3 是不难计算的唯一防，但"传鹰"看到了连我自己都忽视的实战白 54。黑 57 的胜法有趣，实战中能看到，也算幸运。54 - M3，55 - 55，57 - L3 黑棋同样必胜。

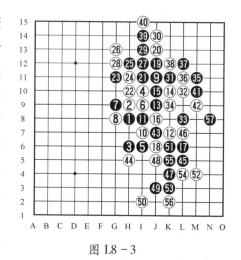

图 L8 - 3

第四轮　疏星局（不换），5A＝G9，张轶峰（黑）和李一（白）

此局虽为和棋，但进程最为满意！参考吴镝在世锦赛上下出的黑23，白24是积极的一手！黑25～32的交换于黑棋是否有必要？白28一手看来不交换为好。黑33之后感觉白棋有机会，但始终脱离不了右下局部的形势，白36后以为白棋已经必胜，竟忽略了黑37的强防！38－45，39－42，40－41白棋可以争先，但无后续手段，何况目前白棋还是先手，不妨从长计议，只可惜之后双方处在时间的压力下，均无建树。

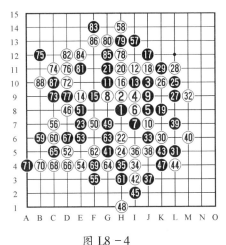

图 L8－4

（黑57手顺序可能有误）

第五轮　斜月局（交换），5A＝J9，李一（黑）和李洪斌（白）

图 L8－5，放弃二打，因为难以避免和棋。定式至白18，黑19莫名其妙一手……黑23无奈的防守，黑27的选择是避免白棋在左上势力过强，黑31并未多想，局后分析36－37白必胜，实战至黑39感觉基本稳定，白40、46妙手连发，黑棋完全没有机会……李洪斌老师的水平完全在我之上，如果选择与之力战的局面，恐怕结果不会这么乐观。

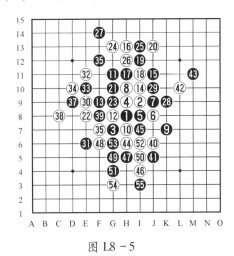

图 L8－5

第六轮 名月局（交换），5A＝F7，刘昊（黑）负李一（白）

幸运的一局，本以为黑15后这盘棋将很艰难。至此，正式比赛中该局面我保持全胜。

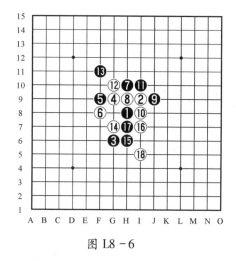

图 L8－6

第七轮 瑞星局（不换），5A＝I6，李一（黑）负樊毅墨（白）

见到白4也并不惊讶，毕竟也不是第一次参加比赛了。7－21可以必胜？9－11必胜！如9－11，10－9，11－21，12－14，13－12！实战中少算了这个变化，于是退而求其次选择9、11，可惜终究无法取胜。诚实地说，黑15、17是很不负责任的手段，白18后放弃该局。

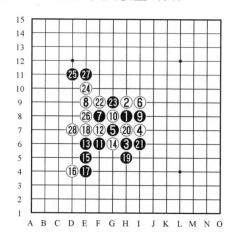

图 L8－7

九评

QQ"三棋一牌"比赛中的五子棋比赛于2008年6月举行。

✤ ✤ ✤ ✤ ✤

尝试评论网战。

黑11很有创意！相信是看过许多棋谱，觉得这个点被白棋防到不太爽，于是取了这个变化。12常见反击，以下的变化可以预料，似乎并未见黑棋有好的应对，26强攻！至黑29？第一感是白棋局部可以胜了……不过白30！后乍一看右上方白棋岌岌可危，结果拆了半天就是没有胜。黑31尽可能上下兼顾，实战进行至白36，是白必胜了，即便后面黑还有一些反击。黑棋投了？看得真够深远的。

图L9-2，和棋大定式，但是白32是有趣的选择（我个人很喜欢），白34据说是唯一防，黑35稳妥，黑37的位置是常见进攻好点，但是放到这个实际情况中是杀不掉的。38弱？39-40后有黑必胜的感觉，可惜实战中没有这么积极的走法。之后双方纠

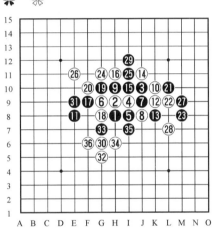

图L9-1

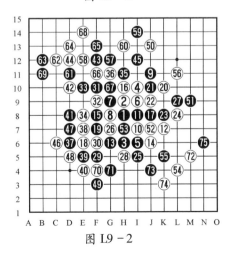

图L9-2

缠，至白 52，左边的交换终于显出弊
端，白 54 好点！但黑 55 也很稳妥。
上方交换完毕后至黑 75，白棋超时
……以下白棋进攻的空间确实不够了，
但至少是和棋，是白棋可惜的一局。

　　图 L9－3，黑 9 的变化我没有分
析过，不过看起来白棋强攻取胜的希
望渺茫，黑棋反击太多了……至白 24
定形后，这里有个重要的选择，因为
左右两边黑棋都可以选择，但是左边

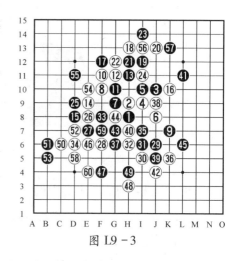

图 L9－3

白棋的反击比较强，我推荐 25－31，因为受到黑棋的制约，白棋在左边也
搞不出什么东西的……实战变化复杂，至白 28 自然的防守。我忽然发现，
执黑的棋手在进攻时似乎总能给对手留下反击，这可能也是他进攻不利的
重要原因吧。白 46 后，右边黑棋局部没有机会，很郁闷。自白 50 起，白
棋展开了一场无比精彩的进攻，从而取胜！其中白 54 做杀是关键一手！
55－E11 唯一！

　　图 L9－4，针对白 6、8 的变化，
黑 9 是此际要点，是很柔韧的进攻。
但到白 18 防守为止，白棋显得更加稳
定。黑 19 常见形状，白 22？22－30
应该最强。眼见白棋优势越来越大，
但黑棋不甘示弱。白 34 漏招！忽略了
黑棋依然保留的进攻路线！黑 37 后胜
法明显。

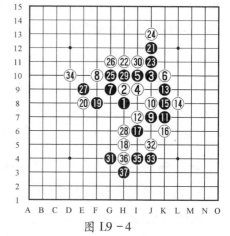

图 L9－4

　　图 L9－5，有意思的一局棋，对
于黑 11 的变化，白方应对不错，以前中村茂也执白下过这个变化，综合
起来分析，黑 21 定形后 F10 是迟早要占据的绝好点，但实战至白 28，黑
棋获得一个控制下方优势的机会（G5 强防），而 F10 的位置也不是那么重

要了（因为黑27的阻挡），可惜实战黑29弱！白30自然的一手，黑33最后的败招，"四四"禁手简单被抓到。

图L9-6，水月的这个变化我最近刚刚拆过，感觉并不是很复杂，白棋的手段也谈不上什么欺骗性，真是奇怪了，不知道为什么这个变化在棋谱中占了那么大的空间，难道我还没点到最强防？感觉这就是定式走完后简单输掉的一局。

图L9-7，这个白8的变化于黑棋还是很舒服的。15-16正着！黑17后似乎白棋有机会对两侧的黑棋进行治孤。但18、20是突然死亡的两手！个人感觉黑19可以更积极些，否则20在中间打断的话，取胜也并不容易。以下应该还有一些变化，但白棋直接认输了，这局的感觉好像是白棋无心恋战。

图L9-8，黑5似乎是错误的打点，5-11应该是必胜，不过这个5的结论我也没有确认过。9-29是一种选择，此变化至白12，黑棋已经无法取胜了。17-19单盖我觉得最好，给上方保留一些余味，但下方白棋交换不利，以致黑29后黑棋依然有较大的优势。不知30-33如何，实战白30后黑棋简单追胜，但黑却认输了……

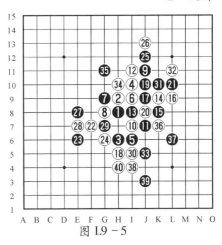

图L9-5

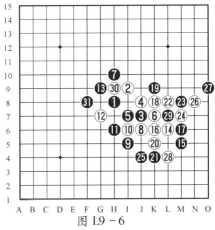

图L9-6

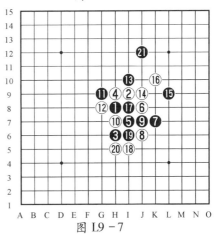

图L9-7

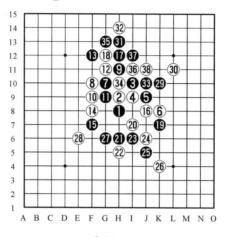

图 L9 - 8

图 L9 - 9，看来白棋对这个变化准备不足，不管黑 13 是不是变招。这个局面，只有在万不得已的情况下白棋才能主动防守。白 20 的交换也成问题，20 - 25，22 - 20 是理想的选择。以下黑棋步步施压，直到黑 25 先冲四！黑 27！白 30 不取外势是最后的败招，32 反挡则 33 - I7 基本必胜，实战中黑棋的下法也是简明的必胜手段。

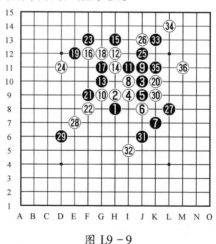

图 L9 - 9

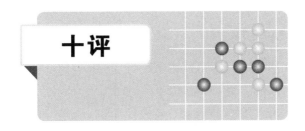

十评

五子棋星月争霸赛于 2008 年 7 月 12 日在北京东城海运仓小区南颂年三号楼 211 室开战，每周指定一个开局争一个盟主，最后"爱伏"（爱沙尼亚在京留学生）荣获"总舵主"称号。

❋　❋　❋　❋　❋

云月这个局面很有意思！练好云月的必胜手法还是很重要的，毕竟做棋思路还是有些不同于花月和浦月的。

云月局（交换），5A＝K7，李一（黑）胜仇云飞（白）

为了避免一些不必要的麻烦，5 选择了传说中的 3 打，但是云飞很快留下了 1 打，不清楚他的想法。至 11 的变化我还记得，白 12 如果在 15 冲后再挡 12，或者 G11 活三再挡在 H4 为黑棋做四四，还能给黑棋制造点麻烦，而实战的 12 或许是想过头了，黑棋简单追胜。

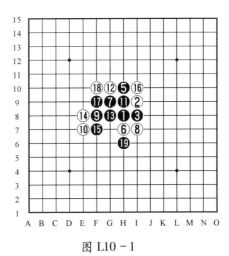

图 L10－1

云月局（不换），5A＝H7，王轩（黑）负李一（白）

图 L10－2，两打错了，11 和 13 让我很慌，后来还好，演变至 20 白满意。26 手想了想，决定放弃不切实际的期待对手犯错误的想法，保留变化走了实战的 26。在左边腾挪一下之后，32 位他竟然还不冲（不过冲了也不会好到哪儿去）！于是轻松占到。33 后 34 简明必胜。

比赛前一天忽然想起了这个事情，于是连夜准备，幸好还派上了些用场，骗死别人一盘，成功扛住一盘。虽然

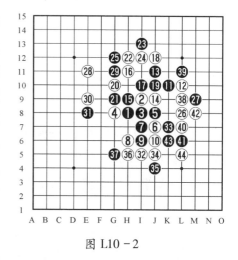

图 L10－2

没人考我一打的必胜，但还是给了我一个机会了解了很多其他的变化。倒是看到曹冬，对手用一打放手一搏，然后他"成功"地走错了顺序，不知道怎么回事在没杀的情况下杀了，真是太囧了！最终我以全胜的战绩再次取得了冠军。

明星局（交换），5A＝G9，李一（黑）胜曹冬（白）（Time）

图 L10－3，我幸运地抽到了白棋，至 12 是定式。13－F7 的变化，对于黑胜似乎还是有些问题，而且一旦胜不了就是白胜了，因此我选择了更加稳妥的实战中的手段。14－15 是另一防守，但 15－14 后黑棋似乎拥有更多的机会。实战的 14 应该是最强防！15 关键手，实战的 15 是一般手段，但目前来看 15－17 似乎更好！以

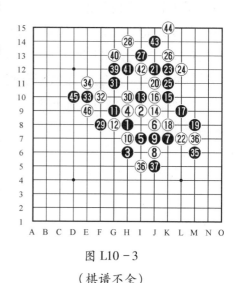

图 L10－3

（棋谱不全）

下 16 - 15，17 - I8/G6？实战的变化至 18 都正常，不知 19 如何下！曹冬曾以此变化执黑取胜过我一盘，可惜我现在对他当时的做棋和进攻手段都没有印象了，实战的 19 选择一般，但 23 是严重的误算！若在左上方开阔处发起进攻，或许更有机会，但实战 26 后局面就稳定了。以下 29～33 进攻，35 以下采取控制的手段。由于 23 的选择花费了大量的时间（长考出臭棋），我在之后的手段由于缺乏思考也不够有效。最终我再次凭借时间优势取得了胜利。

明星局（交换），5A = J8，李鹏（黑）负李一（白）

关于这个白 4，我发现还是有相当数量的人不太了解 5 - J8 的变化。至 13 都是定式。14 好手！15 错！15 - K6 必胜！以下 16 后无论白棋挡哪边，18 位都是巧妙的做杀，白必胜。当初看到这个变化的时候觉得甚是神奇，之后才发现在《五手二打总论》上这个变化早有记载，真是孤陋寡闻……

明星局（交换），5A = G7，李一（黑）胜张俊杰（白）

陌生的 4，一切也只能靠自己了。从棋形来看，黑棋必然要选择连接更丰富的进攻点，而且很明显这个白 4 的弱防应该是可以速胜的。排除了 8 位的选择（6 - G9 强！），我神奇地选对了两打，以下取胜就容易了。

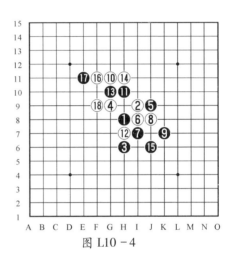

图 L10 - 4

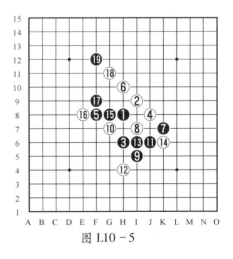

图 L10 - 5

明星局（交换），5A＝G9，李一（黑）胜叶冬宁（白）

图 L10－6，12 虽为必败的变化，但黑要取胜也不是很容易。13 关键手！老定式 13 走在 I5 或 I4，黑棋依然有优势。14－17 最强防！以下 15－15，16 外止，17－H5 做棋！以下黑棋不断扩大先手优势而胜。或许是对手有所忌惮而避开了主流变化，但防点选择得并不好，以下 VCT 较容易。

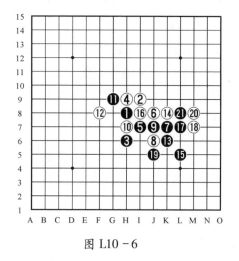

图 L10－6

明星局（交换），5A＝J8，李一（黑）胜曾扬锋（白）

图 L10－7，之前的定式双方应对无误。14 则是最近研究出的强防。但我并不在意，因为如实战至 17 的变化黑棋依旧有优势，还是打算力拼中盘。18 弱？至少在 I10 防守一下还是强硬的。21－18 似乎最好！实战 22 之后一时无法找到胜机，于是决定联系全盘寻找突破。26 手对右边还是有所忌惮，这样 27 强点自然！

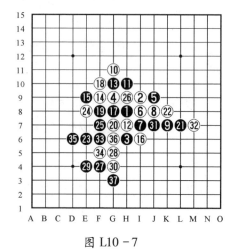

图 L10－7

明星局（不换），5A＝I7，田汉法（黑）负李一（白）

8－36?! 在最近的分析中，认为
这样的一手棋对白棋来讲还是有一定
的危险性。我的谱上显示实战中的这
点就是最佳选择。10－G10 还原，实
战中想积极一下，看来没有收到很好
的效果。交换至18 为止，我觉得黑棋
不错。但接下来黑棋走得有些消极，
让我积累出了很多的连接，最终轻松
取胜。

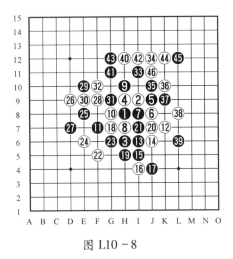

图 L10－8

明星局（交换），5A＝G9，李涛（黑）负李一（白）

很有意思的一盘棋，因为 7 之后
的定式是我刚刚教给她的。事实上，
我更喜欢 7－14 的选择。当然我不是
一个循规蹈矩的人，也不是一个无聊
送死的人，12 之后 13－I6 的变化，进
攻也需要一定的技术才行。实战的
13?! 14 当然一手。事实上就这个局
部而言 15－16 是唯一防。实战 15 之
后白棋简单追胜。

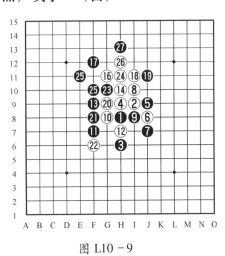

图 L10－9

尽管准备时间只有两天，但由于
前一段时间在复习《五手二打总论》，
所以还是有所积累的，另一方面也查看了一些新的研究和强防，觉得对我
的恒星局的提高还是有一定帮助的。

恒星局（交换），5A＝I7，李一（黑）胜仇云飞（白）（Time）

8一出我就知道我中计了，团体赛时讨论过一个同型变化，有一个简单的解决方案，但是我从未想到演化成这个局面，或许云飞也知道我这个人一般只有跌倒三次才会长记性，所以对于9－17或18，我没有很明确的想法，因此就开始构思其他的方案，实战中9、11的选择倒也算神来之笔！白棋没先手，要提防9、11的活二，又要考虑黑棋占据17位的应对方案，12似乎是很无奈的选择。13好棋！首

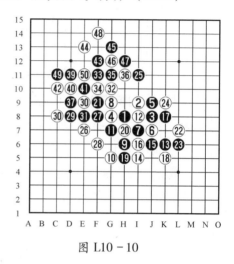

图 L10－10

先白棋的任何反击都是不成立的，黑棋本身的形状极佳！14实际已经必败（15－17，以下的VCT很容易走出），但我忽然开始胡涂，放弃了明确的杀法。18好棋！面对这漂亮的防守，19～21的交换也应该是无奈之举。25开始控制局面，26积极的一手！28！当注意到横10线上的反击时，我毫不犹豫地在29位要到了先手，并保持了下去。可惜面对云飞的防守我始终无法有效进攻。随着50手的落下，和棋局面已定，云飞很无辜地拍下了超时的那一手棋钟……

恒星局（不换），5A＝H9，

沈佳时（黑）负李一（白）

在连续否定了两个4之后，我们终于展开了这个该死的变化。看起来她挺熟悉，我很无奈，直到31手，竟然被我防死了，太感动了……后面随便走了几手，赢了下来。

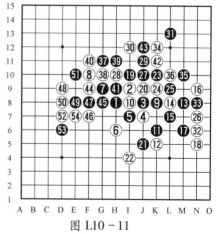

图 L10－11

恒星局（交换），5A＝I8，李一（黑）胜张弛（白）

图 L10－12，一般来说，6－12 是更强的变化，8 是容易被忽视的最强防！实战的 9 太急了，9－I11 好！14－15 强？16－21 唯一！17－D9，19－16，20－D7 神之一防！

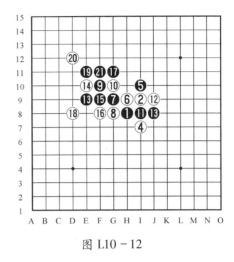

图 L10－12

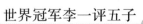

十一评

北京市五子棋联赛暨"天王赛"，于2008年4月12日在北京海运仓小区社区活动站启动，10月18日进入第二阶段比赛，2009年春节在龙潭庙会上进行了决赛，李一获得"天王"称号，田汉法获得"地王"称号，曹冬获得"人王"称号。

❀ ❀ ❀ ❀ ❀

疏星局（不换），5A＝I8，佟明宇（黑）负李一（白）

"疏星一打"的变化，这里12有点弱？12－22最强！对此我还是比较熟悉的。从对手的实力来看，实战的手段大概还是可以接受的。以下13－16，（是否先在32活三？）15－36是最强变化！实战中应该是对这个局面的结构不太了解，选错了进攻的方向，16当然要直接占据要点。以下的交换简单，不很积极但是很容易定形让局面清晰，我也很容易组织合适的进攻，

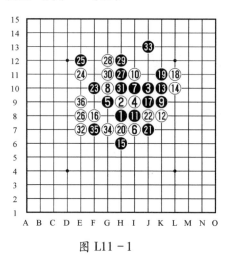

图 L11－1

这对于我来说是比较熟悉的。25强防！但26强点依然可以直接占据。29大失误，32做杀后黑棋没先手，无法防守了。

云月局（不换），5A＝H9，李一（黑）胜沈瓒（白）

图 L11－2，很有意思的一局棋，9－13 的变化只要白棋不随手就很容易防住，9－22 则 10－31，因此凭印象而言实战的 9 就是必胜的了。以下苦算必胜变化，但可惜功亏一篑，一方面由于过于忌惮 J5 位在斜线上的反击而放弃了正解，另一方面由于虽然想过从上方左右联系，但终究由于对形状过于陌生而放弃。17 后发现右下无法必胜则立刻转身，所幸 20 的唯一防于白棋几乎没用，21 积极！以下无

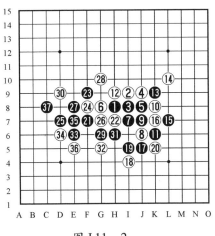

图 L11－2

论白棋如何防守，黑棋都可以先手处理完后在上方补成平衡局面，可惜实战的 22 太弱！23 自然的一手重新占先，25 则是利用丰富的连接凶狠地进攻，26 弱防！以下黑棋 VCT 容易。复盘时发现竟然有两套完全不同的正确杀法，一套都没算出来……

目前天王赛 14 胜 1 负，空闲时和 Aivo 摆了摆棋，挺有意思的，因为我发现我们俩思路挺一致，他经常走到我预想的点上，不同的是他计算速度比较快，也比较容易犯错误。

图 L11－3，这盘棋并非一盘完整的对局。前 16 手是叶冬宁和曹冬之间的流星战的一部分，17 手以下我执白他执黑互相拆了一下。19、21 的选择，难道已经积极到这种程度了？这个局部一看就知道是不能攻的。拆解

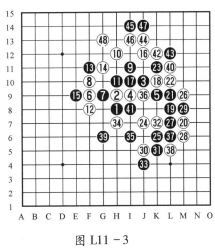

图 L11－3

23－26，24－36，黑不能胜，以下 25－41？Aivo 经过思考迅速地在上方找

到了一套杀，其计算速度之快、对棋形之敏感令我佩服。换一个23，24飘逸的防守，也是我的习惯。25到31看来双方的思路完全一致。33问题手，34尝试抢攻一手，局部结构细致，35后很有意思，白必胜了。

本次天王赛决赛阶段，我执白四盘全胜，一盘RIF规则、三盘那氏规则，虽然由于赛制的原因和一些偶然因素，并没有遇上更强的对手就取得了最后的冠军，但就比赛过程而言，还是比较满意的，这应该得益于我在这种比赛期间的稳定发挥，特别是尽管由于学业原因没什么时间下棋，但是能在比赛时及时调整自己的竞技状态、做好准备工作，是我最为满意的地方。

细心的朋友应该会注意到，我在全部棋局中抓子的数量都是4个，这是根据本次比赛的规则，为了降低RIF规则出现的可能性，尝试一些新变化，争取在最稳妥的前提下获得最丰富的选择和策略。

决赛第一轮　那氏规则，D7－E7－F7（交换），5A＝E8，
马世卫（1）（黑）负李一（4）（白）

图 L11－4，为了避免白棋对黑棋过度的压制，同时使局面有得可下，我选择了实战中的开局，黑棋在这个4的情况下同样有机会向中央扩展，事实上我认为这是相当强硬的一手。5－15是传统的另一打点，在分析那氏规则的过程中，我认为如果没有特别的计划，打点的选择一般不要改变，所谓较强的打点也是在黑棋占优的基础上形成攻势乃至必胜的，因此用旧的打点占优，中途改变招法应该是更

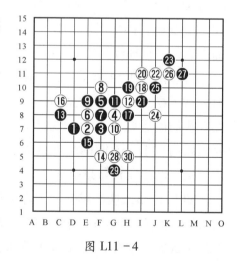

图 L11－4

好的策略，实战的5之后，6是自然的一手，7有些直接，但确实抢占了重要的位置。10是牵制，但11之后我迟疑了，认为左边临近边线，可能实战的12才是更加积极的一手，于是做出了相应的选择。

这里可以看出，我的状态还没有调整到最佳，事实上 12 之后的形状恰好是斜月局中黑棋占优的一型，我没有意识到这一点，否则不管边线问题如何，我是断然不会选择这个 12 的，现在只能期待左边的盘端对黑棋的进攻起到限制了。

幸好，实战的进程如我所料，左边空间较小，13 的进攻无所作为，14 追求效率，15 攻守兼备，为求稳妥我直接防在 16 的位置，17 则是希望能够上下兼顾。

此时，28 位是绝佳的进攻点，而 F6 则是最强防点，之后的变化要取胜似乎还有困难，因此保留下方的优势，注意到 I8 的重要联系位置，18 之后 19 无奈，21 同样也是无奈的一手，22、24 连贯的基本进攻十分重要！24 积极地联系了下方。26 后局部形成瑞星三打的白胜形状，但我无须分析 K8 后是否在局部真的有白必胜，因为通过 24 和 K8 两点的联系，28 位已经明确地由占优点转变为必胜点了。

决赛第三轮　那氏规则，G7－G6－G9（不换），5A＝H8，张宇（4）（黑）负李一（4）（白）

这是非常艰苦的一局，张宇淘汰了仇云飞闯入四强，实力不可小觑。看到开局后，我首先想到的是瑞星三打的变化，对手有可能知道这个变化，当然我也可以有所利用，然而，尽管以前分析过一些将局面导向平衡或占优的方法，然而太过复杂，对于金星局的一些定式，受限于我的目算能力，也无法确定优劣，最终我力图制造一个简明的局面，只要保证对手无法取胜即可，明星一打便是一次巨大的冒险，我花了相当长的时间确定了这个选择。

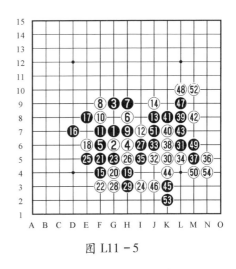

图 L11－5

9 及时调整策略，10－11 正常，11－17 后若白棋再防一手，便会陷入让黑棋满盘自由发挥的苦战状态，这是绝对要避免的，因为我所期望的防守方式是在局部的关键点守住对手的进攻，而非一个无法控制的局面，因此实战中的 10 是又一次冒险，幸好 11、13 的缓手给了我一些机会，之后尽管黑棋攻势不断，但我在心理上再没有出现过危机，而是很轻松地找到了强防，16 便是其中相当满意的一手。

28 是一个重要的选择，现在看来 29 - E3 稍强，实战的 29 之后我的状态有所回升，经过计算认为左边局部无论如何也欠一手，考虑到了 32 位的威胁，30 的选择相当关键，由于黑棋在 F11 附近依然能够制造极大的威胁，因此 30 再次冒险选择了直接进攻，31 关键点，32 攻守兼备，此时对手的 33 出现了巨大的漏洞，其实 33 - 34 是必然的强防，实战 34 自然，此时选择 40 还是 36、38 是一个关键，几经考虑后认为即使实战的选择无法取胜，也能带来向上边过渡的极大优势，因此进行了尝试，后来发现这确实是两步逼禁的妙手，黑棋稍作抵抗后，白棋在下方局部 VCT 成功。

决赛第四轮第一局，瑞星局(不换)，5A = J6，田汉法(黑)负李一(白)

终于迎来本次比赛发挥异常出色的田汉法，他先后战胜李鹏、曹冬，闯入决赛，我不敢掉以轻心。回归 RIF 规则，由于田汉法在前一轮战胜曹冬时使用的就是瑞星局，因此我几乎可以肯定他这次还会开瑞星局，因此特意准备了金星局的一个定式来应对（我所不知道的是，田汉法在第一轮中战胜李鹏也是用瑞星局，想必他对此做过相当的研究，并且有一定信心）。实战中对手竟然没有给出正确

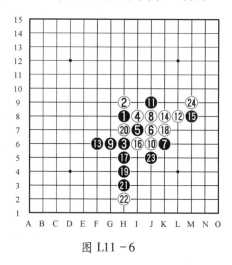

图 L11 - 6

的一打，面对选择，我认为临场改变策略是大忌，更何况我对 10 位的打点也很陌生，因此按照既定方案行棋。

然而，9 的变化实在令我措手不及，10、11 必然，12 如何选择的压力

全都给了我。12－12是第一想法，但13－18后似乎没有更好的应对，12－18是最常见的很可能必胜的一个手段，然而一方面留给了黑棋13－13使局面复杂化的机会，另一方面13－I5的防守始终没有找到明确的杀法，期间我也思考过直接防守，有一定可能成功，但放弃如此巨大的机会也很难决断。在重复思考12－18变化的过程中，我发现l10是一个与纵J线眠三联系的重要位置，再回过头来和12－12的变化相联系，才最终找到了这个局面的解决方案：12－12，13－18最强，14－l10妙手！

以下，黑棋也没有走出更好的防守，白棋的反击势如破竹，很快取胜。复盘时我发现这个变化在我斜月局的分析中曾经出现过，因此才能够很好地利用。

决赛第四轮第二局，那氏规则，H7－G6－F9（交换），5A＝H9，田汉法（5）（黑）负李一（4）（白）

在赛前的分析中，我意识到如果4－15，则5－F6黑优，5－F7黑必胜！田汉法选择了交换，使我的策略无法发挥。由于上午的比赛和上一局的思考花费了太多精力，我忽略了8－10的最强防，实战8后通长星一打的变化，实际上让黑棋形势稍好，但9、11、13的变化可谓巨大的失误，16以下白棋简单应对，黑棋也没有走出更强的反击，最终被白棋抓住失误而失败。

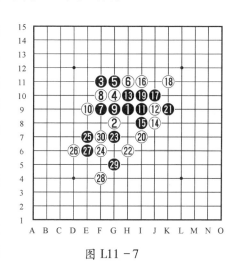

图 L11－7

十二评

2009年1月2日上午九点半，在那威五子棋俱乐部，中国曹冬六段与爱沙尼亚欧尔·爱伏六段进行三番棋对垒。爱伏2：1胜出。

✿ ✿ ✿ ✿ ✿

第一局，RIF规则，瑞星局（不换），5A＝I7，Aivo Oll（黑）胜曹冬（白）（Time）

瑞星开局，12的老变化。17－18常见，实战的17也是一种变化，本次全国赛上谢维祥就用这个17战胜了曹冬，想必曹冬对此有一定准备。18、20是正常的防守，19？观棋者一致认为应该直接在下边进攻扩大优势，这个19看似稳妥，实则丢先，后患无穷，此时22－24是常见的想法，变化复杂，但实战的22更为积极而且更强！事实上，瑞星局的斗争重点在下方和左方，通过右上局部与对手周旋

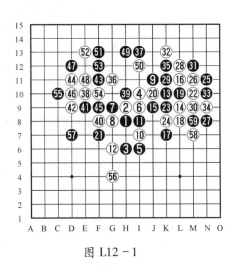

图 L12－1

则需要一定的水平。23～25是迫不得已的交换，26－35强！以下27跟防则28－28白必胜！有兴趣的朋友可以试着拆一下，27逆止则28－50，黑棋必须不断交换掉自己的优势才能防止失败，实战的26相对有些迟缓。27好棋！28先占关键点，以下至34交换完毕，35－J13似乎更好一些。36是容易想到的进攻点，37的防守看似不强，实则蕴含了许多反击手段，

38 的进攻方法是我的第一感觉，39、40 交换后白棋形状规范握有先手，同时隔断了 19 埋伏下的黑棋的上下联系，此时黑棋下方的优势已经完全消失。即便如此，白棋要想成杀依然困难。由于曹冬在之前右上方的进攻中浪费了太多时间，最终超时判负。

第二局，那氏规则，G4，H4，I3（不换），5A = H3，曹冬（黑）负 Aivo Oll（白）

曹冬完全失败的一局，竟然只抓了一个子，是对自己的计算力太有信心了吗？开局不是很理想，像 4 这样压制的手段应该是有考虑到的，但 3 的方向就太靠近边线了。7 - 25 虽然有盘端问题，但毕竟还原为"名月 - 岚月"的黑优（必胜）变化，实战的 7 竟然在下方继续进攻！8 是自然的想法，11 只得强行进攻，但局部的防守还是比较容易的，更何况 Aivo 的防守方式还是保持了将黑棋向下压制的想

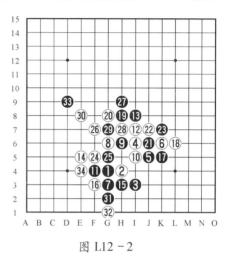

图 L12 - 2

法。19 终于找到时机来防守，但白棋在中间的优势已经很难遏制了，黑棋左右始终不能兼顾，交换几手后 Aivo 的 24、26 简单奠定胜局。

第三局，山口规则，寒星 4 打点（交换），5A = G10，G9，I9，曹冬（黑）胜 Aivo Oll（白）

图 L12 - 3，山口规则对于"连"开局似乎是最有意义的。从实战进程来看，寒星 4 打点未对白棋带来优势，这个 5 就很强！6 - 7 则 7 - 6，8 - 10，9 - J9 后还原成另一定式，白苦。8 - J8 最强！这个 8 后黑棋优势比较大，11 后黑必胜了。15 - 16 是常见的进攻

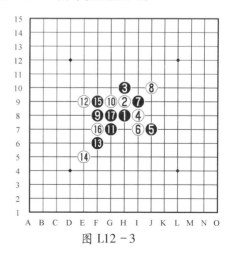

图 L12 - 3

手法，但拆解后才知道比较复杂，实战的胜法非常巧妙！以下是强攻杀法：

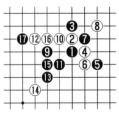

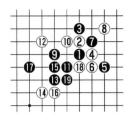

图 L12－4　　　　　　　图 L12－5

十三评

第一届全国智力运动会五子棋北京选拔赛，于 2009 年 4 月 25 日至 26 日，在北京市朝阳区民族园路 2 号（唐人街酒店）举办。

✲　✲　✲　✲　✲

第一轮　斜月局（交换），5A = F6，李一（黑）胜薛九阳（白）

我花了五分钟思考是不是应该交换，实战进程出乎意料地容易。对手是小孩，不过好像练过围棋，感觉比较沉稳。13 之后对方可能有些不甘心，一直坚持，我也不想这么耽误时间，于是深情地看了他一眼，他就投了。

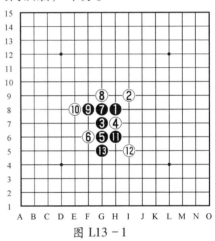

图 L13－1

第二轮　金星局（交换），5A = I10，田汉法（黑）负李一（白）

图 L13－2，在天王赛决赛最后一轮，我就将瑞星局改变为金星局出奇制胜，我想田汉法一定进行了一些研究，我于是再次出招……因为比赛才刚开始，我的 16 选择了比较简明的应对，可惜 17 成弱防了，否则应该还是黑优的局面吧。

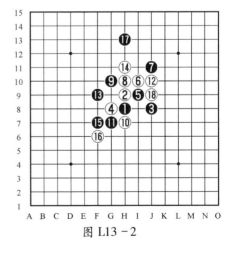

图 L13－2

第三轮 瑞星局（不换），5A = I7，张宇（黑）负李一（白）

图 L13 - 3，张宇选择瑞星局我早有预料，我本意是尝试老 12 的变化，15 却成了我不熟悉的变化，16 试探，17 强手！18 后我才意识到 19 - I11 是强手！实战 19 看似平凡，但白棋若贸然在 22 位进攻则陷入苦战，为了周旋我只得选择实战的 20 稳定局面，但 21 漏着后白棋简单胜。

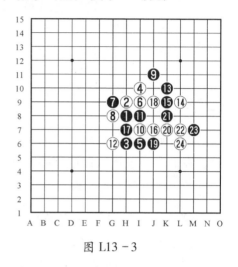

图 L13 - 3

第四轮 明星局（交换），5A = J8，Aivo Oll（黑）负李一（白）

令我满意的一盘棋！15 - 75 黑必胜！实战 15、17 的选择似乎没有耗费 Aivo 很长时间，而我则惊讶地发现这个变化正是我以前研究过的一个黑棋极强的应对！无奈之下我选择了 20 半放弃式的手段。21 - 34 黑棋消灭白棋一切反击从而必胜？缓兵之计，作为一个欧洲人或许不是很理解——如果现在黑棋可以 VCT，为什么要防守呢？如果防守是否承认黑棋没有连攻？再让白棋继续做棋的话，是否意味着还

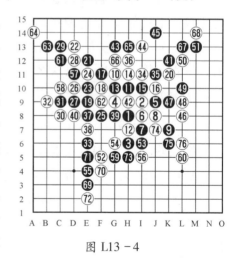

图 L13 - 4

要继续防守呢？还防得住吗？不如直接进攻吧！我花了很长时间考虑 26 的防点，当我惊讶地意识到横 5 线五连筋对左边战局的影响时，棋局已经逐渐进入预想中的轨道，行至 33 都是十分正常而流畅的进攻思路，34 一手完全破坏！黑棋至 43 的交换都是必须，然而我惊讶地发现白棋竟然无

法成杀！我的时间已经所剩无几，在黑棋依然优势的情况下，我不止一次地想到我苦笑着超时的情景，但我依然努力地坚持着。52起彻底陷入防守状态，59又是正常的一手，我意识到黑棋"可能"没有VCT而选择了实战的60，此时仅剩3分钟的时间，之后我和Aivo都陷入沉思，60的本意是选择一个连接丰富的点希望Aivo出现失误，为自己争取时间，随后我意识到这是做杀的一手棋，且很快意识到这是必胜的一手棋！我不禁为这个情况下所出现的妙手而在心底暗暗赞叹。之后Aivo开始冲掉棋盘上所有的四来消耗时间、分散我的精力并期望我失误，三分钟的时间虽然短，但已足够我稳稳地取胜了。

第五轮　瑞星局（交换），5A＝I7，李一（黑）胜李鹏（白）

13预定的手段，但明显我的研究还是不足的，以下必然的交换，20－16妙手！实战的变化是黑棋优势，即使攻不下来也可游刃有余，26－27强防，实战27后白棋已经很难应对了，28无奈的一手，但也确实是最强的防守，我意识到31的位置必须占据，花费了很长时间计算34的进攻点却没有结果，此时我看到了左边的线路可能有所利用，连接到右下后，33的进攻点显而易见，目算容易，已经黑必胜了。

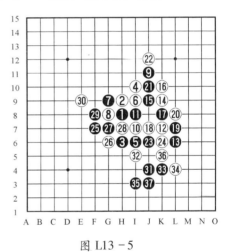

图 L13－5

第六轮　松月局（交换），5A＝I8，李一（黑）负曹冬（白）

图 L13－6，曹冬再次开出松月局，7 是避开流行变化的方式，我和曹冬对以下变化都并非完全熟悉，10－17 似乎更好。13 是张珵传授的妙手，17 必然，复盘时曹冬说 21－27 则黑必胜？以下交换后我已经丧失斗志，74 后白棋无胜。

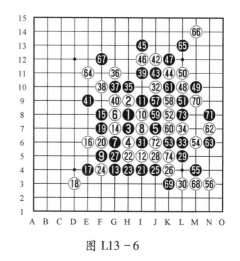

图 L13－6

第七轮　金星局（交换），5A＝I10，吴保刚（黑）负李一（白）

图 L13－7，12 积极的一手，12－H12 则有些冒失，15 挡下必然，以下白棋还能控制局面。

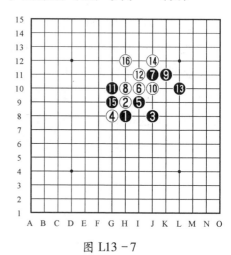

图 L13－7

第八轮 松月局（交换），5A＝I8，曾扬锋（黑）负李一（白）

图 L13－8，14 考验对手的一手，19－F4 必胜，线路是从下面绕到右边，以下我走得也不是很积极，38 的分断防守性太强了，46 是很具有欺骗性的手段，但曾扬锋还是轻松化解，52 最后的努力，H5 唯一！曾扬锋迫于时间的压力出现了漏着。

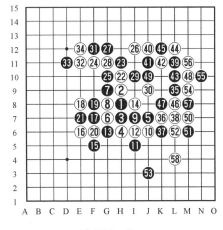

图 L13－8

十四评

第六届"经纬杯"上海连珠名人邀请赛，于2009年5月1日至3日在上海凯豪宾馆会议厅举行。周可鼎、李一、顾炜分获前三名。

❋ ❋ ❋ ❋ ❋

本次比赛采用山口规则，是一个不错的挑战，令人欣喜的是，对局棋手的水平都相当高，并未出现太多开局取胜的情况，从而奉献了不少精彩的对局。

预赛第一轮　流星局（交换），5A＝（无），顾炜（黑）负李一（白）（Time）

流星一打，一直很想尝试的变化，从实战进程来看17之前大家都很熟悉，18以下大家都不熟悉。感觉18是为以后的进攻做准备，18－46则偏向防守一些，19是进攻的第一手，以下应该选择更加大气的23及其他进攻手段，如23－36，大概是对右边的白棋有所忌惮，因此选择了实战的23。24一番苦算，考虑到25－36则26－39，感觉黑棋无胜，这是从松月一变化的白棋强防联想而来的。实战25以

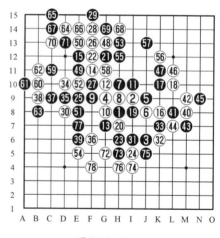

图 L14－1

下峰回路转，局面进入我的节奏，28手提前令29－17形成一个长连型，至33手局面稳定，34手可能有些小问题，以下的交换令左边余味丧失不少，本想扩大优势，反而在下方给白棋带来了一些威胁。54稳定一下局

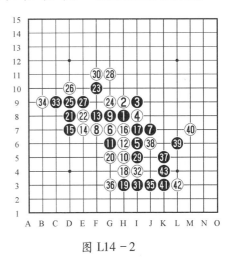

势，55、57两手的本意是通过先手消灭右上方白棋可能的优势，58是在压力之下的突然反击！60以下交换定形后72是最后的进攻位置！最后由于时间的关系，我没能走出正解，顾炜也因超时负，但经过分析确定72后白必胜。

预赛第二轮 花月局(交换),5A＝G7,I7,J7,J6,李一(黑)胜贺茂雪(白)

这是充满戏剧性而令人惊心动魄的一局。我的确深入研究过山口规则下的花月开局，但事实上各种结论也不甚清晰。花月局本是我准备在对阵饭尾义弘时选择的变化，但贺茂雪却给了我这个局面，此役之后我对花月局也有了更加深入的理解。实战至9正常变化，赛前分析过10－16，11－14，12－22，13－F6的变化，双方可战，10－F9，11－10，13－16黑棋几乎必胜。然而实战的10是我所忽略

图 L14－2

的，凸显了我在赛前研究上的不够细致。以下白棋苦战，贺茂雪出乎意料地花费超过一个小时的时间来计算14的变化（此时我的身体极度疲劳，有些犯困，贺茂雪没有抓住时机，等他下出14手的时候我又清醒了），相信他也看到了14－29的强手，此时15－J5几乎唯一，以下白棋是否有胜？我的判断是白棋逐渐积累优势，而贺茂雪似乎希望直接算出最后的杀棋，可最终还是选择了实战的14，随手的15几乎令我失败！16、18之后20－29是否白必胜？贺茂雪的20是令人困惑的，以下我也迫于压力走丢了预定的更加有活力的25－27，29后局面复杂。但因为时间紧张，贺茂雪希望速战速决而弈出了近乎疯狂的30，以下黑棋简单VCT。

预赛第三轮 云月局(交换),5A＝G10,G9,饭尾义弘(黑)负李一(白)

我不知出于何种原因选择了云月三打的变化，6－17强！实战中在饭

尾思考 7 时我惊出了一头冷汗——这个局面我已经很久不下了。在水平不高时接触这个局面，第一感觉是白棋可以把黑棋防死，但现在我却看到了无数极强的进攻点，我变得有些不知所措，若 9 - F7，10 - I10 强，若 10 - E6 则 11 - 9，这个破卦的必胜变化是我所熟悉的。然而实战的 9 也是可以必胜的，我并不熟悉，只是有所耳闻，令人惊讶的是我竟敢在如此重要的比

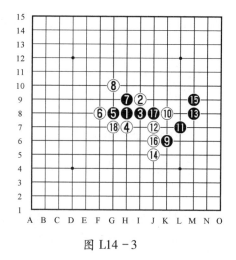

图 L14 - 3

赛中选择验证这个变化! 尽管当时我以两胜的战绩已经进入上半区，但依然面临饭尾义弘通过战胜我而进入上半区的问题，这在战略上实在太不严谨了。幸运地是，饭尾似乎是在临场计算这个必胜变化，11 - 14 正着，13 - 14 还原，双方应该说各有闪失，但实战 13 之后白棋就再无顾虑了。右上强行连接无果，"最强点" I7 恰恰对应一个被抓禁的简单败，而任何形式的防守都将对应于在巨大时间压力下（日本棋手的长考功夫很足，这次饭尾义弘也频频长考）的棋形崩溃，饭尾义弘意识到 I7 的问题之后也感到十分尴尬，勉强选择了实战的 15 希望能引诱我向右上防守而将局面搅乱，但在充足的时间条件下我可以稳稳地构造出必胜的简明线路。

复赛第一轮　金星局(不换),5A = I9,J7,葛凌峰(黑)负李一(白)

我自认为 4 是不错的选择，却没有看到更好的 6 的应对，7 之后白不利，但我也只能硬着头皮对付了。个人认为最好的策略应该是 9 - 32 继续积累优势，实战的选择稍显急躁，11 之后我则彻底放心了，14 的防守跟在 13 之后立刻落子，几乎是水到渠成。以下至 24，看似黑棋线路丰富，白棋危机重重，但对于以防守为主要思路的我而言却是再简明不过的局面，29、30 交换之后 31 有待商榷，或许可以更加积极，但以下我的进攻也不甚犀利，特别是 37 的出现令我保守的进攻思路彻底崩溃，以下越是

尽力扩大优势越是难以取胜，而葛凌峰也出于某些未知的原因未能抢先占据40位。我意识到和棋的结果已经十分可能，于是尽力将优势向左下方的开阔处引导，56布下陷阱还有很强的防守，但葛凌峰偏偏在时间的压力下走出了我预期中的一手57，以下白棋紧凑进攻从容获胜，葛凌峰遗憾落败。

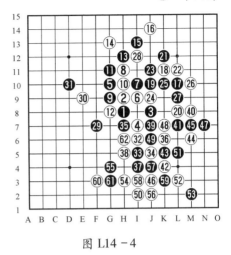

图 L14-4

复赛第二轮 云月局(不换),5A=G10,G9,李一(黑)负周可鼎(白)

选择云月局一个原因是周可鼎在云月三打中执白战胜俞满江，后来他开玩笑说要执白防我，另一个原因是我想尝试实战这个5的变化：任何选择对攻的6（J8、I7等）都会导致极大的劣势甚至失败。实战6稳健。但此时我忽然失去了冷静的心态，偏执地希望对手能够走出弱防，这种情况在我接触高手的时候偶尔会出现，大概是求胜心切导致的吧。准确地说，

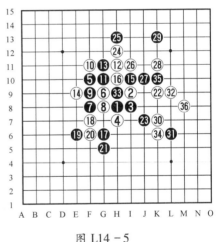

图 L14-5

这盘棋我没有发挥出我的水准，而周可鼎也不需要发挥出他的全部水准就能战胜我，实战的变化导致黑棋越来越苦，17~20是双方比较保守的选择，但21一手成为局面的分界，G4、D7的连续手段并无后续，为了避免21后黑棋继续向右扩大势力（我的本意是利用一点优势控制左边的白棋，分断左右），22直接选择了积极的一手，23是未经过认真思考、十分不冷静的选择，以下我尽力走出强防（几乎都是唯一防），但至34白棋大优，

此时白如何将优势转化为胜势？看似强大的三条眠三竟然限于数不胜数的反击而一个都不能动！此时冷静的一手36直接将我击垮。习惯上我要走到"四三"形成才会认输，但我明白这里的抵抗是毫无意义的。

我很想尽可能多地对这盘棋做一些技术上的分析，以显示我对这盘败局的重视、自己的谦逊和通过失败提升自己的决心，但真正想写的时候却发现有些东西很难表达，或者表达出来也没有什么意义，也只好到此为止了。

复赛第三轮 丘月局(不换),5A＝F9,I9,仇云飞(黑)和李一(白)

彼此是太过熟悉的对手，并未奉献出精彩的对局。这个变化在斜月局中难以出现（斜月三打还是很有意思的），但该变化在 RIF 规则中并不少见，尽管如此，16 的新手却是我在这次比赛中最满意的思考和创新！这一手的出现还是离不开李洪斌老师的分析和实战的指教！27 手之后我意识到右上并无极大的威胁，以下的交换若想取胜必须将局面打开，冒着留给对手机会的危险也要丰富自己的连接，

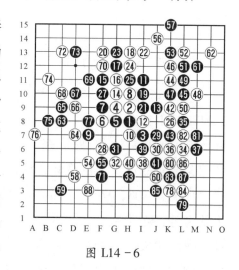

图 L14－6

否则就如实战一般，在均衡定形下难以再利用狭窄的空间创造出取胜的机会。38 的陷阱并未成功，60 引诱对手在右下防守，之后期望 71 之后 88 的防守，但 63 忽然积极的进攻，以下双方再无任何机会，各种陷阱均被化解，在双方无棋、时间短的情况下再无继续努力的必要了，若是双方还有机会的话，或许真的可以利用时间制造一些麻烦。

复赛第四轮　花月局(不换),5A＝G7,I7,J7,J6,朱建锋(黑)负李一(白)

不管怎样,这次比赛我想尝试的局面都出现了,不想见到的局面都未出现,是一件好事。7 又是在研究中忽略的变化,8 深思的一手,但一瞬间意识到和雨月必胜的一变化有些相似,幸运的是差了一对子,无法必胜。朱建锋似乎也出现了判断失误,交换至 18 手,局面已经进入我的节奏。36 是否可以更加积极些? 46 后黑棋是否有更好的防守? 不管怎样,盘末的进攻手段还是比较有力的,分析可知 56 后白必胜!

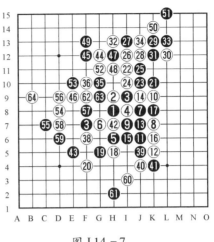

图 L14－7

十五评

第三届全国五子棋团体锦标赛，于 2009 年 5 月 28 日至 30 日在北京中国棋院举行。炫飞棋社 2 队、上海 1 队、北京队分获前三名。

✳ ✳ ✳ ✳ ✳

第一轮　瑞星局（不换），5A＝I7，杨建锐（黑）负李一（白）

15 的应对在我以前的对局中出现过，并不十分理想，17 - 18 的话或许更加有力一些，因为 17 的位置白棋占据后发展潜力一般，而瑞星局的结构特点是黑棋在下方的优势，一旦从横 9 线被白棋打穿，这里的黑棋连接就会减少许多。20 - 29 第一想法，换位思考一下：在 29 位防守后白棋的攻势还需要进一步拓展，这样的想法充分揭示了进攻与防守的统一性，这也就是防守的思路可以促进进攻能力的原

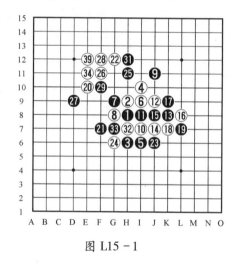

图 L15－1

因。计算之后我意识到 22 位的连接点极好（这个形状在中华连珠网刊载的一局棋中出现过），更重要的是无论黑棋在下方如何处理，都难以先手将优势处理干净，这样白棋就有机会向左进一步拓展了。实战中 21 恰恰是我思考过的，于是 22 可以直接做棋而不用理睬下面的黑棋连接，以下黑棋已经很难防守了。

第二轮　疏星局（不换），5A＝I8，刘洋（黑）负李一（白）

　　7 弱手，以下是必然的交换，14
后局面定形，15 在 G7、25 位强攻才
是正确的处理方式，实战 16 后黑棋已
经很难防守了。

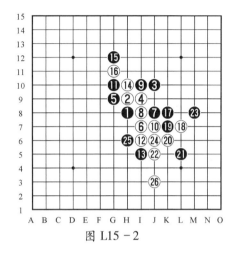

图 L15－2

第三轮　恒星局（交换），5A＝I8，隋云亮（黑）负李一（白）

　　7 的控制手段在这个局面中反而
延缓了进攻，以前在和张珵的实战中
我选择 9－10 以打开局面，10 简单的
处理后感觉 11 稍显死板，11－21，12
－12 似乎也不能打开局面，11－22？
以下求稳为主。18－24 的选择我考虑
了很久，但 19－25 后始终没有找到白
棋简明的处理方式，于是 18 跟防。19
防守后至 23 简明定形，23 反挡的话
有些危险，因为白棋控制 E8 的先手后
下方没有 VCF，24 再控制一手，一方

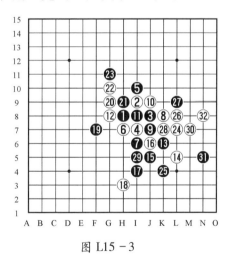

图 L15－3

面是因为如果 25－26，则 26－L4 会给黑棋带来极大的威胁；另一方面是
因为除了这个防点白棋都可以考虑从右上方向左边的优势借用。25 是过于
激进的一手，以下由于 29－M9 不成立，白棋简单胜。

第四轮　疏星局（不换），5A＝I8，赵宁（黑）负李一（白）

很值得考虑的 10，11 是忽然的一手，12 也是未经仔细思考的手段，其实 13－K8/K7 都是极好的应对！13－I6 则 14－G11。实战的 13 可惜，14 简明一手，我在以前提到过，这手并不是妙在这是不错的进攻手段，而是妙在竟然简明必胜！有兴趣的朋友可以研究一下。

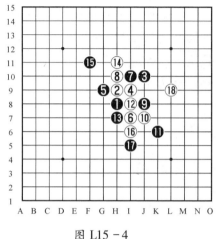

图 L15－4

第五轮　丘月局（交换），5A＝F9，周可鼎（黑）负李一（白）

图 L15－5，10 的想法其实很普通，但不知为何以前一直被忽略了，棋形结构与明星局有相似之处，但不同之处即是此局的关键！11－12，12－51，13－15 正常手段。针对实战的 11，12 也是考虑好的手段，13－15，14－16？无论如何感觉最佳的进攻方向应该在右边空间较大的区域，伺机向上或向下拓展进而模仿明星局才可能取胜，实战的 13 出乎意料！黑棋已

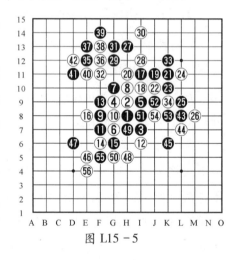

图 L15－5

经决定从一边连续发展，这样局面瞬间变得尖锐起来，黑棋在制造优势的同时几乎没有给自己留下什么后路。18－20，19－H12，白棋如何应对？是否能比实战更强？18 以下的攻防确实难以言表，或许只有对局双方才能体会到实战中的惊险之处，其中 31 体现了对手良好的进攻感觉！至 42 防守成功。43 一定有更加有效率的防点，45 丢先。46 一手后大概 47 有些疏

忽，太弱的防守，48 白必胜。

第六轮　松月局（交换），5A＝I8，李一（黑）胜朱建锋（白）

图 L15 - 6，7 避开流行定式的变
招，以下是双方简明的应对，14 后 15
的招法看似平凡，其实很有意思，以
下白棋的处理一般，最大的问题是尽
管上方必将以黑棋的先手定形，但白
棋不应该将自己的连接全部消耗掉，
20 后几乎是黑棋自由发展的局面，21
－23 则 22 - 21 强防？从强防寻找强
攻，实战的 21 是我这次比赛下得最漂
亮的一手！22、D9、D6 等点可以将盘

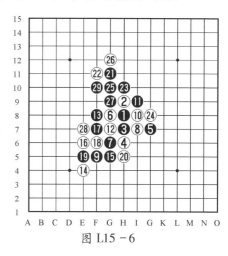

图 L15 - 6

面左边全部连接起来。或许出于这样的顾忌，对手直接防在了实战的 22
位，但 23 后白棋冲四困难，为断开可能的连接，24 只能在实战的位置防
守，25 后黑棋形状太强势了。

第七轮　瑞星局（不换），5A＝J7，陈靖（黑）和李一（白）

变化的策略：11 是避开陷阱的另
一套定式，黑棋控盘，我甚至觉得 17
的变招比定式的 17－18 更强！18 精
心的一手，考虑 36 手后 G5 点的做杀！
但实战的黑棋直接交换了。至 24 定
形，感觉白棋漏洞很多，但一时黑棋
却很难找到合适的进攻点，特别是 26
之后黑棋并不好受。以下我尽可能走
出积极的交换，但对手的防守还是非
常稳健的，至 60 手双方和棋。

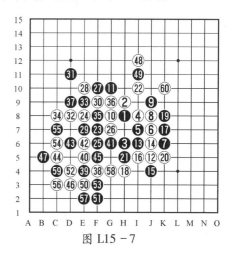

图 L15 - 7

第八轮 岚月局（交换），5A＝J7，黄立勤（黑）胜李一（白）

骗着失败的一局！我第一次遇到在实战中敢走出这个二打的棋手，而对手的功夫非常到位。17－29，19－19则20－22！17－E9同样必胜？似乎在下方还有另一套局部杀法，在网上遇到过，但是记得不太清楚了。

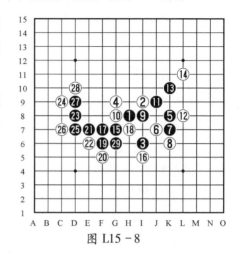

图 L15－8

第九轮 瑞星局（交换），5A＝I7，芦海（黑）和李一（白）

16、18 是应对手段，21、22 正常，22－h6 感觉给黑棋更多的活力，23 看似脆弱的一手，但仔细考虑之后发现了严重的问题：24－25 白棋危险，其他手段都很难控制 25 位的强防，无奈之下只得损掉对手的一个连接，并且尽量走得轻快些。28 的防守一是为了分断上下，二是为了给黑棋进攻的机会，期望对手留出一些材料，但实战中对手走得有些保守，很多常见的进攻点都没有占据。37 有趣的手

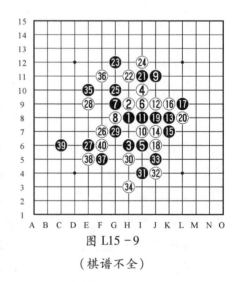

图 L15－9

（棋谱不全）

段！38 普通，39 配合 37！在短促的时间中我艰难地走出了 40 的防守，而对手对于这个防守似乎也失去了取胜的信念。交换之后我有一些机会，但始终无法成杀，最终成和。

第六届浙江五子棋公开赛，于 2009 年 7 月 18 日至 21 日在杭州万好万家酒店举行，戴晓涵、贺启发、梅凡获前三名。

❀　❀　❀　❀　❀

第一轮　疏星局（不换），5A＝G9，李一（黑）和吴镝（白）

一般第一轮碰到的对手不会很强，是找到比赛感觉的对局，可正如吴镝所言，这盘棋感觉是找到了，胜负就说不清了。即便可能会遭遇苦战，我还是选择疏星局来提升一下中盘的感觉。6 是见过的手段，但我不太清楚接下来的应对，正好当成一种锻炼了，7 - I8 是另一选择，但我不是很确定 8 向左活三之后的发展，于是引向熟悉的 7、8 应对，这里的 9

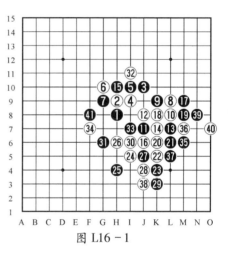

图 L16 - 1

应该有更好的选择，10 也是可以料想的强手，11！感觉上应该是控制空间的一手，当时的想法一方面是不希望白棋有直接的进攻手段，另一方面考虑了 12 - 14 或 16 的应对，但实战的 12 令我很痛苦，13 - 14 的话黑棋的线路将被封锁，经过计算没有看到实战的 13 后白棋直接的 VCT，15、17 是预定的应对，当时一直在考虑 18 - 21，20 - 20，21 - 35，22 - 22 后的白棋形状，基本确认无杀。但实战的进攻手段出乎我的意料，26（做杀）的进攻位置不是没有考虑过，但没有想到会如此之强，可惜实战中白棋的 22

多冲了一手，否则 22 - 24，24 - 26 白必胜！27 后白棋无杀，29 - G7 白有 VCF。此时双方时间紧迫，32 转入防守，简单算了一下感觉右边有杀，于是 33 将反击消除，可惜漏算了 40 的唯一防。41 后双方时间均已剩不到 5 分钟，于是在第一轮接受了和棋的结果。17 之后如果算不清楚下面的攻杀，直接进行控制也是不错的选择。

第二轮　瑞星局（交换），5A = I7，李一（黑）胜艾显平（白）

上一局下了近三个小时，没怎么休息，这局上来也有些恍惚，没怎么思考就交换了，20 之后的局面不太熟悉，或许 21 - 31 就不错，这个形状下我的理解还很不到位。以下我一直希望能在右上角出棋，像 29 这样的手段根本没有经过推敲，其实是在考验对手的胆量，但所幸至 30 双方都比较平稳，31 应该说是无奈的一手，33、35 是计算后成型的手段，事实上对 33 之

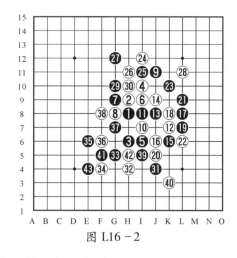

图 L16 - 2

后白棋的一些应对我也有准备，应该说问题不大，当时还是往长远考虑了的。36？看似凶狠的一手，但应该说有些问题，37 以下本是一套常规的交换，黑棋将在左上夺取主动，但 38？ 39 关键手后棋局突然结束。

第三轮　瑞星局（不换），5A = I7，陈子豪（黑）和李一（白）

图 L16 - 3，本来还是想交换的，但裁判忽然强调说棋谱上的黑方白方应该是指交换之后的，于是已经写好的我一时偷懒就没换……13 之后我就无语了。这盘棋我想了半天也没办法

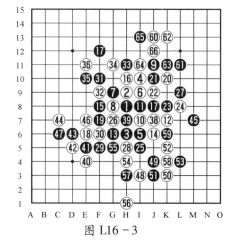

图 L16 - 3

创造出足够的机会，大概还是修为不够吧。16 骗着，可惜我自己也不太熟悉，现在看来行至中盘这个结构白棋有些问题，在此不做深究。按我的思路行至 37，黑棋无意间脱先，但左下没有争到先手，45 还是被黑棋占据了，56 做杀失败后也就没有太多内容了。62 后黑棋是否能杀？很久以前和吴昊聊起被人逼和的事情，当时不太理解为什么会有这种事情发生。

第四轮　丘月局（交换），5A = F9，李一（黑）胜汪清清（白）

图 L16-4，主动求变的一局，但对手应对得不错，我一直在想如果 14 的位置不错的话我就直接变招，没想到 14 塞到了里面……一时间没有找到合适的进攻手段，但不久之后即发现了机会，17-K5 看似不错实则不好。20 强防！22、24 应对无误，反倒是我陷入困境，25 是无奈之下兼顾防守的一手，但 26 明显太过保守，27 之后白棋很难防守了。

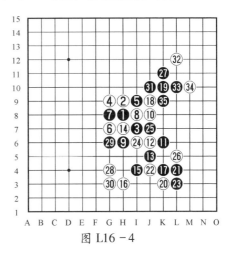

图 L16-4

第五轮　瑞星局（不换），5A = I7，李一（黑）胜陈超（白）

图 L16-5，12 之后长考……13 之后陈超问我是否和棋，当然不可能了！29-41 后再 29 也是一种选择，不过我选择了更加积极的方式，30 之后的局面双方未知，纯粹拼杀计算力。实际上 36-40 直接防守最佳，实战中的交换消去了一些韵味。左下角骗杀半天依然没能成功，无奈之下行至 53。54?! 追求胜利的一手直接导致失败。

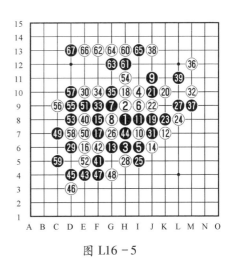

图 L16-5

第六轮 瑞星局（交换），5A = I7，贺启发（黑）胜李一（白）

图 L16 - 6，没入轨道的一局，12
的变化我也没有深究过，这个 14 大概
必败了，16 - 20 最强防，但我错误地
认为黑棋在 18 位置活三后可在右下单
独成杀，因此选择了实战的 16，以下
白棋崩溃。

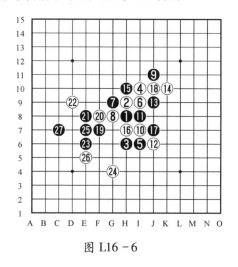

图 L16 - 6

第七轮 疏星局（不换），5A = G9，李一（黑）胜黄金贤（白）

我基本确定对手会选用这个 8，
但并没有准备这个 10，10 - 20 一般，
10 - 14 则是另一变化。11 是思考之后
的选择，因为 12 - 20 后黑棋可以强攻
得手。16、18 是否略显急躁？18 - 21
如何？但无论怎样黑棋都有些被动。
22 - F11 常见手，实战 22？23 率先交
换，25！防守的同时保留了 31 位的进
攻。29 缓兵之计，行至 30 白棋终于
回防一手。34！35——胜负手！由于
34 时我不确定右上方到底是否能杀，

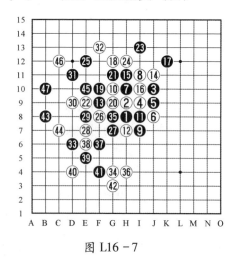

图 L16 - 7

因此将希望完全寄托在换得先手后的 K11 位必胜点。42！下方的白棋看来
很难交换干净，而我也在压迫之下找到了最终的局部妙手：45、47 必胜！

十七评

第二届"京系连珠"杯网友五子棋联谊赛，于 2009 年 8 月 22 日在北京海运仓小区社区活动站举行。李一、王硕、张红梅分列前三名。

✳　✳　✳　✳　✳

全国赛前想找个机会好好调整自己的状态。去了才发现除了曹冬以外大部分强手都来了，包括仇云飞、张红梅、李鹏，以及刚刚获得青少赛冠军的王硕，不管怎样，有机会和他们对局还是很令人兴奋的。比赛采用那氏规则，但是不限制第二、三手，因此出现了不少妖刀局面，比如仇云飞就被张红梅的妖刀砍下了一盘（事实证明那个妖刀很容易白必胜），当然，也为棋手选择更多位置的 26 种开局提供了可能，比如我的第三局。不管怎么说这次比赛是一件值得高兴的事情，同时也拿到了属于我的第五座奖杯。

第一轮　那氏规则（改），
I10 – I9 – G8（不换），5A = J9，
李颀（黑）负李一（白）

第一轮的状态不是很好，9 太过直接，现在看来 14 – 15 是更稳妥的方式，按预定计划的 18 之后 19 占先！20 无奈防守，但 21 的效率有些低，22 之后局面还算稳定，25？26 是稳固的防守，以下黑棋的手段较弱，29 – F13 还可一战。

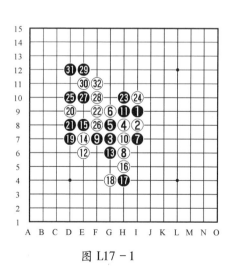

图 L17 – 1

第二轮　那氏规则（改），J11 - I11 - H9（交换），5A = I8，李一（黑）胜佟明宇（白）

深思之后选择交换，对手或许对5 - 8不是很熟悉吧。7是预定的手段，按正常定式发展下去肯定白棋不利，此时8也不失为好的手段，毕竟右边的空间不够的话黑棋的优势不能显示出来。直到14之前都是可以预见的变化，15选择了更加灵活、间接的做棋手段，因为白棋暂时无法反击。18强防！19增加子力，20也必然，21 - E7则白棋反三，我意识到25位是整个进攻最关键的点，但现在无法直接占据，因此采取21的策略。22 - 25可能是最强防！实战弱防，黑棋简单追胜。

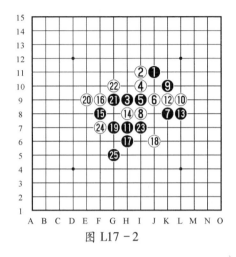

图 L17 - 2

第三轮　那氏规则（改），J6 - H8 - I7（不换），5A = G8，李一（黑）胜王立群（白）

图 L17 - 3，很有意思的一局。5 - 18的话我会选择控制局面的走法，实战也是我希望的局面，因为左边多出一条线的话，黑棋的进攻将更加容易，但在走定式的过程中我突发奇想考验了一手17，或许对手感到有些陌生就应对了18，我意识到白棋有很大机会但黑棋也有一定反击，于是19活三，以下白棋主导交换，完毕之后35一子双杀……局后云飞告诉我18是必败的，而我在不知道的情况下走出了一套必胜。

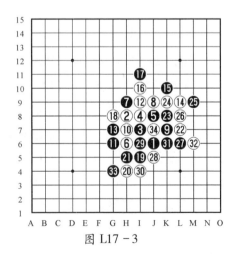

图 L17 - 3

第四轮　那氏规则（改），J12－K13－L10（不换），5A＝J10，张红梅（黑）负李一（白）

初步感觉白棋从中间向下突破的话还是很有机会的，因此没有交换，但没想到黑棋会有5、7的应对，8之后感觉白棋就算局部无胜也能利用优势交换到不错的外势。9－12则黑败，11后局部唯一一套杀法成立！18－24则19－M14白无胜，19－20则20－l5白必胜！20－24白无胜。

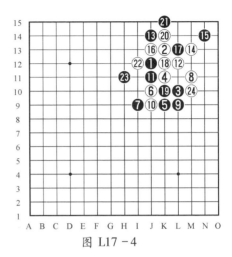

图 L17－4

第五轮　那氏规则（改），J12－J13－I13（不换），5A＝H11，王硕（黑）负李一（白）

决定尝试防守于是没有交换，5－7黑棋更加灵活，因此拔去，交换后黑9求变是好思路，10之后本想在右边保留反击，但13后我决定不在局部纠缠，14～16预想的手段。17－23如何？18没有走得太直接，力求更多发展可能，同时也警惕黑棋在中部突然发起进攻。19是否有更好的手段？20是常见进攻！22朴实，23后我考虑是否要进行反击，最终还是没算过来直

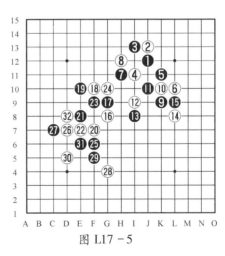

图 L17－5

接下在了中间。25后白棋如何进攻？28妙手！强有力的威胁！29－30是局部的唯一但也非常弱，同时没有构成任何反击，此后预想30－H5，白棋可在下方展开如潮的进攻！实战29误算，白棋简单胜。

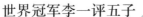

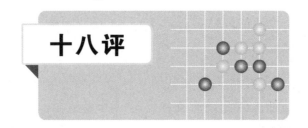

十八评

第三届全国五子棋锦标赛，于 2009 年 10 月 3 日至 6 日在河北省石家庄市颐园宾馆举行。男子组的艾显平、黄立勤、谭鑫麟与女子组的霍九旭、黄琼莹、张钟元分获各组前三名。

✤　✤　✤　✤　✤

第一轮　松月局（交换），5A＝I9，李一（黑）胜魏强（白）

又是第一轮没有状态的问题，不过说起来第一轮也就是用来找状态的，所以没有给一打准备拼一下。其实我对 10 之后的变化不是很熟悉，14 后就不知如何是好了，于是走出了 15 糟糕的手段。16 好棋! 朴实的防守，同时造出了反击。21 又很弱，此时 22－23 机会极佳，但实战保守了，给黑棋留下了复杂 VCT 的威胁。以下至 29 是我预想的在下方安定的结构，其中 25 在左边还有做杀的威胁，可惜完全

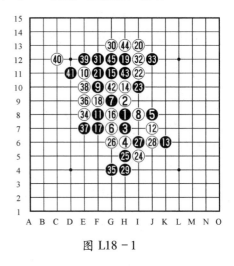

图 L18－1

忽略了现在白棋可以毫无顾忌地在 33 位做棋! 但实战中对手再次错过机会，至 34 局面安稳，35 则利用此机会积极进攻，36? 仔细计算之后认为上方无杀，于是直接在实战 37 位防守，以下白棋误算，我简单取胜。

第二轮　疏星局（不换），5A＝G9，李一（黑）胜杨彦希（白）

9 是可选的另一变化，11 则是自己的研究，其实了解我的人都知道，所谓研究不过是找出一条不能直接必胜、变化比较丰富的分支而已，赛后吴镝指点说这个 11 应该是败的，但是白棋要选择好进攻方向，我拆解后认为最好还是在左边出棋。实战中 12 ~15 自然，16 后，我寄希望于局部的防守，走出了很积极的 17 来占据主战场！18？19 简明，之后上方基本安定，而黑棋的反击也立刻进入准

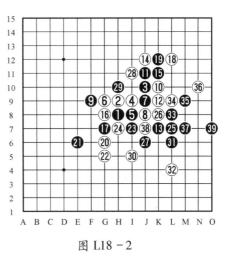

图 L18－2

备，如果说对 20 的位置还有一定想法可言的话，22 就纯粹是无理手了，这一手并没有构成任何反击，同时在占据空间、分断黑棋这一方面由于存在 17 位的"通道"也不是很到位。以下是实战中的进攻手段，31 简明必胜！

第三轮　瑞星局（交换），5A＝I7，李一（黑）负朱建峰（白）

图 L18－3，这局值得好好反省，19－28 的手段是我以前提到过的，但有人说这个是必败，我就动摇了，还有 19－23 的手段应该不错，但我在临时接受定式时似乎误解为了实战的手段。其实不应临时改变自己的计划，不要未经推敲而临时应用新的定式，这些思路通过我以前的比赛特别是上海名人战之后，应该是很熟悉的，但这局棋我没有很好地贯彻这一点，最

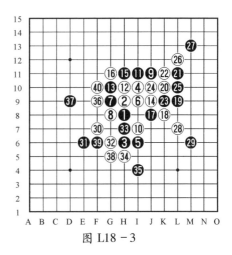

图 L18－3

终导致了失败。12 之后的变化还很复杂，在此不一一列举。实战中的 19
也经过了一番思考，至 29 交换自然，34 定形后，局面看似平静实则危机
四伏。35 无论如何防守白棋都有 36 的争先好棋，而我对此处的威胁不够
了解，以至于走出 36 后才预感到大事不妙，再加上不熟悉 38 的结构，简
单急躁地防在了实战的 39，必败了。

第四轮　云月局（交换），5A = H7，张轶峰（黑）负李一（白）

一年前团体赛上见识了张轶峰稳
固的中盘，这次大胆决定冒险出骗着！
这也是我本次比赛唯一一局执白。这
个 4 之后应该有至少四个点可以必胜，
除了最简单的 5 - 6 之外我一一做了准
备，但实战则大大出乎我的意料，张
轶峰误以为 5 - 6 有盘端问题而没有选
择，走出了另外的两个必胜点。5 - 10
的话我在很久前见过"地毯"谱，但
现在手中的"毛巾"谱有一路分支比
较难杀，而对实战的 5 - 5 则有更深刻

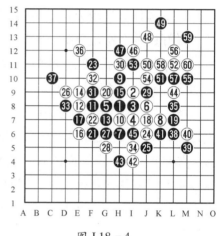

图 L18 - 4

的研究，有更多变的陷阱和我明确知道的必胜手段，抉择从现在开始。
16！以前认为 17 - E5 是黑必胜的妙手，而 17 - 17 则不能取胜，我的棋谱
中则给出了 17 - E5 的白必胜方法，并且确认无误，而 17 - 17 则是黑必胜
（赛后又听说还有唯一防，黑不能胜），实战 17 应对正确。21 - 23 必胜！
实战 21 缓手，23 后局面依然精细。此时考虑到对手时间不多，我大胆走
出了 24 ~ 28 的交换，积极展开对攻，在复杂的局面下进一步给对手造成
压力，但 36 稍显迟缓，27 后局部黑棋安定，右边局部又难以有所作为，
无奈只好寻求至 42 的交换，此时我十分希望黑棋在右上展开进攻，因为
我已设计好了一系列的防守反击方法，只要进攻开始，对手就必然陷入攻
杀复杂和时间紧迫的双重压力中，但实战中对手稳稳防守，我在上方的最
终进攻也不值一提，反倒是黑棋防守得异常稳固，最后我依靠对手 55 在

压力下的漏算侥幸取胜。

第五轮　瑞星局（交换），5A＝I7，李一（黑）胜周可鼎（白）

22 后避免选择复杂变化，但周可鼎赛后说其实 23 已经落入研究，是必败的。24！局部有简明取胜手段，但还要提防 28 的威胁，苦算 40 分钟后落下 25，29 预定的手段。30？！我心中一阵窃喜，这里的分析很有意思：如果这个 30 是谱杀的话，顺序一定是 26、30、28 而不是实战中的顺序，这说明周可鼎已经脱谱（至少他不知道正谱了），是在一定局面下和我比拼计算力！我的信心大增，虽然在实战

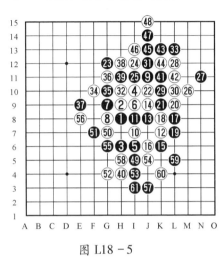

图 L18 - 5

中至 36 一直是白棋较好的交换，但对手终于在 38 出现了漏洞。39！这是我在本次比赛中最出色的一手棋！而这盘棋也是我在本次比赛中最出色的对局！39 一手阻挡了横线，切断了竖线，解开了长连，同时限制了对手的眠三，局面瞬间逆转！接下来对于 40 的防守，41 - 49 好，上面的交换太过急躁，可惜对手可能也有些着急，没有及时切断黑棋的关键进攻线路。52 积极？53 后右边长连无用，54 - 55 的强手又被忽略，56 则忌惮左边的优势，59！局部的好点在常见定式下无法必胜正是因为白棋在横 9 线上的反击，但现在这个反击已经被左边局部的小小 VCT 解除，尽管时间紧张，但黑棋依然必胜！

第六轮　疏星局（不换），5A＝J9，李一（黑）和黄金贤（白）

9 的选择，是希望 10 - K7，11 - 13，自由度更大些，实战的 10 陌生！苦算二十多分钟，不想让白棋占据 15 位，其他几个防点又太薄弱，最后只好选择还原，赛后了解到这里似乎就是 11 - 11，13 - K7 最强。但 14 没有选择 K7 而是单防，以下黑棋稍优，但是 18 好棋！20、22 又清楚地判断

了我扯开战线的意图，26 完好地利用
了小小的先手，29 试图进攻，无果。
35 是打开局面的第一手，立刻遭遇
36、38 强烈的反击！以下双方中盘缠
斗，可惜再无可说之处，赛后自觉这
盘棋下得痛快淋漓，冷静下来看，发
挥其实相当一般。

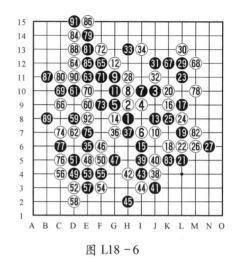

图 L18－6

第七轮　瑞星局（交换），5A＝I7，李一（黑）负艾显平（白）

还记得我说过我比赛中的状态很
稳定，这是优点，也是缺点。当我需
要一个更好的状态时，一般是很难实
现的，更难以战胜状态极好且为了出
线斗志很强的对手。15－17 是一度的
想法，可惜对老定式不是很熟悉，18
－20 常见？应该只是我一厢情愿而
已。实战 18！计算后选择 19，这里
19－23 或许可行，以下交换一直忽略
了右下方白棋的潜力，直到左边无处
可攻，对手在右侧展开了完美的搏

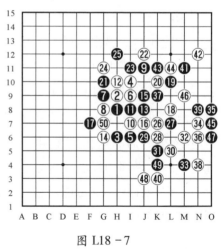

图 L18－7

杀。31 策略手，以下 32－33，34－32，35－L4 强硬！实战 33 位不冲，我
大喜，没有多想就防了冲四点，以下白棋攻杀完美！

名次轮 瑞星局（交换），5A＝I7，李一（黑）胜兰志仁（白）

图 L18－8，上轮输掉后看了看老定式，没想到现学现卖了，18 早在 1975 年日本名人战时就出现过，当时中村茂执黑战胜了矶部泰山，我也大概了解这个 18 骗杀的手段，只要黑棋仔细计算、妥善防守就能获得优势。23 之后黑棋优势，再加上白棋在右边直接送出了先手，黑左边优势就很大了。在不重要的名次轮，双方算得也不是很仔细，在简明的几步做棋后我利用对手的失误取胜。

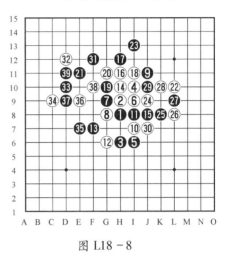

图 L18－8

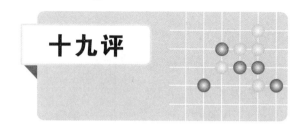

十九评

"京良杯"五子棋连换规则挑战赛，于 2009 年 12 月 26 日在北京东城区海运仓社区中心图书馆举行，曹冬、李一、黄金贤分获前三名。

❋ ❋ ❋ ❋ ❋

第一轮 李一（黑/2、3）胜王轩（白/1、4、5）

开局便是必胜变化，但我怀疑9、10 都有些问题，11 后白棋如何防守？

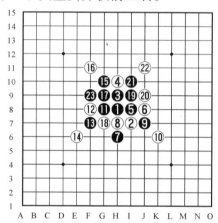

图 L19－1

第二轮 李一（黑/3）胜李鹏（白/1、2、4、5）

图 L19－2，这个开局很有创意，我认为黑棋稍优。9 之后的确如此，10 防守稳健，此时 11－18 应该不错，但我下出了缓手，14 又是我的思考盲点，这个形状在防守时很有趣味。以下四处辗转，优势逐渐变小，但还是可以稳定地控制局面，同时走的棋更有弹性，让对手难以分辨最强防点。

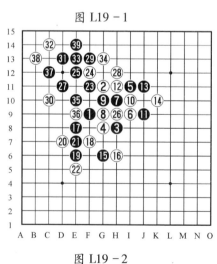

图 L19－2

23 突袭！初算时 24－35 似乎给黑棋 VCT 的机会，但实际没有，24－35 是强防，实战中李鹏迫于时间紧张走出了 24 的另一强防。25 之后经计算确认实战的 26 是败着，27 妙手！复盘时似乎拆解出 26 跟随也是必败。

第三轮 殷立成（黑/3）负李一（白/1、2、4、5）

这个局面在名人战时仇云飞和顾炜老师下过，白棋成功防守，我乐意效仿一下。11 是好棋！长考之后 12 冒险，但 14、16 欠考虑，17 后局面似乎是黑棋不错，我也只好硬着头皮防守，幸好 21、23 稍弱，24 后白棋反击强烈，29 手后黑棋进攻戛然而止，纵 D 线上的长连令我思考了一分钟，然后猛然发现 D6 有简单的"三三"禁手。

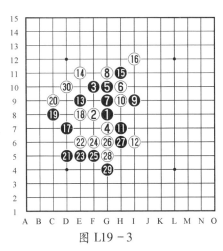

图 L19－3

第四轮 李一（黑/3）胜张红梅（白/1、2、4、5）

表现不佳的一局，对于前五手的局势，我判断所花的时间太长了，但 21 骗杀成功。

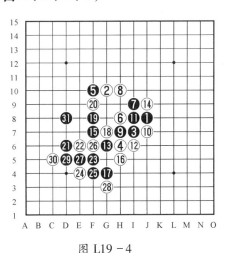

图 L19－4

第五轮　梁大伟（黑/3）负李一（白/1、2、4、5）

稳健的一局，4、5通流星三打，梁大伟对此不熟，好不容易还原回来，面对我独特的12，13一激动又防到了里面，我保守地防守了。其实这里黑棋应该是没有机会的，18是富有空间感的连接好棋！19必败了。

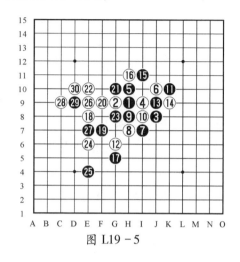

图 L19－5

第六轮　李一（黑/2、3、4、5）负曹冬（白/1）

7之后的局面曹冬不熟悉，但10确实是最强，由于太过忌惮白棋在37位犀利的手段，走的棋一直有些不伦不类，17以下，33位似乎提前占据更好。20后黑棋十分痛苦，21只得以进攻应对进攻，但曹冬实在太冷静了。25后我看到33位才发现大事不妙，可惜悔之晚矣，加上时间紧迫，我只好缴械投降。

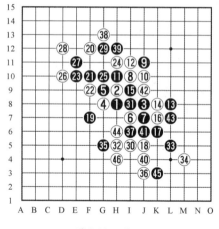

图 L19－6

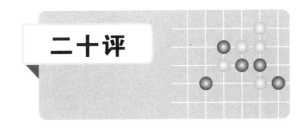

二十评

在 QQ 游戏上下"残月",我继续练习"山口"。

❀　✿　❀　✿　❀

对手的实力很强,应该不逊于我,有时我甚至怀疑那些棋刚好处在我的能力极限上,似乎是对手在指导我。那种感觉就如 Sushkov(俄罗斯棋手)所说,"我有一种奇妙的感觉,我在和自己对局"。

12－17 常见,实战的 12 为了保留变化,但我没有意识到这一点。16 之后局势稳定,我考虑了一下决定在 17 这里进行突破,但 20 后我才感觉

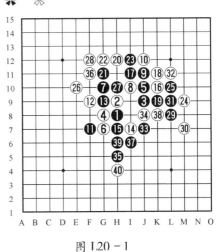

图 L20－1

似乎中了圈套,右边的进攻实在太差,26 后白棋大好,28 再进一步,无奈辗转至 35,对手漏防,被我 VCF 取胜,其实把下面防住后,白棋应该也就必胜了。

图 L20－2,开局落子很快,显示对手有备而来。11－15 的变化,我在名人战时尝试过,感觉不佳!11－47 也不太好,忽然忆起世锦赛上有 11、13 这样的手段,初看下去不理会白棋连接反而进攻,实在不妥,细细分析才知此局面也唯有这样交换才行。14～18 冷静,黑棋很不好受,但 20 之后竟是黑棋必胜局面!我想我和对手都未曾想过黑棋竟有如此雄浑精妙之进攻,我苦思 10 分钟,也终于将其走出。

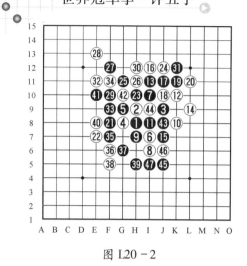

图 L20－2

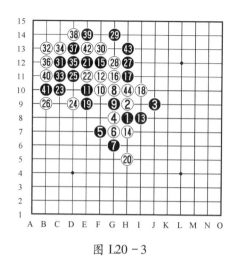

图 L20－3

图 L20－3，其实这个 5 我一直不会走，上次在浙江的时候有人介绍了个"概念胜"，不过忘掉了。13 似乎反挡比较合适，17 的时候没有多想，28 冷静，后面时间不够了，很乱。

第八届世界团体锦标赛中国选拔赛，于 2010 年 3 月 6 日在北京东城区海运仓社区活动中心举行。李一、曹冬、黄金贤分获前三名。

✲ ✲ ✲ ✲ ✲

能取得第一名是很高兴的，两天的战绩都是和 1 局然后连胜 3 局，和棋的对手是黄金贤和曹冬，他们分列第 3、第 2 名，说明在对阵高水平棋手时我的实力还是有所欠缺。从另一个角度来看，没有输给他们也说明了我在防守方面的稳定性，特别是对阵曹冬，是在我进攻失败之后守和的。本次比赛有些关键点的计算总不够细致，但好在赛前准备比较充分，比赛时状态和棋感也都不错，才能取得这样的成绩。从定式上来说，有些复杂的变化掌握得还是不够熟练，但在大多数情况下都能找到不错的应对，在赛前对山口规则较为详细的分析帮助我在开局就基本处于一个比较有利的位置。

接下来会在周末去练棋。最近我会把实战的开局策略整理一下，然后和其他人一起尽快讨论出各个局面下不同打点数的局势优劣。

第一轮 水月局（不换），5A＝G9，H7，I8，I7，K7，黄金贤（黑）和李一（白）

图 L21－1，简明的一盘棋，黄金贤意图选择我不熟悉的变化，但选到

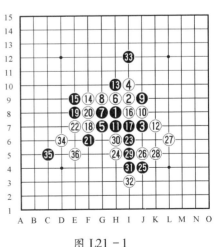

图 L21－1

了一个我比较了解的变化，白棋稍优，除了实战的 6 个打点外其他打点似乎也有白大优而不必败的变化。6 - 8 是另一选择，黑棋优势，但应该可以一战。10 - 11 较弱，也是对手的研究，但实战的这个 10 是很正常的选择，不知为何黄金贤有些陌生。仔细计算后他走出了正确的应对。14 手我考虑了很久，复盘时认为不冲四是更好的选择。19 好棋！21 后感觉白棋的防守有些困难，但对手对局势的判断出现了偏差，没有直接进攻，令我侥幸防守住了，33 之后是和棋局面，应该说这是双方都没有发挥好的一盘棋。

第二轮　浦月局(交换),5A＝H9,J9,J8,J7,奚振扬(黑)负李一(白)

主动选择黑优局面，意图防守的一局。感觉 9 - h7 比较常见，10 看上去也是相当正常的防守，关键在于 11 如何进攻，实战的 11 感觉有些不果断，既不是用于防守，又不能给下边带来足够的攻势，11 - J11 或许更好。此时考虑过 12 - G5 比较主动的防守，但这样就会压迫黑棋在上方强攻，局面对白棋会比较危险，因此考虑了黑棋若干的应对后稳稳防在了实战的位置。19 的意图应该是抵消掉双方的连

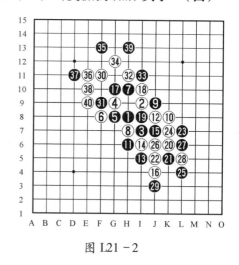

图 L21 - 2

接，但 20 选择了比较积极的防守，最后在下方利用完先手后占据 30 位，局面就比较占优了。31 无奈，32 试探一下，34 后黑棋防守有些困难，36 是简单的必胜。

第三轮　雨月局(交换),5A＝F9,G10,J7,李一(黑)胜汪清清(白)

图 L21 - 3，5 - J9 似乎也是可以考虑的打点，5 - G9 则是有些疑问的选点，实战选择了比较熟悉的变化。8? 这手弱，8 - J10 强手，以下还是准备了一些比较柔和的变化。对于实战的手段，9 选择了积极的进攻，11

-12 如何？实战时认为交换之后并不能带来优势，于是下了稳妥的 11，这里的本意是 14 - 18，黑棋在下方安定，在上方扩大优势，但实战的 14 是出乎意料的一手，考虑了几个攻防要点后发现实战的 15 基本已经必胜了，局部空间不大，顺序要精确。

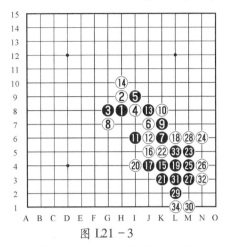

图 L21 - 3

第四轮　流星局（交换），5A =（无），梁大伟（黑）负李一（白）

图 L21 - 4，双方斗智斗勇的一盘棋。因为都是北京棋手，互相有些了解，上次对局我就是流星局执白取胜，这次他依然选择交换，明显意在以黑棋先手控制局势，最强 4 有些变化尚存在疑问，因此我使用了实战的白 4，对手也避开熟悉的变化主动选择了实战的黑 5，但 7 之后通回长星一打，我已胸有成竹。10 - 18 似乎也可以，实战的 13 妙手！15 之后局面稍微有

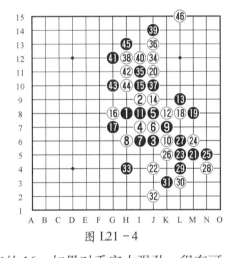

图 L21 - 4

些危险，这里我大胆地走出了直接防守的 16，如果对手实力强劲，很有可能在上方一举取胜！但 17 还是软了一手。20 终于有机会在防守时占据有利空间，而紧接下来的进攻手 21 也显示对手不甘心继续防守控制。局部虽然很容易防守，但我果断走出实战的 22，一方面将眠三的利用率降到最低，另一方面给出一个局面让对手有些念想。果然黑棋交换完毕之后在下方出现了白稍优的局面，黑不得已防守了一手 33。34 妙手！35 - 37 是"最强防"但简单败，以下黑棋防守困难，36、38 构造形状，简单必胜。

第五轮　浦月局(交换),5A＝H9,J9,J8,J7,李一(黑)和曹冬(白)

图 L21－5，状态不错的一局棋，可惜依然没能取胜。白 8 故意示弱，局面比较简明，考验我的进攻能力。11－29 如何？13 迅速强攻！14 关键点，向 I12 和 37 位有极好的连接。曹冬无奈之下选择了实战的 14，让我获得极大的优势，可惜算到 19 后我误认为局面是黑必胜，因此没有冲四，23 后双方都一度认为黑棋可以取胜，而此时白棋没有反击，也是黑棋最后

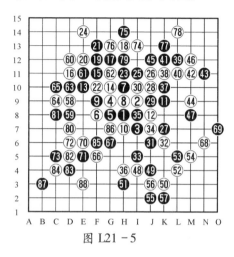

图 L21－5

一次可以变招的机会，可惜进攻中白棋的反击手段实在太多，无奈之下只得寻求交换，但 30 后时间已经不太够了，我也失去了在右下取胜的机会。以下曹冬判断十分准确，但黑棋剩余的反击也给白棋的进攻带来了很大的困难。67 后白棋出现了取胜的机会，71 关键点，但曹冬给出的 70 让我轻松地防住了这个点，以下基本和棋。

第六轮　山月局（交换），5A＝I9，李一（黑）胜仇云飞（白）

山月两打，考验我的一局。22！我只是有依稀印象，J12 如果被白棋顺利占据的话，斜线上的反击会破坏黑棋任何连接左右的手段，因此 23 是肯定的一手，25 错！以下白棋利用反击消灭黑棋的各种连接，眼看黑局面就要崩溃了，但 36 忽然判断错了方向，我侥幸取胜。

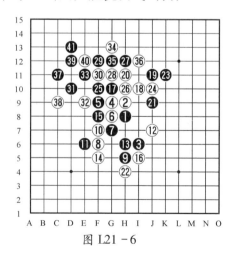

图 L21－6

第七轮 花月局(不换),5A = G7,H6,I7,J7,K7,K6,李一(黑)胜刘超(白)

上轮过后我已经进入前六,因此选择了一些比较有趣的变化。但对手的 12 是严重失误,14 的本意应该是构造形状避免黑棋的强防,但 10、16 的活二在 17 之后已经完全被牵制住,黑棋简单取胜了。

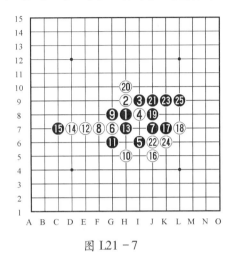

图 L21－7

第八轮 斜月局(交换),5A = F8,I7,霍九旭(黑)负李一(白)

图 L21－8,9－10 应该是最强的应对,实战白棋防守后形势还不错。11 强防,这里实战不能贸然占据 14 位,否则黑棋可以构造出不错的反击手段,但 12 之后,14 位就是连接白棋全盘的关键点,13－14 交换完毕后双方局势基本平衡,但实战黑棋错失机会被白棋占据关键点,18 构造优势!19－23 强,但仍是白优的局面,实战的 19 直接必败了。

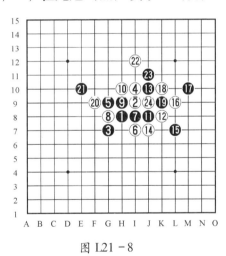

图 L21－8

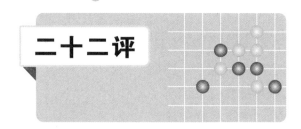

二十二评

第八届世界连珠团体锦标赛，于 2010 年 4 月 30 日至 5 月 5 日在日本东京举行。中国队（李一、曹冬、殷立成、奚振扬）、爱沙尼亚 1 队、日本 1 队分获前三名。

�֎　✱　�֎　✱　✱

预赛第一轮　疏星局（不换），5A＝G9，中国队棋手李一（黑）胜乌克兰－阿塞拜疆联队棋手 Piddubnyy Kostyantyn（白）

按照原定计划，我选择了"疏星
1 打"，对手没有交换，实战的 8 是国
内普遍认为强于 8－G10 的手段，不
知道国外对此看法如何。但后面几轮
的对局显示，乌克兰－阿塞拜疆联队
似乎也只是对疏星局面比较熟悉。10
稍显死板，一般而言 10－11 或 10－30
都是不错的想法。13 后局面基本定
形，我也开始变得比较放松，毕竟选
择这个变化说明对手的总体实力并不
很强。14 简单的防守，我考虑了一段

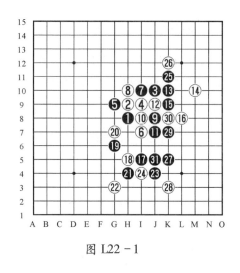

图 L22－1

时间来构想如何进攻：10－12 的活二被限制后，黑棋在下方先动手盖掉眠
三，可以取得不错的优势，G11 则是常见的做棋形状，同时根据以前的对
局经验，盘面左边是主战场，若是考虑联系全盘的杀法，则要将优势汇集
在左边然后成杀。这时我考虑了 17－I6 的变化，但 18－18 之后，若是黑

棋不能在局部成杀，则有可能给白棋带来后盘不错的形势。为了求稳，我决定缓一手试试对手的应对，15 是在右边攻防兼备的手段，一方面利用两个活二伺机向左上和下方发展，另一方面这个进攻不会使白棋形成任何反击，我会根据对手的应对来判断接下来的主要进攻方向。实战中对手防守了我向左上的连接，17 向下做棋则是比较自然的进攻手段，但回到现在来看则稍显浮躁，事实上此时的 G11 依然不失为很好的进攻点，实战 18 之后我意识到如果不慎重进攻，将会面临不利的局面。19 一手耗费了我很长时间，如果直接在下面进攻则有些空虚，毕竟要想办法将 29 或 30 位的跳三进攻点利用起来，由于 16 和 18 位棋子的存在已经变得有一定困难，另一方面，如果贸然进攻，白棋在 19 位反击后可能会利用自己的棋形严重破坏黑棋的连接。此时从"敌之要点，我之要点"的思路出发，我自然考虑到 19－19 的手段，起初我认为这手太缓，因为 20－20 是太明显的强防，但当我意识到 21－21 的妙手后改变了想法，实战也如我所料，20 之后我很快自信地落下 21！这手棋可以让黑棋的优势向左边过渡，同时如果黑棋占据 22 位，白棋只能毫无反击地填在 J6，此时 22－22 是显然的防守，但又将 23 位一子通三路的好点贡献了出来。实战 23 之后，我开始重新计算白棋的防守手段，惊讶地发现了一个强防：24－K4！仔细验算之后，我没有找到任何黑棋连续进攻的手段，此时我只能尽量冷静下来，毕竟白棋没有成型的反击，我也不用太过悲观，幸运的是，我的对手在压力之下没能认真计算防点，实战 24 弱！我再次开始考虑直接做棋的杀法，我再次发现，最强的进攻点是 27 位，却恰好给 13－15 的活二造成了长连，验算其他进攻点也找不到完全的杀法，无奈之下我实战的 25 选择了活三，即使 26－30，27 也有 G11、I12 等好点可供进攻，同时白棋并无特别顽强的反击，而对手的 26 落子很快，跟防！27 一手瞬间变为极好的位置，黑必胜！

预赛第二轮　溪月局（交换），5A＝F9，F8，G11，G10，H7，I8，J9，
中国队棋手李一（黑）胜日本 2 队棋手大角有希（白）

图 L22－2，溪月 7 打已经基本确认是黑棋不错的形势，大角有希可能也是对这个 5 的选择有备而来，6－7 直接活三也是一种走法，实战的 6、7

自然，此时考虑过 8 - 16 的防守，我一直不太清楚该如何应对，但在实战的状态下应该还是可以想出 9 - 11 的最强点。实战的 8 后，我已经看到胜利在向我招手。9、10 应该是很自然的攻防，我略一思索，走出了 11，12 自然，13 飞快落下！这一手及以后的发展曾经在爱五子棋网的"山口论坛战"上出现过，是吴镝唯一输掉的一局，而之后大家也对这手 13 给予极高的评价，黑棋在下方展开的形状实在

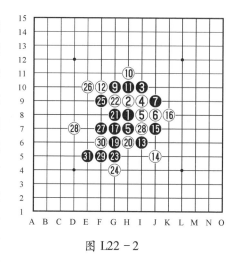

图 L22 - 2

太好，白棋若不能利用反击消磨黑棋的话将处于很危险的境地。虽然我也只是知道这一手（及以后的一路应对），但却很有信心在实战中攻下来。直观上 14 防点颇多，我也无须深入计算，而是看看别的对局放松一下，毕竟世团赛的用时对于我来说实在是绰绰有余。当然，大角有希也不是等闲之辈，深入计算不久之后，他也明显地意识到这一手的力量，只好在压力之下继续计算，但越算就越给自己施压，最终他耗去大半时间，选择了实战 14 的简单防守，此时又将难题留给了我。15 - 17 是直接进攻的选择，15 - 15 则是防止白棋的反击，实战时对 15 - 17 感觉不够自信，15 - 15 也有很大优势，但在两个直观的强防 16 - 16 和 16 - H5 之间我还没有找到 16 - H5 的杀法，不过由于黑棋可以很好地控制局势，因此我考虑了一段时间，算了一些弱防后还是选择了实战 15 - 15 的手段，15 落下之后，眼中的形状更为清晰，我也终于成功地终结了 16 - H5 的防守！此时我只需轻松地等待大角有希的防守，看看是否能出我意料了。可能是由于时间压力，对手走了 16 - 16 这样很普通的防守，以下一路简明必胜，很容易走出了。这也是我第一次超过 3 个小时的对局（虽然我个人的用时并不很长）。

预赛第三轮　金星局（交换），5A＝I10，I9，
日本1队棋手河村典彦（黑）负中国队棋手李一（白）

金星三打的局面，我个人觉得执黑执白都差不多，但是其他棋手似乎更倾向于执黑，在最强4的防守下黑棋大概有5个五手打点可供选择，不能必胜的3个点我也基本了解了防守方式。对于6－35的变化，7－10不好，而7－6则可以慢慢积累优势。实战考虑了一下，还是按照原定计划选择了6活三的变化，以下至11基本正常。12！其实这一手在去年世锦赛资

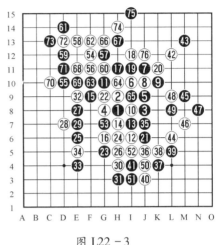

图 L22－3

格赛上 Karlsson 对田村的比赛中就出现过，但俄罗斯慢棋网上相关的研究却比较少，而且我考虑到河村典彦可能接触流行变化较少（从后面的对局来看，的确如此），寄希望于他在接下来的应对中出错。16 强行构造形状，河村在这一手花费了很长时间，但还是展示了他身为前世界冠军的实力。17、21 是两个关键点，河村正确应对，以下至32 局面基本定形，虽然对手没有出现任何纰漏，但却耗费了大量时间。此时预想中的应对是33－G4，而我在考虑是否应该先在33 位冲四，河村此时的交换稍显急躁，33 先占要点！35？38 先逼黑棋应对，40 简明处理，此时只要白棋继续保守行棋，黑棋将没有任何胜机。不过我注意到曹冬在长谷川一人突如其来的变招下陷入苦战，殷立成也形成败势，奚振扬更是只用了1 个小时就在不熟悉的局面下走丢了唯一防，此时我若保守求和只能令中国队雪上加霜，因此只能奋力一搏。尽管如此，我不确定右边的黑棋是否需要补防一手，这令我痛苦万分。最终我决定将决战地点选在最为空旷、最有潜力的左上方，42 试探，若43 反击，则白棋防于 K7，然后在右上方保留优势，在左上方保留先手，同时消灭右边黑棋的势力。实战中河村的43 冷静！我在

下44手时实在承受不了右边黑棋的势力，防守了一步，45再次消灭我任何可能的上下连接！我感到因为保守可能要失先了，但也正基于此，河村的49显得过于追求连接，我考虑了一下，取得先手后54终于可以提前在上方动手，这也将是我最后的机会，如何选择进攻？白棋的势力实在太薄弱，按传统方式直接进攻必被打断要点而溃不成军，只得避实就虚，但河村的防御依然敏锐。58并非计算而得，而是基于"如果不占据这个位置就完全没有机会取胜"的感觉。此时我准备了59位最后的进攻，河村的59－59！这手近乎匪夷所思的防守既显示出他对于形状要点的深刻理解，又帮我创造了直接连接的机会。至66手都是近乎唯一的进攻，此时戏剧性的一幕出现了——其实这里的防点并不重要，关键在于66后局部白必胜，黑棋只要利用右边的连续冲四将白棋剩余的一点连接完全化解，局面就直奔和棋了。可惜在时间的压力下，河村典彦太过注重局部的计算，忽视了全局子力的联系，71后白棋拿回先手，74先冲必须，76双三之后，黑棋连续冲四的防御在中间出现了白棋直接构造的反四，于是丧失了最后反击的机会。在这样一盘历时259分钟的对局中，我终于在最后艰难取胜。

预赛第四轮　溪月局（交换），5A＝F10，G10，J10，J9，J8，J7，俄罗斯队棋手Sushkov Vladimir（黑）胜中国队棋手李一（白）

图L22－4，Sushkov如我所料地交换了，我错误地认为"溪月7打"在所有白4下都具有意义，因此尝试了这个很少走出的4，七个选点确定之后，我开始逐一排查。5－20和5－J10应该是必胜点，5－9也是很强的选点，按照我的习惯我直接拔去了这三个选点，接下来，5－7是经过多次实战检验的黑优，5－17有些陌生，但似乎是黑棋好，于是我又拔去了两个点，最后剩下的两个点中，5－5也是见过的黑优选点之一，我力图寻找一些变招，但没有成功，那么最后只剩下一个选点了，这个点的形状比较陌生，但是一眼看去感觉黑棋结构太散，于是我开始寻找白棋较强的应对方式。经过30分钟的思考，我惊讶地发现，所有的变化都将演变为黑大优的局面，我一下子觉察到了自己在开局时的问题，但已经很难挽回。此时我的唯一想法，就是在已知的劣势局面下选择自己熟悉的套路。白6必败！以下手段都力图将局面导向复杂，但 Sushkov 稳扎稳打。11 似乎有些薄弱，预想 11－12 直接交换应该不错，但我随后发现对于实战的 11 白棋根本无从防守。12 继续试探，13 稳重，14 不得已只能全面防守，15 自然，16！

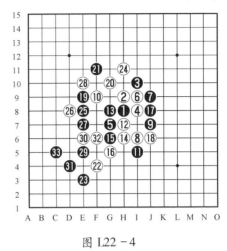

图 L22－4

与 16－G9 抢回一个极弱的先手比较，这个 16 反而更好一些。Sushkov 思考了一段时间，17 进攻是必然的一手，19 好棋！此时我还有一点机会直接走出 20－G9 的生硬防守，但无论从哪个方面来看，让出 1 所在的一条斜线，白棋还能构成不错的反击形状，20－20 几乎是唯一的和最好的手段。21 自然的一手，无奈之下白棋困兽犹斗，此时我失去了防守的耐性，简单算了一下黑棋的进攻线路，选择了 22 占据要点、24 直接交换的走法，26 则是计划好的防守，而等待我的是没有想到的进攻手顺和 Sushkov 简明的 VCT。33 后我恍然大悟，这才发觉思考的盲点，只好投子认负。

预赛第五轮　残月局（交换），5A＝F7，I10，I8，
中国队棋手李一（黑）和爱沙尼亚 1 队棋手 Tunnet Taimla（白）

残月局对我来说稍显意外，从前几轮的比赛来看除非 Tunnet 有特别准备，否则并没有特别的必要选择这个局面。我不确定 Tunnet 如果执白的话是否会选择其他白4，但根据我的经验，无论如何，黑棋此时至少不会在开局时处于劣势，因此我交换了过来，更重要的一个原因是，如果我执白则不太愿意冒险选择其他白4来防守，但我要避免 5－8 的打点——这个选点实在是太平稳了，感觉很难有机会取胜，因此不如将主动权掌握在自己手中。5 还有其他的一些选点，但我给出了这手对河村典彦下过的变化，

这是一种暗示，如果 Tunnet 考虑到我可能对此有足够充分准备的话，或许会选择 6－23 来求变，而那正是我所希望的。但实战时 Tunnet 还是直接选择了活三的变化，不同的是 12 更加平稳，13 必然，此时白棋有多种选择，但我基本了解如何应对，毕竟在准备对河村典彦的对局的时候我和曹冬交流了许多相关的分支。14、16 令我有些意外，这是一种极为简单的处理方

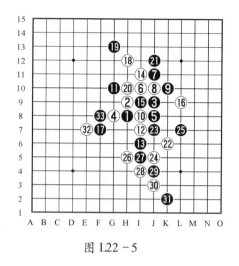

图 L22－5

式，我回想起 14－16，15－17 的变化与此同型，白棋稍有先手，黑棋占据外势，感觉是黑有利的局面，因此直接走了 17－17，继续对 Tunnet 进行考验。18 强行进攻，19 的选择重要！实战时考虑到 19－K9，20－20，黑棋在右边没有任何 VCT，总要对白棋进行补防，如果白棋较好地控制局面的话，可以在处理干净上方后回来在下边补一手，而这样的发展线路我并不喜欢，因此选择了更加自然的 19－19 跟防。但现在来看，即使走 19－K9 也是很有前景的变化。20 暗伏杀机，21 则是稳定的防守，22 选点妙！我意识到无论如何行棋都有 24－24，Tunnet 利用强大的进攻将上方的优势逐渐转化，最终将 17 手建立的外势完全侵吞了，以下我也只能平稳控制。28 之后我一度考虑过 29－F6 强行做棋，但白棋的交换实在太多，这样的走法基本是无效的，在确认优势丧失的情况下，想来想去只有将 17 利用起来，29 位的防守着眼黑棋占据 H10 后白棋必须跟随。而 Tunnet 随后也没有走得太过分，32 缓和的一手，以下黑棋如何走？我的本意是利用 33 占据一个先手，同时阻断 32 构成的连接，此时 34－H6 不一定好，黑棋在 K7 还有出其不意的一些进攻。但或许是由于疲劳或比赛压力，或许是由于输给 Sushkov 后缺乏足够的自信，我的脑中产生了一些奇怪的想法，感觉局面正在逐渐失控，虽然进攻点和连接众多，但或许再过 20 手或 30 手

就会沧海桑田，我的眼前浮现出了白棋疯狂反击的情景。在落下 33 手的一瞬间，我意识到继续进行这盘棋对我来说将会非常危险，此时我并不在最佳的状态，而且很可能没有能力继续坚持下去，因此我向 Tunnet 提出了和棋。起初 Tunnet 并没有回应我的建议，我想对手可能还要继续寻找机会，我也趁机调整了一下自己的状态并做好了努力战斗的准备，虽然心理上有所起伏，但棋局依然平衡，我会尽力控制局面。出人意料地是，Tunnet 在思考了一段时间后同意了和棋的请求。或许作为一名进攻型棋手，Tunnet 看到了黑棋的优势和先手，觉得白棋并不好走，或许 Tunnet 认为当前的局势对团体比较有利，或许 Tunnet 考虑了接下来还有两轮苦战需要节省体力，即使那是在一天之后。不管怎样，Tunnet 没有看清我提和的真实原因，我也不了解他的想法，现在回想起来，如果我执白的话，断然不会接受和棋。或许永远不会有人，包括我们两位，可以解释清楚为何我们选择了和棋，但那确实是一个双方都能够接受的结果，毕竟在决赛中很有可能再次相遇，此时在未知的局面中使出全力对双方都不是好的选择。

预赛第六轮 花月局（交换），5A = G7，H6，I6，J7，爱沙尼亚 2 队棋手 Paul Valjataga（黑）负中国队棋手李一（白）

我按计划给出了花月 5 打，对手交换也在意料之中，但却只给出了四个必胜点中的两个，让我不知道他葫芦里到底卖的什么药。剩余的三个点其实是黑白双方都可战的形势，但实战选择的这个点是我对变化和棋形结构最为了解的一个分支，此时执白我还是比较有信心的，特别是当我补充了关于 9 - H10 的变化之后。虽然在 8 之后我也确实是这样想的，但 Paul 的

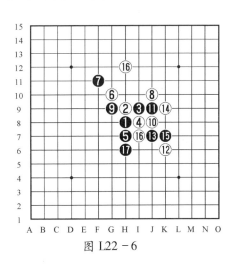

图 L22 - 6

9完全出乎我的意料，我确实没有见过这个选点。但也就是在这一瞬间，我找到了白棋的攻击线路和黑棋的反击方式，并发现了黑棋形状的缺陷。这里即使选择10－16也是白棋优势的局面，而10－10则直接击中了黑棋的要害，白必胜了。我当时认为这一定是我在世团赛上下得最快的一盘棋了。

预赛第七轮　流星局（交换），5A＝（无），
中国队棋手李一（黑）胜中华台北队棋手林书玄（白）

图L22－7，对手选择了流星局，当然我并不介意。一般而言，我还是乐于执白的，但这次只是单纯在一盘无关紧要的对局中找找感觉，因此我交换了过来，并且没有选择我自己研究的9－14强变化。14－15也可，这里不冲的话，15－15就比较自然了。当我愉快地走完17之后，我觉得黑棋已经没什么棋了，接下来就是主动防御的时间了，因此我决定稍微放松一

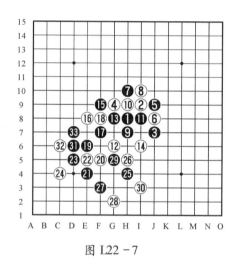

图 L22－7

下，到处转转。由于台次的安排，中国队的位置背对黑板，因此这也是我在本轮比赛中第一次有机会看看公告。不一会儿，一条英文公告吸引了我，随后我感到有些奇怪，再之后我整个人都急了——那条公告清楚地写着决赛中同组对手在预赛中的对局分要进行带入！我再三确认后觉得没有理解错误，急忙向裁判长询问了这个问题，之后河村典彦先生对我的解释和我的理解是完全一致的——这意味着我们随意下的这四盘棋是必须争取胜利的四盘棋！我首先通知了作为队长的殷立成，然后是奚振扬和曹冬。不一会儿，殷立成确认了问题所在，召集了一些领队和赛事组委会进行了短暂的讨论，最后的结果是显而易见的：竞技体育中常常出现一些规则问题，但如果规则对所有人员都是公平的话，就很少会临时进行改动。这个

规则已经确定，我们必须在逆境中尽力争胜。但最不利的事情已经发生：除了曹冬的简明骗杀取得成功外，奚振扬的局面已经非常复杂，这对他来说并不是好事情，而我和殷立成的局面至少在我看来都不占任何优势。目前我的这个局面根本不是我喜欢和擅长的行棋风格，黑棋的形状实在太死板了，我只能一边计算，一遍拼尽全力稳定自己的情绪，在这盘超过三个小时的对局中，至少有一个小时以上，我的脑海中都不断萦绕着这个突如其来的事件可能产生的不利影响，这给我带来了巨大的压力。幸运的是，林书玄的 18、20、22 连续下出缓手，我终于得以重整旗鼓，24 之后局面尚可接受，此时我决定在 25 手强行进攻！26 乍看之下防点颇多，因此我并没有将精力花费在此处的计算上，我将难题留给对手后便尽力平和自己的心态。在两个小时之内，除了曹冬的一局早已必胜之外，殷立成和奚振扬都先后告负，此时我已不容有失。我赶紧让殷立成帮我买了一瓶饮料，心态逐渐平和之后，我决定在此处抱着必胜的决心来进攻！26 正常，27、29 继续不断地做连接并破坏对手的棋，此时我根本无法认真考虑白棋是否有防。30！林书玄没有考虑太长时间就下出了这个防守，这令我很困惑：是放弃还是因为已经算清楚？虽然从道理上来讲，确实不能让黑棋在 30 位继续扩大优势，但这样的防守也未免太虚。虽然我是这样想的，但在局部的三个活二和一个眠三构成的无数种进攻中，我竟没有找到任何一种可以真正取胜的方式！整整半个多小时，我纠结于此，无法落子，我几乎能感觉到对手的压力在变小，表情也越来越轻松，因为我也经历过这样的局面，我了解如果我在此时崩溃的话，对手巨大的心理优势将淹没整个对局，这意味着我已毫无退路。我还计算了希望通过白棋一些迫不得已的弱防而将优势向右侧空旷地带转移的方式，但交换实在太多，很难计算清楚，这也令我非常疲劳。就在我将要对这手随意的 30 的防守绝望时，我终于站在整个局面的高度看到了 E10 这个最后的连接点。我终于解决了这个难题，那一瞬间幸福感充满了我的全身。

关于这次的事件，河村典彦先生说是工作上的疏忽并进行了正式道歉，但毕竟结果已经确定。事实上，如果详细阅读比赛细则，确实有

"……依据 RIF 规定……"的字样，而 RIF 在世团赛的比赛规程中也确实明确提到了分数带入的条例，可惜在本次比赛中并没有直接的文件表明这一规定，同时黑板上的各种通知几乎处于一种无人问津的状态，世团赛也不像国内比赛那样印发详细的秩序册给选手，在一个比赛阶段的最后一轮（通常是关键轮次）之前也没有强调这一规定，这才导致了事件的发生。这一规则本身并无问题，因为我也确实接触过类似的计分方式，只是没有提前通知令人难以接受。当然，我也不能一味地强调组织者的工作失误。回头看看自己，确实是没有详细了解已有的明文规定。更重要的是，很多时候中国棋手太过"聪明"，想尽办法取得最好的比赛结果，忽视了尊重每一次对局、尊重每一位对手，失去了认真下好每一盘棋的决心，因此会导致这样的后果也算是偶然中的必然吧。即便如此，比赛结果依然是非常重要的，这实在是一个难题。

七轮预赛就这样结束了，最后一盘棋我终于克服重重阻力扳回一分，这样中国队战平中华台北队。最终，日本队将 7 分带入决赛，爱沙尼亚 1 队 6 分，中国队和中华台北队都是 5.5 分，这 1.5 分或 1 分的差距在仅有三轮的决赛中简直是巨大的鸿沟。然而我们不能放弃，比赛还要继续。

决赛（上半区）第一轮　花月局（交换），5A ＝ J10，J8，J7，K7，爱沙尼亚 1 队棋手 Tunnet Taimla（黑）负中国队棋手李一（白）

如我所想，Tunnet 选择了黑棋。6、7 正常，白 8 有分歧，主要有 8 - 8 和 8 - 13 两个选点，从前面的对局来看，8 - 13 的变化对手已经相当熟悉，而 8 - 8 却很少出现，一是考虑对手会不会在 9 的应对上出错，二是考虑到这样走局面会更加稳定、更有韧性，三是考虑到在特定的情况下 8 - 8 选择更多，甚至可以还原回 8 - 13 的变化，因此我选择了 8 - 8 的变化。Tunnet 似乎对此局面不是很熟悉，在 9 的选择上考虑了很久，这为我带来了巨大的时间优势，这里 9 - 13 或 9 - H10 都是白胜，9 - 10 也可以，但黑棋必须交换掉更多材料，实战 Tunnet 长考之后走的 9 - 9 是最强！这里 10 -

G10 不能胜。10 - 10 或 10 - 13 都可以，以下还有更多变化，但是 10 - 13 太激烈，而且我准备贯彻保守一些的风格，少给对手留材料，争取让他不能发挥进攻的优势。因此选择了 10、12 的变化，此时 13 几乎是唯一的手段，我想我已经提到过 14 或 J5 点的强攻手段，因此 14 直接防守关键进攻线路！我已经看到了 16 的关键反击点，或许 Tunnet 因此而不敢贸然进

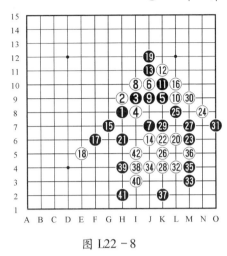

图 L22 - 8

攻，但 Tunnet 还是选择了 15 - 15！此时白棋单防自然可以，但我也意识到在这样的对局中绝不能放过任何机会，于是走了 16 的反击。或许他也看到了这个点，或许这正是他想要的结果，对手并没有耗费太多时间，17 拓展后 19！这一防守将左右彻底切断，或许有的人会考虑更为稳妥一点的防御，但我可以明确地说任何其他防点要么给 20 位更大的优势，要么给 14 以机会，要么不能阻止白棋向上方渗透，这手 19 实在是精妙的防守！现在压力完全在我这边，关键在于能否在右下方一击致胜！20 是显然的进攻位置，21 - 29 是明显的强防，局面尚未可知，需要进一步的分析，但不知出于什么原因，Tunnet 在接下来的若干次防御机会中一直忽略了这个点。21 - 21！如果说 19 手精妙的话，这个 21 简直就是疯狂了，我在这里思考了很长时间，以至于 9 之后我的将近一个小时的时间优势完全丧失。15 - 21 活二造出反击，为了不让黑棋取得先手，22 - 22 应该是必然的铺垫，24 关键！实战中的进攻手段相当复杂，但 29 位仍旧是防守要点。走 24 时我首先想到的是黑棋利用 42 位来直接反击，但是这样可能是白必胜，显然 Tunnet 不会为了一个拿不到的先手而浪费连接的关键形状，直接从内部破坏白棋当然是第一选择。25 不好！以下黑棋形状有缺陷，26 强占要点后 27 - 34 又不成立，Tunnet 应该也意识到黑棋已经行走在了悬崖边缘，

但这种情况对白棋也是巨大的考验，时间压力对双方也几乎是一致的。29强做反击，以下至36必然，37争先！这里的每一手都需要严密的计算，不能有任何失误。最后，我终于清醒地意识到I7是黑棋一切进攻的开始，也是白棋防御的第一点，同时还是黑棋最为脆弱的点，42一手活三彻底利用了这个缺陷，从内部击溃了对手，Tunnet无奈投子认负。无论从结果还是从过程来看，这都是我在本次比赛中最完美的一局棋。Tunnet和我都展示了激烈而巧妙的进攻、积极而稳固的防守，这局棋令我终身难忘。

决赛（上半区）第二轮　明星局（交换），5A = J9，J8，中国队棋手李一（黑）负日本1队棋手中村茂（白）

这盘棋或许谈不上精彩，因为我对局面的错误判断，失去了展示实力的机会。我不希望中村茂执黑，更何况如果我执白的话应该只会选择4 - 5，而该打点作为经典的古老定式，相信已为日本老一代棋手所熟知，为此我选择了交换。4 - 4并不出人意料，如我所想棋局平稳进行至8手，关于8 - 9或8 - 17的变化，任何一个具有世界级水平的棋手都会知道黑必胜的

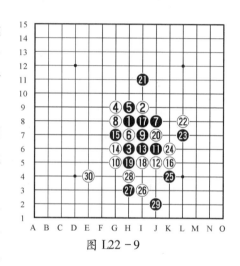

图 L22 - 9

结论。此时我完全可以走9 - 13控制局面，但我在赛前分析这个局面时常常和我在第二届全团赛第七轮时的对局做对比——9 - 9，10 - 10，11 - 11，12 - 13，当时我选择了错误的进攻方式，最后被对手执白反击取胜，此时我花了大概20分钟重新计算了这个局面，得出了黑必胜的结论！基于此，我认为至少白棋不可能对黑棋的强硬进攻造成什么致命的伤害，因此我做出了这盘棋的一个不算太好的选择——9 - 9！中村茂考虑了一下，和我走出了10、11、12的应对，13 - 13是如此自然的一手，以至于极度

懊恼的我在 14－14 之后一度想走 15－16 来挽回我犯下的这个不可弥补的错误。13－16 强，实战错失机会，16 妙手争先！此时 17－19 是更加柔和的选择，但我注意到 18－L5，19－M5，20－17，21－J9，22－20 后白棋构造反四，此时只有 23－24，25－J4，16－18，这一套变化作为黑棋或白棋当然都可以接受，但我不能忍受如此平坦的局势，更重要的是我看到了实战至 20 的变化如此自然，此时黑棋有三个眠三和上方广阔的进攻空间，这于我而言是更希望看到的局面，因此我选择了更为直接的 17－17，至 20 定形后我才发现这几乎直接导致了失败。我耗费了超过半个小时来考虑选择上方无数进攻点之一来展开我的攻势，但随后我只看到了白棋 22－22 这一手以不变应万变、不动如山的防御！当然我可以考虑 21－22，23－K9，之后再进攻，但黑棋已经耗费的大量材料使得白棋可以轻松防御。当然，我还有 21－L5 的选择，以下仍然 22－22，我几乎看到了黑棋如困笼中，而白棋却生龙活虎，中盘之后白棋可以在棋盘上任何一点四处出棋，其势难挡。复盘时常常有人，包括中村茂本人都询问我是否有更加合理的进攻方式，但我明白这里的结构：22－22 太过关键，以下白棋利用先手轻松消磨黑棋的势力，到最后结果都是一样的——白棋在中盘之后四处有棋，这对黑棋来说简直是比速败还要严酷的巨大折磨。在这样的压力下，我只得铤而走险，21 率先拉出上方的形状。我不指望中村茂的 22 会有失误，只希望如果有机会防御成功的话，21 的位置可以对白棋的进攻造成相当的影响。但中村茂展示了他天才的实力，24 铺垫一手，26、30 直接将我击溃。这进攻虽不算精妙无双，却相当实用。对于世界级选手而言这进攻实在是不值一提，可我已经看不到任何防点了。对于中村来说即使走出这样强大的进攻，也只是基于他的经验和进攻的感觉，仅仅不到一个小时的用时显示出这盘棋对于他来说太过轻松。中村茂用恰当的针对我的开局选择和强大的局势判断给了我一场完败。

决赛（上半区）第三轮　岚月局（不换），5A＝G7，H7，I10，中国队棋手李一（黑）胜中华台北队棋手林书玄（白）

图 L22－10，对手大概没有信心在任何白 4 下都选出四个打点，于是自己立二以求稳妥。5－H6 通瑞星，5－8 白棋只要序盘应对无误，则中盘可将黑棋包围，5－I11 似乎是很不错的选点。实战的 5 双方可以简明交换，在之前的轮次中也出现过相同的变化，13 之后黑稍好，白棋理当在右边先处理，然后耐心防守，这样还有机会。但实战的 14 出人意料！我当时的第一感觉是若利用右边的优势逐渐过渡，局面肯定还可以控制，但我随即发现了黑棋简明的 VCT，此时我简直不敢相信自己的眼睛！再三确认后我认为继续拖延时间已经毫无意义，不如先得一胜为队友加油，因此立刻开始进攻。对手似乎也没做什么抵抗就认输了。我真的很难想象我在世团赛上的最后一盘棋在 20 分钟内快速结束。

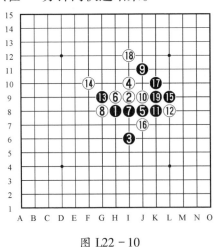

图 L22－10

二十三评

首届全国五子棋公开赛，于2010年6月14日在宁波市青少年宫举行。男子组的戴晓涵、蔡力捷、谭鑫麟与女子组的黄琼莹、王烨林、霍九旭分获各组前三名。

※ ※ ※ ※ ※

梅凡胜张铁峰（Time）。白棋的策略很不错，但是黑棋走得一直很稳重，全盘没有发起大规模的进攻，双方比较容易出棋的地方是20~30这几手，这也应该是白棋耗费时间最多的地方，但33后局面就安定了，也正是因为这一点，最后白棋超时负令我感到有些意外。

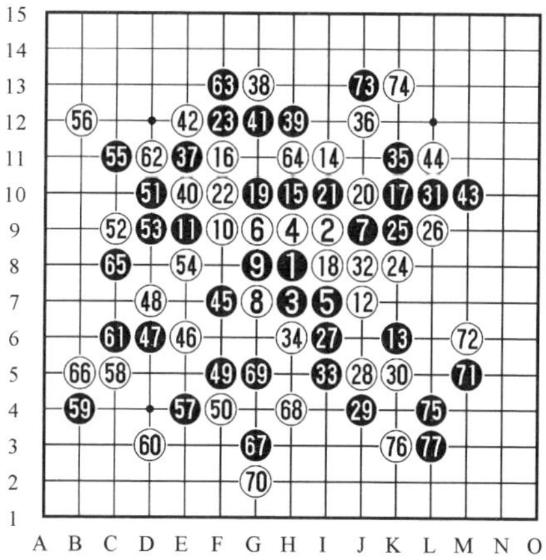

图 L23-1

图 L23－2，奚振扬胜刘超。6 的手段常常出现，黑棋可以攻，但是到底怎么攻呢？10 这手似乎给了对手一些机会，黑棋也展开了声势浩大的进攻，28 忽然失误——难道是新科世界冠军的威压让刘超走出了漏着吗？

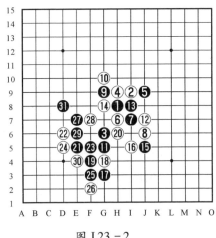

图 L23－2

图 L23－3，沈毅胜汪清清。有趣的一局，双方在未知局面下展开了攻防，走得中规中矩，最后在未知的原因下白棋走出漏着。

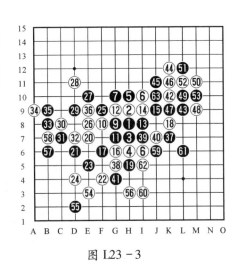

图 L23－3

二十四评

第三届"京系连珠杯"网友五子棋联谊赛，于 2010 年 7 月 31 日在北京海运仓举行。李一、仇云飞、吴晓宁分获前三名。

✻ ✻ ✻ ✻ ✻

第一轮　吴晓宁(黑)负李一(白)

连换规则，1、2、3 双方轮流走，我默默地让布局成了云月局、雨月局的形状，这时对手猛然意识到只能连走两步达到平衡，这对于熟悉山口规则的我来说，判断局势还是相当容易的。7 方向反了，以下白棋轻松取胜。

第二轮　赵京京(黑)负李一(白)

图 L24－2，RIF 规则。本来是常见的变化，但 19 忽然成为败着。这个必胜变化手数不少，但由于比较经典，因此还是比较熟悉的。23－36 是另一强防，实战的 23 以前拆过一下，但不是很仔细，我带着信心决定临场算干净。开始的五分钟我想从纵 K 线上向下过渡，但猛然发现黑棋的反击太强，之后的五分钟我意识到可以直接在

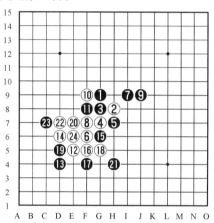

图 L24－1

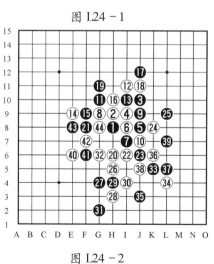

图 L24－2

26、28 位展开进攻，最后我又花了五分钟把局面基本算干净了。

第三轮　李一（黑）胜曾扬锋（白）

曾扬锋在连换规则和 RIF 规则之间踌躇了半天后，还是选择了 RIF 规则。我毫不犹豫地开出瑞星，他似乎有些郁闷，变成了明星。白 8 没有选择最近深入研究的那一套变化，于是我立刻就知道了他的思路，白 10 意料之中！11－15 是正着，之后的 12－21 也是强防，但我不能把希望寄托在这样一个我不熟悉的变化上。我清楚地意识到这个变化一定是他跟张理学的。

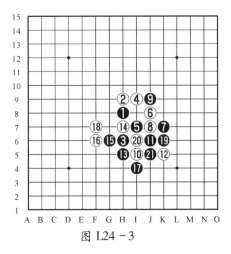

图 L24－3

今年年初在庙会上我和张珵下过这个局面，当时面对我的变招，他以强大的防守给予我致命的反击，但曾扬锋能否走出那样漂亮的防守？带着自信，我毫不犹豫地选择了简明的变化——11、13！对手思考了一段时间，迅速给出了 14 的败着，从上次的对局来看 14－15 才是最强，即便白棋真的走出最强，我也可以在中盘走得稍微保守一些，避免上次的错误。实战 16－19 是白棋最后的机会，但即便抓住也是凶多吉少。实战 16 以下黑棋简单追胜。

第四轮　李一（黑）胜仇云飞（白）

可能是由于自己开局的原因，仇云飞没有选择 RIF 规则。可能是出于对打点数量和之后变化的不熟悉，他在岚月局中只给了三个打点，世团赛期间的研究表明四个打点才是更加合适的。开局之后黑棋迅速确立优势，13 是常见的拓展。这里白 14 判断失

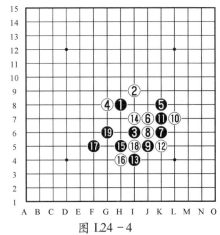

图 L24－4

误，因为黑棋限制白棋的反击不是依靠 3、13 的活二，而是依靠 3、9 的活二，14 后白棋依然无法进攻，又给黑棋局部留下了 15 这样的绝佳形状，之后白棋防守困难。16 单挡要点，希望黑棋在斜线上的进攻会造成反击，但 17 是比较简洁的胜法。

第五轮 李一（黑）胜张红梅（白）

图 L24－5，连换规则，我的 1、2 直接在中心定形。按照我之前的研究，3、4 不能连走，但只要黑 3 单走，无非转化成 26 种开局之一或我在网上常见的比较熟悉的妖刀开局。对于太远的妖刀，我只要单走白 4 即可必胜，事实上现在对手除了还原成常见局面外已经别无他法，但张红梅依旧选择了离散性强的开局方式。白 4 之后局面容易判断，占据星位要点后白棋已经很难防守了。13 是冷静的必胜。

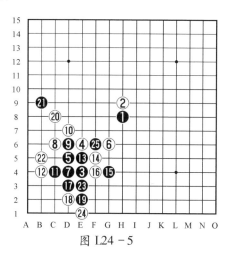

图 L24－5

第六轮 李一（黑）胜朱天逸（白）

RIF 规则。12 常见变化，13 选择多，这里 16－17 更佳，实战中错失机会，18－19 不成立，只得 18－18，因此 19－19 后白棋在横 9 线上再无力量。现在 20－K6 强，当时目算是 21－21，22－23 后再在局部寻找黑棋的机会，刚才我拆解了一下，发现黑棋确实可以在局部必胜。实战的 20 简单败。

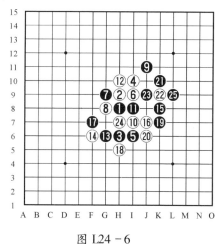

图 L24－6

第七轮 李一（黑）胜王硕（白）

RIF 规则。和我赛前设想的一样，王硕的棋走得稍死板，缺乏创意，也就难以创造取胜的机会。20－21 我认为是更好的手段，前天晚上我在网上见到了 21 后 22－F10 的变化，简单拆了拆发现很有味道。实战中的 22 把机会完全留给了黑棋。23－K4 或许也是不错的变化，实战 23－23 则是为了保留向左发展的机会，24 大恶手！这就好像一个初学禁手的棋手为了造出长连而刻意走出的手段，但在长连之前，

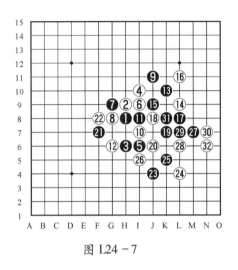

图 L24－7

25 是成两个活二的好点，故而 24 实在不好。事实上，最后我的取胜也恰恰是充分利用了这个特殊的长连形状。27 以下的胜法好像稍有问题，但刚刚拆解后发现 26 确实是必败的一手，有兴趣的朋友可以自己再研究一下。

第七届浙江五子棋公开赛，于 2010 年 8 月 21 日至 24 日在浙江温州红太阳宾馆举行，戴晓涵、贺启发、梅凡分列前三名。

✤ ✤ ✤ ✤ ✤

B 组第一轮 云月局 (交换) , 5A = H7 , 李一 (黑) 胜蔡真刚 (白)

简明的一局，黑必胜，10 弱手。

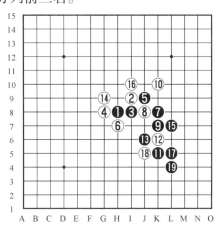

图 L25 - 1

B 组第二轮 山月局 (交换) , 5A = G8 ，李一 (黑) 胜曹洪 (白)

图 L25 - 2，山月局执黑我还是比较有把握的。走出这个白 4 时我认为对手有准备，但事实并非如此。黑 7 必然一手，8 - 11 是一种防守方式，我基本找到了黑棋的胜法，实战 8 - 8 出乎意料。我在这里出现了误算，考虑 11 - 11，12 - K11，13 - 13！14 - 14，15 - L8！以下是连接全盘的胜法，

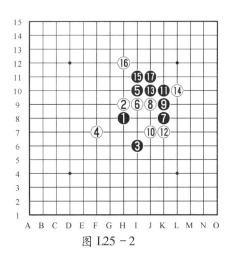

图 L25 - 2

但白棋防点多，手数也不短，还有一些无关冲四很难看清，一个个穷尽变化花了不少时间，长考了大概40分钟，其实11－11，12－K11，13－J8简明。出现这种情况大概是因为对于进攻手顺的理解不够深刻，有时会自然地想着将前一手的进攻沿用到下一着去。实战时12－12太弱！黑棋简单取胜。

B组第三轮　山月局（不换），5A＝J7，李一（黑）胜黄骏（白）

对手没有交换，给出了白4弱防，以下回忆了基本定式，简单取胜。

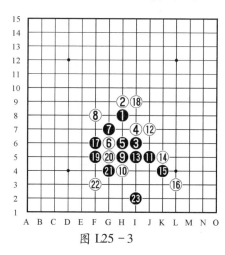

图 L25－3

B组第四轮　流星局（不换），5A＝I7，李一（黑）胜黄琼莹（白）

图 L25－4，我现场考虑了开局，觉得还是没必要现在出一局瑞星，况且对手师承艾显平，对这些局面还是挺熟悉的，不如剑走偏锋。实战的白4简直不可思议，5－7应该是简明的胜法，实战求稳选了另一熟悉的变化，8、10又连续走弱，以下胜法多，不过有时胜法多了反而容易看不清，长考之后选择了自己最有把握的取胜方式，还算简明。

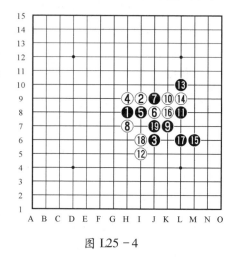

图 L25－4

B 组第五轮　瑞星局（不换）,5A = I7,朱建锋（黑）胜李一（白）

熟悉的定式，不可思议的 19、20，24 手没有心情再认真思考，落子之后 25、27 逆转局势，已经很难防守了。

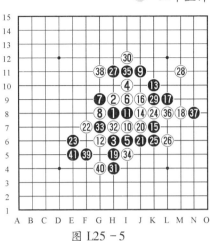

图 L25 - 5

B 组第六轮　瑞星局（交换）,5A = I7,江齐文（黑）负李一（白）

从头到尾毫无悬念的一局，赛前就猜出对手会交换，然后败于冲动。

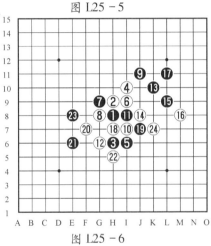

图 L25 - 6

B 组第七轮　松月局（交换）,5A = I8,李一（黑）负韦振强（白）

稳中取胜一直是我所希望的方式，故选择二打。14 意料之中，15 - 17 是相当不错的变化，但当我验算 16 - 18 时，17 - 19 的计算盲点让我忽然觉得局面没有很好的应对，于是直接走了 15 - 15，白 20 出乎意料！以下没找到好的应对办法，27 先行控制，但局面

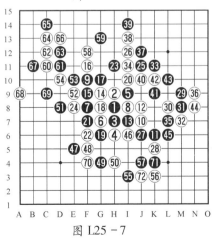

图 L25 - 7

上还是黑棋比较局促，所幸右侧交换后有先手之利而无后顾之忧，再走几手后白棋也限于空间不足难有作为。

B组第八轮　云月局（交换），5A＝H7，汪清清（黑）负李一（白）

15 一手顺序错，黑棋无胜，19 不知是及时转身还是没算清楚，总之逃过速败，并且局势尚可接受。或许是受到时间问题的困扰，黑棋进行了强攻，24 埋伏一手，29 脱先！以下 30 是进攻的第一手，31 是可以预料的强防，白棋不损，虽然此时再回防也不迟，但长考后还是找到了简明而有趣的 VCT。

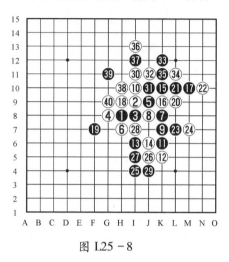

图 L25 - 8

B组第九轮　松月局（交换），5A＝G9，李磊（黑）胜李一（白）

图 L25 - 9，20 - 21 的话或许黑棋更难构造形状，本来有明确的 23 - 30 的交换手段，但实战突然进攻！此时防守或许还有回旋的余地，从 24 起制定积极策略，却没能看到 35 之后白棋在局部竟然没有杀。实战 33 后右侧黑棋必胜，我用了将近一个小时确认左上没有任何取胜的可能。

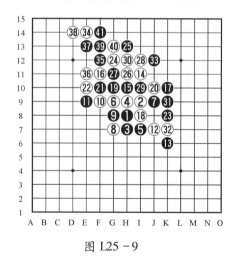

图 L25 - 9

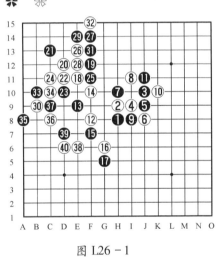

图 L26－1

"炫飞家族"是中国五子棋成绩显赫的网络社团，由"久久"组建。2010 年 3 月 9 日"久久"不幸韶华早逝。为了悼念"久久"，9 月举行了炫飞擂台友谊赛。

❄　❄　❄　❄　❄

第一局我开了疏星，黄立勤交换了，似乎照着很平稳的方向前进。黑 7 之后我想对手肯定想找个比较成熟的定式来防守，试探一下我的进攻，于是我考虑了一下就走了另外可行的白 8，其实后面的变化也不是很清楚，但是 11 之后局势基本明朗，在这个局面下白棋考虑如何进攻是相当困难的，所以我就走了一手并不带有很强攻势的有趣的 12。事实上，当自己面临不好下手的局面时，走出不伦不类的缓招，就把麻烦的局面原封不动地扔给了对手，算是一种很常见的手段，不过黄立勤继续保持守势，局面处理得相当好。16 之后我本来想考虑直接进攻，但还是继续缓了一手，因为大致看了一下，13、15 在这个局部没有胜机，要是能引诱黑棋率先进攻的话，或许能谋得一些利益，没想到 17 依然是守势。这时我再也受不了了，于是 18 直接做了个 VCT，考虑到 D10位置的后续，19 是自然的防御，20、22 继续拓展，复盘表明这里有三四个很自然的防点都能守住，当然白棋也不至于崩溃，但黄立勤的 23 恰恰选择了一个必败点。以下直接进攻，向下拓展联系 12、16 是必然思路，

30 强攻之后已经能看到直接的取胜线路了：连接半盘的抓长连。

图 L26－2，很有意思的第二局，黄立勤开了银月，我交换后选择了这个 5，黄立勤没见过就开始长考，实战走出的 6 还是很强的，这里 7－8 是正常手段，但我看对手时间不够了，于是走了个更加激烈也更加陌生的 7，结果差点没找到 13 的防点。14 之后 15 是以前研究过的唯一防，18 步调好。21－E9 是预定的手段，但实战中的 21 准备不足。22 强手，白棋的线路组合非常丰富，我没有准确判断出

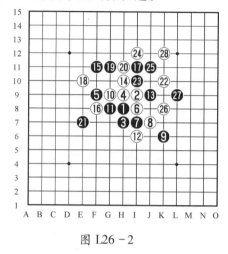

图 L26－2

23 后 24 做杀的巨大优势，简单地败了。这里 23 是必败的，25－H13 则 26－28 是简明的手段。23－H13/27 或许还有一线生机。

图 L26－3，因为第一局我赢了，于是第三局我开，没多想就下了瑞星。交换之后，选择 12 的时候我忽然想看看这个变化，对手走出 21 后我开始判断情况，最后想了想还是冲四后走了 24，这个局面目前是这样的：黑棋在上下各有优势，上面的优势必须立刻处理，而下面似乎还有缓和的余地，事实上黑棋的进攻思路应该就是拓展下方，然后伺机一举联络上方取胜，连接的线路无论是左边还是右边其实

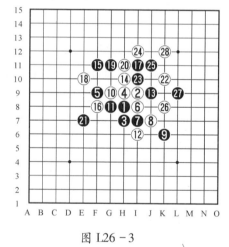

图 L26－3

都有可能存在。30 是关键的防守，32 不应该单防而应该先冲四，但其实也不太好确定，33 之后黑棋有了新的连接机会，忙乱之中我漏掉了对手简单的 VCT。

二十七评

第四届全国五子棋锦标赛，于 2010 年 10 月 2 日至 6 日在河北省石家庄市举行，男子组的艾显平、杨彦希、戴晓涵与女子组的汪清清、黄琼莹、蒋晓华分获各组前三名。

❀ ❀ ❀ ❀ ❀

第一轮　瑞星局（交换），5A = I7，李一（黑）胜薛文曦（白）

黑 11 求变，我则选了浙江赛时和贺启发交流过的变化，感觉还是不错，当然即使白棋应对正确，黑棋也有相应的处理方式。白 24 是否应该使用其他的交换方式？白 26 似乎只能防守右边。实战白 26 之后我回忆了一下，感觉可能有胜机了。以下白棋并未做太多的抵抗，幸运的一局。

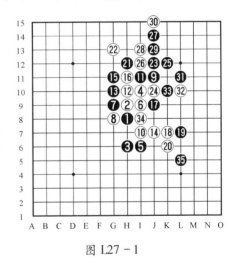

图 L27 - 1

第二轮　松月局（交换），5A = I8，潘仲良（黑）负李一（白）

图 L27 - 2，最近我已经很少走防守反击风格的棋了，这在我初学下棋时倒是很常见。比赛之前了解了相关的变化，15 - I10 是自然的选点，以下白棋有一些很强的防守，实战的 15 稳重！16 直接争取主动，此时若 17 跟防，则应该是相当平衡的局面。实战 17 进攻选点怪异，既看不出明确

的进攻方向，棋形也不是很开阔。由
于一直忌惮 K4 的进攻，我在这里无
意中稍稍走弱了，19 之后我才感受到
黑棋进攻的压力。这里的防守我计算
了很长时间，虽然 20 - 20 是第一想
法，但必须算清楚才可行。21 - I11 则
22 - 21，黑棋应该也无胜。24 如何选
点？24 位本身就是要点，但在内部利
用自己的材料来进行反击，总是交换
不到好的形状，冷静地思考之后 24 -

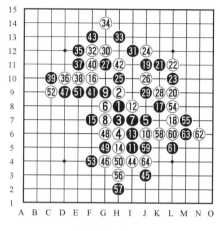

图 L27 - 2

24 单防！25 放缓步伐，我也终于开始
准备进行反击。这里黑棋的交换太过激进，给了我些许机会，直至 43 手
白棋都是毫不退让的交换，我也注意到这个形状可以随时威胁 47 位可能
出现"四四"禁手。44 试应手！45 如我所料，46 拓展形状！对手意识到
了禁手的麻烦，于是直接 47 - 47！以下第一感觉 48 - 48 争先后好像可以
VCT，事实的确如此。我能算清 50 - 50 横向活三之后左侧防守的取胜方
式，防在右侧则迫于时间压力只能看个大概，事实上这里的争先手段还是
比较激烈的。实战 50 之后，51 率先交换！我这时意识到我可能要取胜了
——交换的意图是消除斜线上的借用，使得 F8 不会成为长连的材料，黑
棋就会因为消除了长连的威胁顺势防在左边了，而以下的取胜方式早就算
清楚了。

第三轮　瑞星局（不换），5A = I7，杨彦希（黑）和李一（白）

图 L27 - 3，很想取胜的一局，但事实表明中盘走得有些不稳重，结果
被对手攻了全盘。25 之前是常见定式，26 占据空间的一手！韦振强在团体
赛上曾经走出过这一手。我很了解这里的形状—— 47 位如果被黑棋占据
后，如果白棋没有良好的结构则被迫防于 70 位，以下上方的微小优势也
将被消除，白棋再无胜机，因此 30 是激进的一手！32 只能如此。33 好棋！
这是我漏算的一手，34 - 43 则让出左侧空间，白棋同样会面对很危险的境

地，此时我抱着不成功便成仁的心态继续巩固左侧。37 强做形状，38 唯一！39 先做准备，步调良好，45 做杀！极强的一手，我没有算过这种进攻方式，正当我快要绝望时，我再次找到了 46 的唯一防！虽然逃过一劫，但时间已经不多了，所幸右下的交换没有失先，最后黑棋在上方利用先手优势破坏我的进攻线路，最终无奈成和。

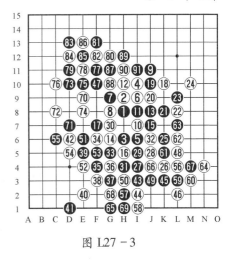

图 L27－3

第四轮 瑞星局（交换），5A＝I7，李一（黑）胜贺启发（白）

图 L27－4，考虑到上一轮的变化，再加上有一晚上的准备时间，我意识到贺启发开出瑞星局应该有所准备，12 沿袭昨天的招法，因此我主动求变——13、15 是另一种展开的思路。交换至 24，我开始审视整个局面：下方有一定优势，但是棋形太薄，反击又太多，先动手固然不好，但白棋也无优势可言，不如先控制一下局面再考虑全盘连接。25 很舒服的一点！26 比较积极的手段。27 自然，白

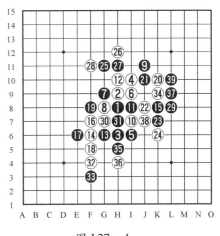

图 L27－4

棋防在中间则将优势扩大到左边，霸气地防在左边则可以向右侧借出材料，只要保持先手，将来即使进攻失败也可以安全地占到 E10 关键点。实战中贺启发果然选择了积极的应对，29 唯一好点，进行强攻！这里的选点其实还有不少，但可能是压力不小导致 30 出现了一点小问题，33 定形之后，即使白棋走出局部强防，黑棋也会有机会将优势扩大到更为广阔的右下，而左上依然是安定的形状。可惜 34 成为简单的败着。

第五轮　瑞星局（不换），5A＝I7，李一（黑）胜吴镝（白）

吴镝没有交换比较令我吃惊。12是冷门的选择，但我对这个棋形还是稍有了解的，14再次出招！这里我稍微考虑了一下，感觉下方无法直接取胜，这种情况下如果进攻不成，将很难有控制的机会，于是实战直接进行了控制，感觉在局部应该是不太吃亏的交换。吴镝考虑了一下，还原成原来的变化，但其实这里应该走得更加平稳一些。按原来的棋形，19－19、

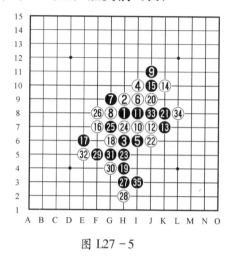

图 L27－5

23、25都是可能的选择，一般我认为实战的19－19才是最佳的，但19之后吴镝似乎对这手棋感到很吃惊，长考之后选择20的对攻！我细致地验算之后才看到上方白棋利用I11位可能形成"三三"禁手，将有机会形成非常强烈的反击，于是及时走出了保守的21手，同时为自己制造了VCF的手段。22再次走弱，实战中在时间压力下想走出强防比较困难。25定形之后白棋局面崩溃。

第六轮　瑞星局（交换），5A＝I7，李一（黑）和朱建锋（白）

虽然是B组位居前二的两名棋手的交锋，但我还是抱有相当大的取胜愿望的。26看来是这个局部的强防。27、28交换之后，我意识到有很好的机会展开进攻，29后基本保证白棋在下方不能有所动作，但朱建锋计算细致，30、32都是非常冷静的手段，33手时我没有找到任何可能的进攻点，无奈之下再次定形，35适时转身。这

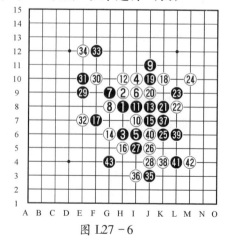

图 L27－6

里双方走得很有意思，36 似乎是没做太多考虑的手段，37 活三之后棋形忽然变得岌岌可危了，但 38、42 防守细致，43 单盖后我顺势提和。这里白棋在上方有一些机会，但由于双方时间还比较充裕，大概都稍有保留，朱建锋就接受了和棋。

第七轮　松月局（交换），5A＝I7，李一（黑）负曹冬（白）

　　这是非常有趣的一局棋，我觉得心理上的较量更为重要，事实上，这是我第一次在这么高级别的赛事中和曹冬相遇，这局棋也是我在本次比赛中唯一的败局。由于我和曹冬住在同一个房间，我基本了解到他会选择最熟悉的松月局。之前和他共同拆棋也给我提供了不少有意义的信息。真正的较量从开局就开始了。我给出的两个打点与正常的一打、二打完全是相

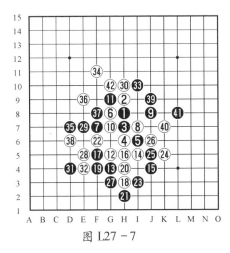

图 L27－7

反的，赛前拆解过一个松月一打的盘端问题，被我及时解决了，曹冬也意识到我必定有备而来，与其冒险选择自己不那么熟悉的一打盘端问题，不如走更平稳的二打。黑 9 是最近的流行招法，避开消耗空间的定式，为自己创造更多的机会。13－16 正常，实战 13－13 是准备过的一手！一年前的世锦赛资格赛上，曹冬的对手在正常二打下走出这个 13，但由于 17 手挡反而速败，我在前一天晚上从其他棋手那里留意到这个变化，重新做了研究，发现了一些很有趣的局面，这相当于曹冬为自己制造了一个陷阱。但曹冬依然凭借出色的实力算清了这里的变化，用同样积极的应对来消耗我的材料。由于有盘端上的区别，我在这里准备了两套不同的防守方法，白棋都无法取胜，遗憾的是，关键时刻我的自信心产生了动摇，花费了大量的时间重复计算 19－19 后白棋的各种应对方式，虽然确实无法取胜，但我也完全丧失了时间上的优势。26 后局面定形，基本平衡，27 如何选择？此时双方都出现了一些误算，27－40，28－E6！局部变化复杂，实际

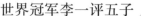

的唯一防与第一感的唯一防也并不相同，为了避免这种危险，我直接进行了反击，但在时间压力下行棋顺序处理不佳，最终简单败。

第八轮　流星局（不换），5A＝J8，李一（黑）胜 龚胜（白）

虽然手数不多，但对双方而言却是无比惊险的一盘棋。我有所准备地开出流星局，对手为了避免和棋，也为了避开研究，变为一打，我顿时信心大增，不仅由于我曾多次进行过流星一打的实战对局，还由于我对自己和对手中盘实力的了解以及对处理未知局面的能力很有把握。黑9自然，挡住白棋要点，白10激烈的一手！但11是完美的反击！12只能如此。我意识到黑棋下方虽然材料不多，但一条

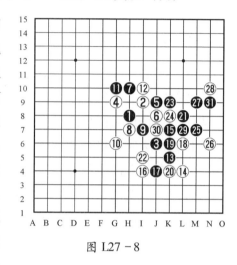

图 L27－8

眠三依然可以充分利用，另外空间上也占据很大优势，于是开始细致地计算进攻方法，不幸的是，经过深入的计算我没有找到任何可能的取胜手段，11之后获得的时间优势也逐渐消失，况且我还要处理进攻失败之后左侧白棋展开的棋形，无奈之下13、15强攻！这里16－19就是最为自然的强防，但对手在压力之下似乎计算能力出现了扭曲，16简直不可思议！这里17－19简单必胜，实战中我则考虑用制造更多材料的方式对对手进行压迫，事实上17－17也是必胜的。18后黑棋追胜不难。

第九轮　瑞星局（交换），5A＝I7，李一（黑）和谢军（白）

在守和即可出线的情况下，虽然我很想获胜，但还是下出了稍显平淡的一局。14应该属于比较平稳的手段，22对手率先变招！思考过后感觉也没有太多隐蔽的手段，就用最正常的方式进行了交换。以下双方都中规中矩，33制造威胁后我意识到这盘棋已经基本不会输了，此时我一度在左下有较好的空间优势，但可惜在进攻的选点上创造力不足，再加上对手行

棋稳定，因此最终也没能成杀。43 后我提和，但对手还要为理论上的出线可能继续拼搏，之后双方都没能创造更多的机会，最终对手无奈提和。

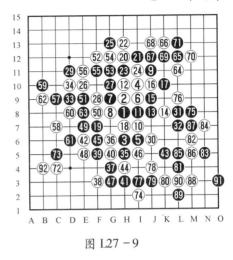

图 L27 - 9

1/4 决赛，流星局（不换），5A = J9，李一（黑）和艾显平（白）

图 L27 - 10，带着无比平和的心态临时决定来参赛的我竟然一路超水平发挥打进了最后的淘汰赛，我感到十分满意，同时也失去了继续前进的动力，或许在小组赛最后一轮和棋的一瞬间，我的这次石家庄之行就结束了，我不太清楚这是不是一件非常糟糕的事情。我没有做特别的准备，实战的变化本来就是准备在第八轮对阵龚胜时使用的。这里白棋要想不败有两套变化可选，这是其中比较强的一

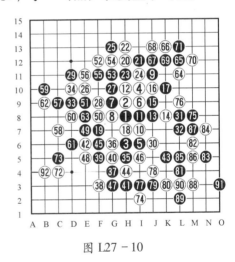

图 L27 - 10

个分支——14、16、18 应对正确！22 不冲似乎也可。27 后局面以白优基本定形，我也就没再抱有什么想法了，虽然中盘白棋有几手示弱，但黑棋始终无法成杀。53 之后，我认真地向对手提出和棋，然后心满意足地、不带一丝遗憾地离开了赛场。

二十八评

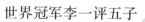

第五届全国五子棋锦标赛，于 2011 年 10 月 2 日至 6 日在河北石家庄市上东国际酒店举行。男子组的陈靖、吴镝、祁观与女子组的黄琼莹、汪清清、胡夕获得各组前三名。

第一轮　松月局（交换），5A＝G9，魏志豪（黑）负李一（白）

简明的一局。虽然不是轻敌，但对手的实力基本可以从各个方面了解到，果然白 12 后对手没能找到关键线路。尽管如此，黑 19、21 的好形交换依然值得赞赏。白 30 后白棋已经基本控制局势，这时黑棋只有两个选择，一是在右下背水一战，二是在左侧全力回防。之前已经考虑了右下的种种进攻，感觉白棋安全无虞，但实战 31 是大恶手！36 后白棋左侧立体感强，黑棋已经难以防御。38 简明的连接必胜！40 以下不难算清。

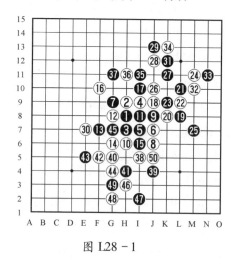

图 L28－1

第二轮　松月局（交换），5A＝I8，李一（黑）胜戴晓涵（白）

图 L28－2，四年前的首届全锦赛第二轮，初出茅庐的我遭遇戴晓涵并获得一场完败，此番再次相遇，对手已经是国内等级分最高的选手，获得过浙江赛、全国公开赛的冠军，也有了世界级大赛的经验，但我也绝对不甘示弱，正是在这样的对决中，我出乎意料地发挥了不可思议的状态。自从四年前京沪擂台赛上对阵俞满江之后，我再次下出了令我自己满意的对局——全身心地投入，心无旁骛地战斗。而更好的一点是，我最终获取了胜利。松月开局给我带来了一种奇怪的预感，白 10 之后预感终于演变成了事实：白 14！这个变化正是我和戴晓

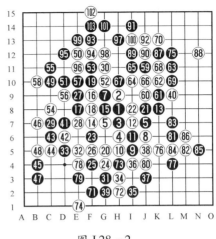

图 L28－2

涵在前一天晚上拆解过的，当时临场给出这个防守的我并未意识到这个变化的复杂性，最终也没得出一个简单的结论，而戴晓涵竟将这个变化用到了与我的正式比赛中！赛后拆解 15－15、16－16、17－84 强手！但实战中我走出了激烈的对攻形状——黑 19 胜负手！我看到 23 后白棋有连攻手段，但我占据外势寄希望于白棋局部无杀，当然也冒着巨大的风险。实战中戴晓涵走得比较积极，但在 24 的选择上消耗了大量的时间，长考的最终结果是 24－24？！不冲四相当于彻底放弃了连攻，我不太确定这样的思路是不是在期待我的失误。27、28 一般的攻防，29 冷静！36 后我没有料到本应很快分出胜负的一局竟被拖入均势。局部交换干净之后 40 是平凡的一手，但却为白棋打开了巨大空间。无奈之下我选择先在左边进行试探，42 不够严厉，44、46 唯一，黑 47 鬼手！对手在这里随意防守了 48－48，在我看来有些轻率，甚至令我一瞬间看到了取胜的希望，但侥幸的希望在对手精确的 50、52、54 三连唯一防之后再次化为泡影，时间也越来越吃紧。59 富于空间感的回防后我无奈提和，戴晓涵不同意！幸而白棋材料有限，进攻无法成形。面对即将和棋的局面，黑 87 是最后的试应手，88－M12 唯一！戴晓涵不易察觉的漏防！以下黑棋的材料在边线附近不可思议地连成一片！这盘将近两个半小时的百手激战终于以这样令人陶醉的方式为我留下了美妙的胜利！

第三轮　瑞星局（交换），5A＝I7，李一（黑）和艾显平（白）

平凡的一局。经历上盘激烈对局之后休息不足，我只能将守和作为本轮目标。22 是值得研究的一手，以下白棋争先，25、27、29 痛苦的强防避免速败，之后白棋也不够积极，双方交换几手后以和棋告终。

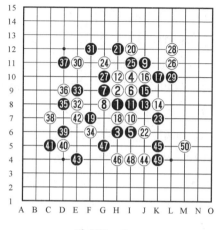

图 L28－3

第四轮　疏星局（不换），5A＝G9，李一（黑）胜梅凡（白）

图 L28－4，疏星局的平衡变化，但 14－19 典型的强防被对手错过，或许 14－14 是寻求变化，但 15－15 之后，只要多看几步就会发现白棋已经逐渐作茧自缚。白 24 后黑棋心情愉快，全盘皆可随意进攻，但 26 之后又觉得材料连接不够充分，且有长连劣形的种种限制，因此本想再积累些优势，没想到越走越乱。白 38 后我又嗅到一丝危险，只好先准备将右下处理干净再在左上 F11 等点回防，没料到

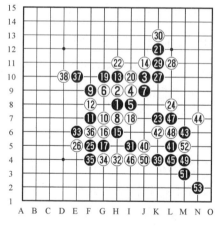

图 L28－4

白棋在右下局部防守力度不足，43 起的必胜形状不难构筑。

第五轮　瑞星局（交换），5A＝I7，李一（黑）和黄圣明（白）

有趣的一局。16 的变化虽然以前见过，但自己基本算是不会，没想到对手此时提和，我只当捡个便宜，同意便是。

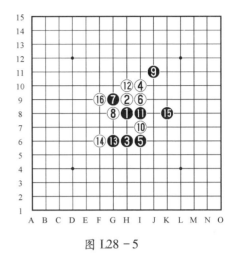

图 L28－5

第六轮　松月局（交换），5A＝I8，周可鼎（黑）负李一（白）

图 L28－6，幸运的一局。12 后手策略，预计 13－23，14－13，16－15，17－G6，18－F5，未料到实战 13－13 同样很强！想要抓住机会只能避免 14－15 的同形必败，但 15－15 后却是另一套黑棋必胜变化。绝望之下只得用反击来寻求机会。23 先行处理的一手消除白棋材料，但就在这时我似乎意识到了黑棋的一点点漏洞，而那漏洞竟演变成了事实——没有防守之后的反击，只有转瞬之间的胜负易手：

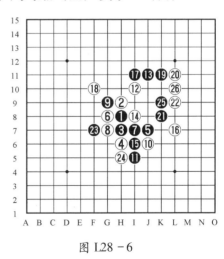

图 L28－6

25、26 交换后，自然的后续忽然变成了"四四"禁手，简直是不可思议的好运！

第七轮 疏星局（不换），5A＝I8，李一（黑）胜谭鑫麟（白）

对手留下了一打寻求变化，白12手段陌生！计算许久后依然没有找到任何进攻的手段，只得安然回防。18看似飘逸的手段实际留下了49位连接的隐患。21继续欺负白棋形状不完善，迫使白棋顺着黑棋的调子整理形状。黑25稳妥的双面进攻，但实战中白棋的防守非常强力。38后我误算了黑必胜，进攻两手后忽然看到问题，幸好仅仅整理形状交换干净材料也不算太亏，这里56－G14强防！但实战中对手迫于时间压力出现了失误，57边线双杀！

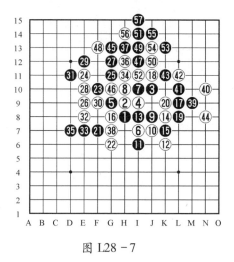

图 L28－7

第八轮 瑞星局（不换），5A＝I7，李一（黑）胜贺启发（白）

我做好对手执黑的准备，期望在保和的基础上顺利晋级决赛，没想到对手决心执白背水一战！15－17也可，实战的15稍微积极一些。19后形状还原，20－M10正常，但实战20－20的失误让出了先手！21是无比积极的反击手段！22看似好棋，做出许多反击且阻断黑棋，但23位才是黑棋的关键必胜点！31以下取胜手段不难计算。

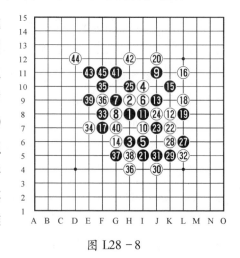

图 L28－8

第九轮　瑞星局（交换），5A = I7，李一（黑）和祁观（白）

提前出线后简单的一轮，和棋保证前二。

由于一些可以理解的原因，我在此不对决赛/附加赛阶段的三局棋进行详解，只简单地说一下：四分之一决赛时想得有些简单，进入了对手套路，面对陈靖的骗招，我计算到剩余 20 分钟时依然没能找到取胜的方向，只得转而控盘，其实那个骗招之前也拆解过，不过只是为了准备一些资料，因此具体胜法并未熟记，此时未能拿分实在遗憾。之后在一处活二防守的判断上，我误以为两面都很安全，于是下得随意，结果迫于时间压力在局部弈出弱手，丧失了晋级机会。附加赛第一轮本来也想认真下一局，但坐到棋盘前才发现心气儿不足，再加上中午没有休息好，状态也不在最佳，因此在平衡局面下走得比较草率，最终被顾炜老师抓住一处不太明显的失误以漂亮的连攻取胜。最后一天附加赛第二轮对阵黄立勤时就比较放松了，我在常见局面下走出了一个变招，没想到对手不太熟悉，连续弈出弱手，最后我静下心来算了一套十多步的 VCT 简明取胜。

二十九评

2011 圣诞五子棋连换规则挑战赛，于 12 月 24 日在北京棋院举行，李一、仇云飞、王硕列前三名。

❋　❋　❋　❋　❋

本次比赛采用"30 分钟＋20 秒"每手时限，用时相对较短，但也不至于完全没有对局质量，快棋和超快棋分别采用的是"5＋3"和"3＋2"时限。这个规则本身称为"限制版连换规则"，简单来说就是前五手内可以连走两手，此时对方有交换的权利，并且前三手必须是 26 种开局之一。在我以前对连换规则的分析中，四手形易于判断局势，于是三手形是一个重要节点，况且这次的三手形属于大家熟悉的 26 种开局，因此除了典型的疏星、长星等（一打）平衡局可以停留在四手，或是允许四手可交换外，其他开局（除了必败的游星、慧星）都要求在三手形停止，给一个连续布置 4、5 构造平衡的机会。具体到一局的程序，假先方先布置 1 好还是连续布置 1、2 好？我认为时前者较好，如果采用后者的话，对手可以直接布 3 手并选出一个自己熟悉的局面，还没有留下交换的机会，这样很容易造成假先方要在自己不熟悉的局面下布置 4、5 手临场寻求平衡，其实黑 1 这一手是没有选择的，单布黑 1 是"废着"，也即"无用之用乃为大用"。而基于同样的理由，假后方在面对黑 1 布局时，应当连续布置 2、3. 而接下来假先方是否交换就是一个重要的选择了：选择布 4、5 的话，可能对自己在指定局面下构造平衡是一个挑战（当然，稳妥的走法并不少，但要选择出最强或最有实战欺骗性的手法则相当困难），选择交换的话，相当于前五手都是由假后方布置，这样在赛前准备方面是非常不平衡的，但保留了最后的交换机会。两种选择应该说各有利弊。

上述分析比较繁复，简单地总结一下：假先方最好布置1，假后方最好连走2、3，此时假先方或连走4、5，以布局分支选择的平衡性将最后的交换权利交给对手（个人比较推荐）；或选择交换，将布局分支的选择完全交出，而保留最后的交换权利。这就是我对该规则布局阶段的基本看法。

第一轮　名月局，刘阳（黑）负李一（白）

小试身手的一局，白6感觉是强手（实际是必胜的），临场计算7－16强，但由于7、9连续走弱，白棋简单取胜。

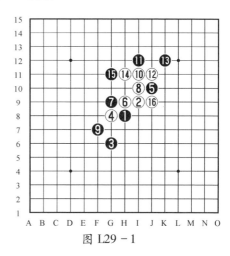

图 L29－1

第二轮　新月局，李一（黑）胜李涛（白）

白6感觉是弱手，但7似乎也看不到明确的必胜，这里8－F7先做准备应该更好。实战白8后黑棋应对比较积极，9、11也是必胜的手段，以下黑棋取胜不难。12－E6，14－F5是对黑棋VCT能力的小小考验，有兴趣的朋友可以自己当作习题来计算一下。

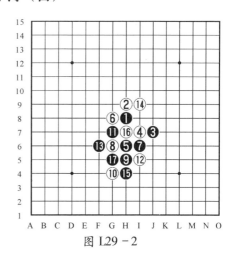

图 L29－2

第三轮　长星局，吴晓宁（黑）负李一（白）

轻松的取胜：对手并不熟悉定式，花了一些时间思考黑9的走法，再加上白10的应对，使得黑棋误以为是拼死对攻的局面而忽略计算，走出了11的败着。但其实这里只是定式的交换应对而已，想要速胜自然导致速败。

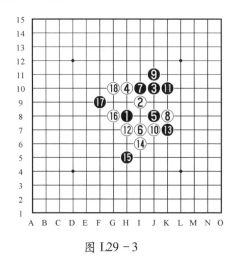

图 L29－3

第四轮　游星局，李一（黑）和王硕（白）

图 L29－4，不可思议的一局：游星的黑3在该规则下是必败的一手！我不能理解我自己如何做此选择，当时并没有懊悔的心情，只有无法抑制的兴奋。白4没有走8位的胜点，是出于对手对于定式的不熟悉，而这成了我的幸运。7、9、11是唯一的应对，12自然，13抢占先机，以攻势调整局面，14?!感觉是稍微多余的一手，毕竟16手后，白棋在下方的势力逼迫黑棋要主动防守，而14冲四后，

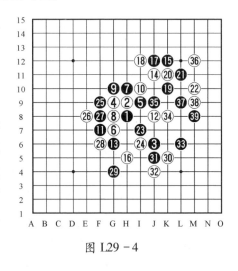

图 L29－4

则给了黑棋在上方辗转腾挪的机会。23、24正常交换，25调虎离山分散白棋在局部的优势。以下双方在右侧局部交换几手，最终白棋由于形状上的缺陷而没能使34发挥威力，39定形后我和王硕握手言和双双晋级。

半决赛，岚月局，李一（黑）胜张进宇（白）

白6有些出乎意料，感觉这么快白棋就开始进攻还是稍显不妥，黑7是考虑了几个选点后比较积极和自由的一手，但白8太弱！黑9穿通关键线路后，黑棋已经势如破竹，一路必胜没有瑕疵。如此轻松地取胜实在幸运。

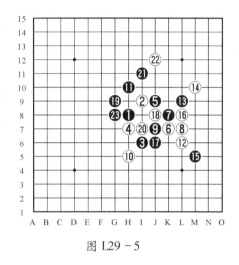

图 L29－5

决赛，溪月局，仇云飞（黑）和李一（白）

白6的怪手是智运会时黄宇峰在半决赛战胜龚胜所走出的，虽然危险，但不妨一试。13后认真计算，认定14可行，之后黑棋虽然失去胜机，但一直牢牢把握局势，同时不断通过强力的进攻压迫我的时间。41起对手终于开始防守稳固局势，44立刻挑起战端！这里我认为要求稳妥，黑棋应该先占44，白防45位后左边双方无机会，再控制上方，实战白棋在这里选择44也是基于换位思考及时占据对方

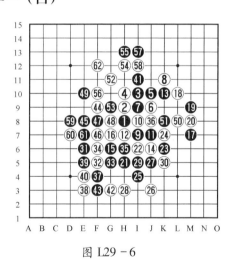

图 L29－6

要点。45败着！但迫于时间压力我还是没能看出50－53的必胜手法，最终激烈地交换几手后双方以和棋收场。

决赛快棋加赛，雨月局，李一（黑）和仇云飞（白）

图 L29-7，上一局仇云飞死里逃生，此时气势正盛，必想在此局拿下，而我不擅长快棋，处于不利地位，这局也算必须要跨过的一个坎，唯有怀着莫大的勇气走出最坚实的防御来对抗对手的气势。本该由我走出白6这个看似白优的手段，但由于看到黑7的防御，我也只得争取握住先手拼死尝试。幸而，白8没有率先活三打开局面，而是主动破坏了自己的好形状让黑9占得先机，17之后，已经能看

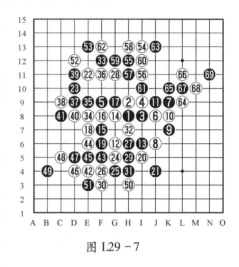

图 L29-7

到该局和棋的结果了——双方谁都没能拿出一决胜负的勇气，是一种遗憾。

决赛超快棋加赛，溪月局，李一（黑）胜仇云飞（白）

双方最终还是回到了同一起跑线上。"3分钟+2秒"每手时限的一局，终于还是由我抓住了对手的最后一个失误取得胜利，也幸运地拿下了本次比赛的冠军。

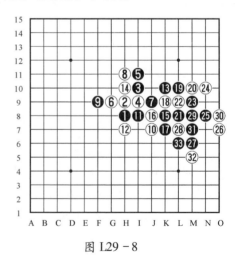

图 L29-8

第九届世界五子棋团体锦标赛，于 2012 年 4 月 29 日至 5 月 5 日在北京唐人街购物广场 6 楼举行。日本队、中国 1 队（曹冬、朱建锋、贺启发、芦海）、中国 2 队（杨彦希、陈靖、祁观、陈伟）分列前三名。

✳ ✳ ✳ ✳ ✳

上午结束的第一轮总体来说比较平淡。俄罗斯队和爱沙尼亚队小试牛刀，分别轻取中华台北队和乌克兰队，但在局局相争的规则面前或许俄罗斯人依旧会为丢掉的一局耿耿于怀。中国 2 队和中国 3 队内战互有胜负，老将殷立成作为上届冠军队伍成员表现出了良好的状态战胜祁观。唯一令我略感惊讶的就是日本队以 2.5∶1.5 的优势结束了和中国队的战斗，按我的看法这比分倒是应该反过来才比较和谐，但不出所料的话，中国 1 队还要铆足劲打进决赛再和日本队一争高下。

陈靖（黑）和梅凡（白）

开局和进程都中规中矩，应该说从 13 手开始黑棋一直保持着一些优势，17 是比较冷静的判断，否则白棋有 18－31 的手段。21 手我个人不以为然，感觉有些生硬，21－23 或许变化空间更大，29 后似乎更加显示出黑棋在优势下想要取胜的欲望，可惜全盘终究没能形成气候。

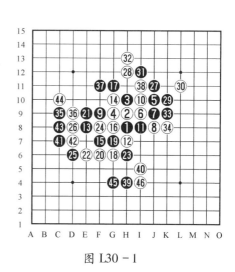

图 L30－1

祁观（黑）负殷立成（白）

有趣的一局。黑9的选择看起来有些冒险，或许是意识到按正常发展的话黑棋将会不利，因此有意求变，但既然如此，15又何必保守？17手黑棋再次出招！21弱，白棋本有机会在局部结束战斗，伴随着殷立成的失误，祁观陷入了尴尬——自己算出了必败而对方没有看到。随后的进程比较有戏剧性，双方在局部比拼计算力，最终还是殷立成将逐渐积累的优势发挥了出来而胜。

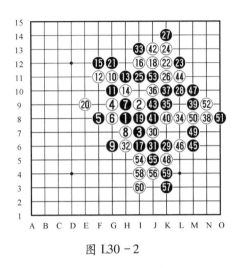

图 L30－2

Sushkov Vladimir（黑）负 Tunnet Taimla（白）

图 L30－3，开局看起来双方都走得比较平稳，白12力图打开局面，13~19的交换则显示了 Sushkov 意图在局部将白棋处理干净。但白20非常富有空间感的一手令黑棋无所适从，这里并不存在一个直觉上令黑棋很舒服的防守方式，毕竟黑棋忌惮将来白棋向左下的发展，23似乎是朴素的一手，24、26强行构造形状，白棋必胜！但在接下来的处理中 Tunnet 给黑棋留下了37－45的机会，遗憾的是 Sushkov 并没有算清。Tunnet 也没有让最后的胜机溜走。

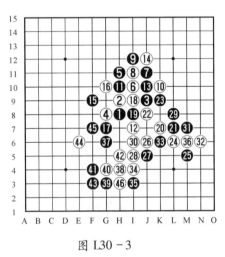

图 L30－3

Serdiukov Egor（黑）胜 Ants Soosyrv（白）

不知黑棋是否有意将局面引向激烈的变化，经历了序盘之后，明显黑棋占据了优势。11、13、15 是敏感的拓展，黑棋必胜！而 19－23 是更加迅速的取胜方式。尽管暂时失掉了解决战斗的机会，但 Serdiukov 依然稳步向胜利迈进。一串唯一的防守后，黑棋终于在黑 33 处连通左右，完成了致命一击！

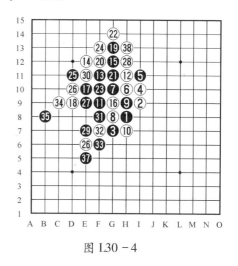

图 L30－4

芦海（黑）胜黄圣明（白）

虽然是很普通的局面，但可以看出双方的行棋方式都偏于稳妥，直到黑 15 手时，白 16 开始强烈的应对！但却有些虚张声势的感觉——事实上这里并没有起到太多的对黑棋反击的作用，因为各种进攻的线路也有黑棋的反击在等待，其后续就是黑棋能够继续稳步拓展。最终，黄圣明在 28 手被逼出了失误，芦海也没有放过取胜的机会。

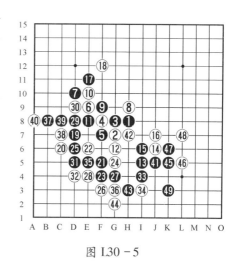

图 L30－5

田村一诚（黑）胜 Makarov Pavel（白）

图 L30－6，黑棋近乎完胜的一局。这个黑 5 后通常被认为黑棋优势，这是因为白棋没有太好的手段以比较稳定的方式进入中盘，进攻和交换反而更可能给黑棋创造材料。白 16 后黑棋有很多选择，因为白棋能够一手形成比较有效的进攻的地方实在太少，所以黑棋相当自由，比如 17 – E9 就是比较稳妥的控制方式。实战的 17 比较积极，19、21 是连贯的进攻，白棋陷入顾此失彼的境地，25 看似向左上进攻，实则给 39 位创造了一个坚实的攻击点，再配合 29～35 以非常稳妥的方式向白棋施压。最终白棋的 36 手忽略了黑棋右边的势力（潜在的眠三实在是没发挥什么作用），田村一诚的 37 一击制胜！

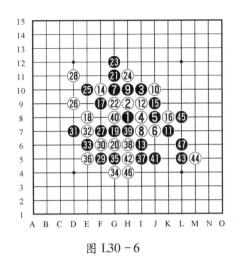

图 L30 – 6

Ants Soosyrv（黑）胜陈靖（白）

Ants 的黑 13 是轻盈的一手，却给白棋造成了相当大的困扰。根据之前的对局来看，14 – 27 后在局部没有足够的反击，因此实战的 14 也有些无奈。黑棋的 17 手又是平凡的好手，白棋无奈之下让黑棋在 19 位出头，给内部留下了一个连接点，接下来的常规进攻手段已经让白棋很头疼了，特别是在实战的条件下，占据 24 的关键点似乎是执白棋手的唯一选择。黑棋打

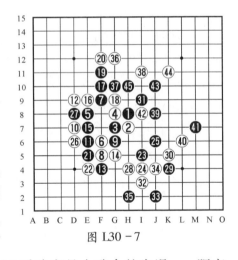

图 L30 – 7

开局面后也不忘攻防有度，而白棋的 36 手确实是个致命的失误——距离主要战场过远，反击华而不实，最终被黑 37 反击，黑必胜！

Ants Soosyrv（黑）胜中村茂（白）

图 L30 – 8，序盘的变化双方都应该比较熟悉，但 19 单防白棋活二确是局面的转折点，或许黑棋在左侧局部 19 – 20 交换干净才是上佳之策，

即便白棋有意占外势，黑棋也能通过先手进攻消耗不少白棋的材料。更重要的是，这个 19 并没有构成足够的反击。实战中，中村的 20、22 异常敏锐，真不知是有意为之还是无心插柳，Ants 在局部的 23 防守虽然自然，但却给了中村展现计算力的机会——24、26！不知 Ants 有没有意识到白棋竟然可以脱先强攻？接下来黑棋的交换似乎没有章法，其实是是无奈之举，Ants 知道将左侧大势交予白棋的严重

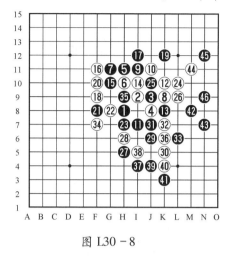

图 L30－8

后果，竭力想要避免，但最终还是失败了——即使没有 37 的必败一手，恐怕 Ants 也很难防住白棋在左侧疯狂的进攻，实战不过是将展现进攻精确性的舞台再次交给了对手而已。

贺启发（黑）胜 Johann Lents（白）

图 L30－9，常见的开局，白 12 也比较老实，而 14 手以攻为守似乎值得商榷，是否需要一些更稳健的手段？接下来黑棋用常见的形状积累优势，但总体来说黑攻白守尚且平衡。贺启发的黑 25 是漂亮的一手——25－26 是双杀的手段，"看看白棋冲四后能不能给自己带来些优势吧"是中等水平的棋手常见的想法，但此时过于猛烈的进攻恐怕会让黑棋毫无退路，25

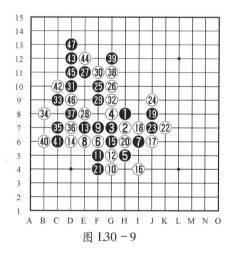

图 L30－9

这手棋故意将最佳防点留了出来，却巧妙利用黑 1 打开了左上的空间，保留了右边材料的同时还限制了白棋的反击。接下来，Lents 终于在黑棋的猛攻下露出了破绽，33 以下是精彩的 VCT！

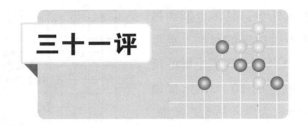

三十一评

与网友秋风对弈三局

✳   ✳   ✳   ✳   ✳

我略略尝试 15，后来发现这是必败的。白棋迅速整出 16、18 必胜型（17 反挡也是死，有思路就能算出来，也不难）。当时目算 19－G6 肯定是死了，又不甘心 19－G8 被挡一手之后受虐，于是走了实战的 19，忽然发现 20－G5 很强，然后白棋也没走对，21 赶紧拍回来，22 之后感觉形势逆转，于是大大咧咧拍下 23，其实这里白棋下面有 VCT，没想到白棋又错过胜机。于是 27 开始必胜，其实发现 30 的手段之后也没算干净，不过不管怎么进攻都是先手在握，而且白棋手段肯定越来越少，所以进攻没有后顾之忧。

图 L31－2，27 有点空泛，不过 30 更加无用。36 骗一手没成功，后来搞来搞去在右下角惊出一身冷汗。好不容易防住结果超时了。

其实这盘棋挺有收获的，以前很少下这个定式。注意到白棋在右侧的

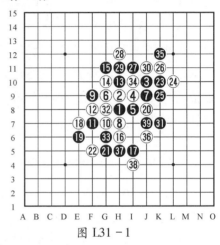

图 L31－1

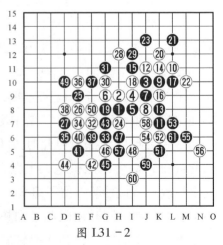

图 L31－2

连接，就知道白棋的进攻原则了。

图 L31－3，这个 10 好像真的必败了。这个黑棋的控盘方式差点把我压迫死，还好 31 打盹了，交换至 40 基本安定，后面黑棋走得不好，白棋便宜了好几手。失先之后白棋 56 直接逼对手反防。后面 58 过渡，60 后基本就局部必胜了。

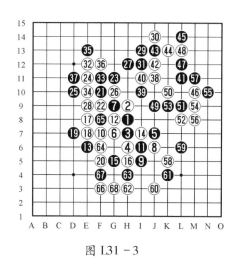

图 L31－3

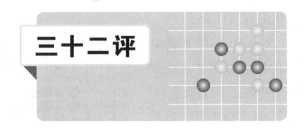

三十二评

著名的网络五子棋社团"棋心愉悦"，于2012年10月在QQ游戏举行了内部赛

❊ ❊ ❊ ❊ ❊

本次比赛过程异常激烈，24局棋没有出现一盘和棋，参赛选手斗智斗勇，争取胜利。每个对局基本都能达到数十人的围观规模，可以说本次比赛团结了"棋心愉悦"这个团队，收获了巨大的成功。

我个人近一年没怎么出来下棋，竞技水平和对局意识都没什么长进，但因为种种因素，我还是幸运地取得了三连胜，帮助"杀手群"夺得了冠军，感到非常高兴。

白8略做变化，黑13-14是比较积极的选择，以下白14-59稳妥，看到这个黑13后我比较轻松地占据白14关键位置，心理有所放松，但黑15后我觉得大事不妙。白棋棋形太散，唯一一个活二反击效果又不好，上方黑棋较多，不知道该怎么防，进攻也没有找到合适的选点。白16、18近乎是崩溃的两手，然后又发现白20只能防在右边，否则黑棋有VCT，以下黑棋局面十分稳定，预想黑棋可以从上

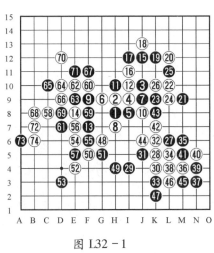

图 L32－1

边到左边先手攻满盘，最后就算没胜也能在42位拍一手以优势和棋，没想到黑21-21？似乎是搞错了主要战场的方向，但黑27后局面依然稳健。

白28的选择决定这盘还能不能有一丝取胜的机会！此时我考虑了Ando关于进攻空间的评论，构想了黑棋在右边的几种进攻模式，似乎均无法奏效，于是果断选择实战的白28！以下白棋强行夺回先手，但迫于时间恐慌，右下角交换凌乱，所幸黑棋也没走出什么太强的应对。48～56后，白棋似乎已经有"攻崩"的趋势，我需要在时间紧张的情况下算清下方黑棋可能的反击，还要注意左上方不能大意失了先手。但最终还是出现了误算——白62帮对手造了个"四·三"杀点！无奈之下乱走几手，白68再糊弄一下，忽然黑69－69?！这盘棋白棋赢得莫名其妙，黑棋输得痛苦万分。

这次全国赛上该定式出现了有趣的黑棋变化，因此也想尝试一下。上一局没有贸然走这个白8也有不想被对手直接用哪个变化直接击垮的原因。没想到白12忽然弈出败着，结果压力一下集中在身上。白18后我差点以为自己走错了，幸好黑19依然可以将进攻延续下去。黑23以下容易必胜，所幸一路VCT没出现任何失误。

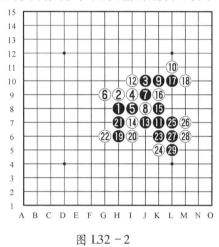

图 L32－2

最终的一局，对"畅棋阁"平分即能夺冠，瑞星也是很正常的选择，寄希望于其他三台至少不输"畅棋阁"，而我自己则至少不能拖后腿。对手选择交换也比较正常。黑11、白12、黑13、白14确定分支，双方应对都比较稳定，但节奏比较慢。白24后对手略作思考，走了黑25－25？以下至黑31，个人感觉是无谋的进攻。此时再走黑33－33已经相当缓慢和浪费了。这里白34－52也比较稳妥，但注意到若黑棋占据34位，白棋局部也无利益可言，于是果断走出白34－34试应手！更进一步的思考是，如果黑35防在下方，则考虑右上是否能直接取胜，即使无法取胜也能成为有力的伏笔，白36－52后局部稳定，若黑棋稍有不慎，在左边失了先手或失去稳定的形状，即形成左边和右上两处大优的理论必胜局面。另外，黑35若守于上方，虽然出现了J12位好点，但白棋利用下方腾挪，直接消除黑棋左侧的优势，将以先手给黑棋造成莫大的压力。实战进程正如后一种思路所预想的那样，白36试应手，黑棋被迫放出白棋的一个眠二（黑37－J3白棋有胜）。白38再考验黑棋！这里黑39－59最强，但对手终于走弱，黑39后白40先手破坏黑棋左边攻势，白42后相当满意。但黑47后我知悉"杀手群"已经0：2落后……无奈之下白48、54利用黑棋上方形状缺陷，在左边奋力一搏！黑57

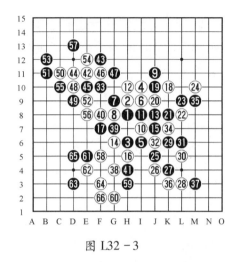

图 L32－3

后双方时间都比较紧张，我简单计算了黑棋左上的交换，确认无杀后，白58一手局部做出必胜！黑59后我险些没有看到这是个跳三，以下白棋VCT不难。

我与"林字杀手"（祁观）三局

第一局"林字杀手"开疏星，我没换。正常进行至13手，局面基本定形，14虽然有几个常见选点，但其实是比较自由的。实战的14是最近常走的一手，以下15－16，16－J5，17－J7，18－22后黑棋右侧局部攻势不成立，用先手消耗掉白棋右下的优势后，白棋伺机向下方和左下腾挪，与左上的连接配合控盘占优是基本思路，但对手走出了15－15的积极应对！这里考虑到16位比较有潜力，因此提前冲掉，至白22都是预想的变化，黑棋受到牵制，白棋基本满意，无论23－I7或J7，白棋都能继续向下拓展。实战23有空间感的一手出乎我的意料！这里考虑了半天，盯住了右

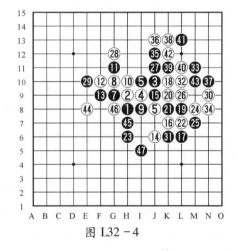

图 L32－4

侧的一点连接在盘端猛攻，26 撕扯黑棋，28、29 胜负手！其实左上白棋已经有一套 VCT 做出，29 也算是背水一战。遗憾的是右端黑棋防守精确，局部确实也无法成杀，左方、下方黑棋空间与连接兼备，白棋回天乏术。其实 23 后只要拓展一下思路，是有空间开阔的胜法的：24 - J5，25 - J7，26 - I4，27 - K6，28 -47 白必胜！

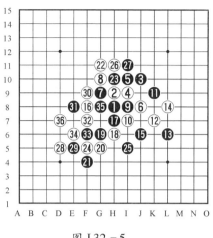

图 L32 - 5

图 L32 - 5，第二局我开疏星，"林字杀手"交换，打点都没换。想起第一局的情况，我略一思考，走了白 10。11 手黑棋应得很快，至 15 定形。16 选点多，我走了个比较老实的。不知 17 - 18 好不好，其实这个变化恰好是我前几天录入《五手二打总论》时接触过的变化，实战 17 似乎略欠考虑，我也就顺势按定式走了 18，定睛一看发现白棋优势竟然还挺大，关键在于黑棋的连接无法结合成"力量"，而白棋在左侧空间足够，配合斜眠三，进攻点又太多。黑 19 恐怕也是无奈一手，20、22、24 定形后黑棋困难。26 通向必胜的选点十分关键！必须承认这里的 26 是一个败笔，27 -30 看似裸防，实则在右下构造出 VCT！若"林字杀手"如此应对，难保我不被优势冲昏头脑吧！26 直接在左边强硬做棋或许更好，黑棋虽然在右边局部能构造出极强的进攻，但离取胜似乎总欠一手。可惜实战 27 似乎有些紧张，急于反击，28 轻巧一跳就以避免反击的方式干净利落地取胜了。

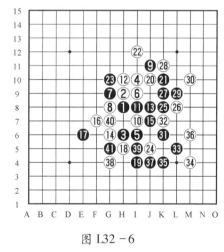

图 L32 - 6

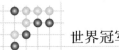

图 L32 –6，第三局属于直接被"坑"了。前 15 手正常，16、18 变化激烈！19 挡两边似乎皆可。24 的变化我早就拆出了黑必胜，结果前天下棋走这个变化的时候忽然忘了怎么取胜，后来也没验证过，误以为是可以防守住的分支。结果走到 35 手的时候我才如梦初醒，应付几手后就认输了。这里 24 –31 或许是更强的手段吧！

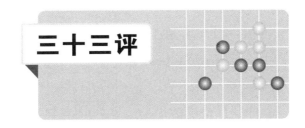

三十三评

2012 年圣诞五子棋挑战赛，于 2012 年 12 月 22 日在崇文体育场郑弘围棋学校举行，李一、高聪、樊星岑分列前三名。

✳ ✳ ✳ ✳ ✳

第一轮　李一（黑，①）胜孙云鹏（白，②③④⑤）

本次比赛我都采用单走黑 1 靠近天元但不走天元的开局，这是防止其他棋手依赖既有天元开局定式提升战力，同时突出我对局面和盘端差异的判断能力。由于松月一打必胜，因此黑 3 后单走白 4 不成立，我直接让对手构造局面，最终选择执黑。白 8？9－21 则 10－9，进攻略显困难，我还是老老实实地在 9 位一子通三路。10－10 和 10－12 是仅有的两种走法，10－12 或许更强，11 的判断非常重

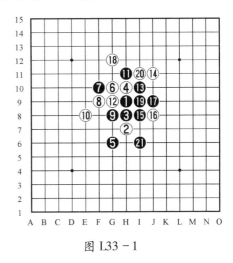

图 L33－1

要，11－D7，12－13 反击！13－G5，14－G7，15－I7，16－J6 强防！算清黑棋进攻不成立后，我还是老老实实地走了 11－11，这里其实 12－13 唯一！实战 12－12 后对 13 的选择我考虑了很久，13－13，14－F7，15－20，以下如何？其实这里黑棋强攻成立，稍加注意白棋的反击即可取胜。14－14？这里黑棋简单必胜已被确认。

第二轮 李一（黑，2③⑤）胜王苏泰（白，①④）

简明的一盘，对手走了天元开局，还留出了云月一打，我简单回忆了一下便取胜了。这里 11 - I10 也能胜，不过略显复杂。

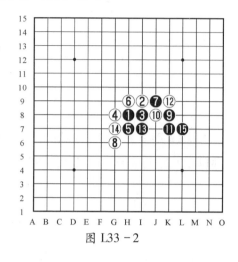

图 L33 - 2

第三轮 刘洁（黑，2③⑤）负李一（白，①④）

黑3后感觉这个白4还可以，至少不会出现无法收拾的情况，即使以平衡局势进入中盘也是我能够接受的。黑7强力的攻击手！白8似乎怎么走都不好，但8-8却意外地稳定！这里9-K7唯一防，也是良好的交换手段。实战9的选择令白棋活三延伸后太过舒服。12活三后对手似乎也没细致考虑，14巧妙的一手抓禁做杀后必胜！

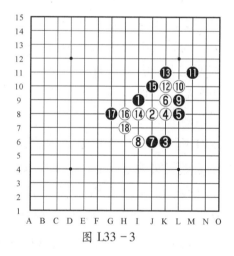

图 L33 - 3

第四轮 李一（黑，2③）胜樊星岑（白，①④⑤）

图 L23 - 4，前三手以瑞星布局，盘端问题颇有趣味。樊星岑或许是对定式有些生疏，似乎太过忌惮盘端问题，竟然没有选择常见的平衡局面！实战4、5的选择个人以为并不好，关键在于2和4的联系太小，一眼看去黑棋就有7、18、25三个非常强力的进攻点，于是毫不犹豫地选择执黑。

7 是当然的一手，9 应该也问题不大，但 11 手似乎稍显急躁，复盘时樊星岑建议 11－25，12－21，13－F9，实际 11 的选择还需再作检讨。13 后 15 及时转身，这里应该说是白棋绝好的扭转局面的机会。16－16？17 自然，18~21 后白棋似乎有丢先之嫌。以下双方时间无多，24 是孤注一掷的防守，25 先忽悠一手再说，这里 26－F9 是最强防！可惜对手在时间压力之下未

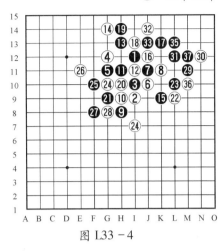

图 L33－4

能走出。此时 27 的必胜点不少，我最先考虑 27－E8，意识到有 28－27 强防后，粗略看了一下 27－27 的变化，似乎不错，此时也注意到上方黑棋似乎还有借用，于是如实战进行。右上角治孤成立，黑棋幸运取胜。

第五轮 李一（黑，①）胜刘华军（白，②③④⑤）

图 L33－5，开局阶段对手似乎没有什么策略，斜月中后盘的主要进攻空间在这个局面下横竖各扩大了一线，白棋应该及早寻求变化才是。至 19 手为定式，黑棋中盘占优。23 手强行进攻！以我的观点，24－27，25－26，26－L4 压迫黑棋，期待对手犯错才是上策，否则亦步亦趋，白棋的材料和优势最终只能被来自黑棋上方的巨大威胁折磨殆尽。实战进程如我所料，

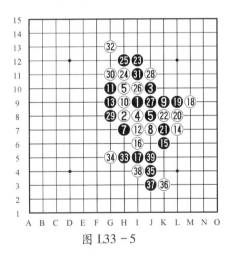

图 L33－5

黑棋不仅在上方以先手稳定结束战斗，还保留了下方极其丰富的进攻材料，最终 33 简明一手必胜！

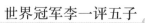

第七届全国五子棋团体锦标赛，于 2013 年 4 月 29 日至 5 月 1 日在河北省秦皇岛市举行，男子组的"棋心愉悦" 1 队、"炫飞棋社" 2 队、河北妙手五子棋俱乐部与女子组的湖北省棋管中心、"炫飞棋社"队、上海市棋管中心队分获各组前三名。

❋ ❋ ❋ ❋ ❋

第一轮　瑞星局（交换），5A＝I7，何耀文（黑）负李一（白）

寻找状态的一局。至白 24 是预定走法，25 到 36 的交换也容易看清，但是 37－48 干净的一手处理黑棋没有走。这或许将成为巧妙的突破口。37 是略显怪异的选点，此时前两台局势不明，我也有一定争胜的压力，甚至一度想直接 38－48，所幸冷静了一下，看出左边暗含联络材料的 VCT。38 手是憋屈的防守，但也确实十分有力。黑 39 问题手！看到这手后我意识到何耀文的实力很可能已经支撑不住

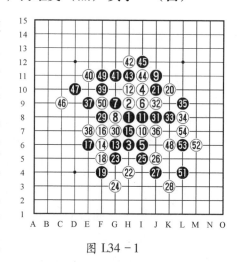

图 L34－1

这个局面了。果然白 40 取一手外势，几步交换之后，黑 47 "遗忘"了白 48 的关键点在上方脱先！白 48 抢攻后，黑 51 被迫回防，白 52 迷惑黑棋！黑 53 简单败！确实幸运，但也在我的意料之中。

第二轮　疏星局（不换），5A＝G9，汪永佳（黑）负李一（白）

赛前了解到对手似乎对自己熟悉的变化有所准备，行棋节奏也较快，显示出了一定的自信。那么我该如何选择策略呢？疏星开局后留下二打，我考虑了一下，选择了这个稍弱的白6和必败的白8！此必胜变化对于大部分专业棋手尚显艰深复杂，进攻选点甚多，即使对定式略通一二也很容易弄混局面。虽然没有轻敌，但我隐约感到对手并无足够的"力量"在如此大型的局面中以命相搏！果然黑19失

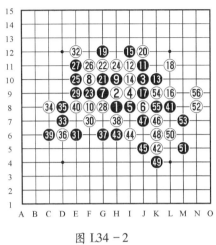

图 L34－2

误！长考后对J12、J13的防御我都没有找到必胜线路，实战的白20还是更加容易看清的防守，而对手似乎在此处出现误算。至白28，黑棋的进攻受制于长连和反四，无法成立！白32后我长舒一口气，对手也并没有简单缴械，左边交换完毕后黑41定形，白42是关键的进攻选点！实战42－42有四重想法：一是要45位的好点，二是要46位的好点，三是限制黑7、黑1隐含的线路，四是若43－44，44－43，45－I7，46 I5/J4后白棋依然能够在下方获得不错的连接手段。黑棋43、45连贯的防守思路真是可圈可点。实战46前我再次陷入思考，这里46－I3是局部必胜，我虽然思考过此点，但47－J4后白棋的"玄妙一胜"实在不是我的计算能力所能及，又担心这样防守后白棋进攻形状支离破碎，最终只好放弃而走了普通的白46，此处47－55是当然的强防，此时前两台的情况大概是也能取胜，我也做好了右下局部骗杀之后和棋的准备，但实战黑棋47大失误！以下白棋简单取胜实在不难。

第三轮　斜月局（不换），5A =J9，李一（黑）胜张英劼（白）

简明的一局，对手因对定式不熟而脆败。

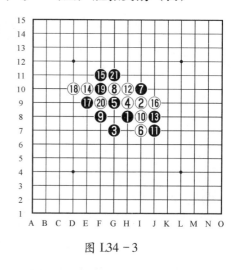

图 L34－3

第四轮　疏星局（不换），5A = G9，仇云飞（黑）负李一（白）

最为凶险的一轮！14－J6 本来不错，我却杞人忧天，因担心一个激烈的对攻变化而放弃，转而选择刚刚看到的一路白 14 变化，黑 17 后我才如梦初醒，顿时压力骤增。白 18 恢复冷静，黑 19 单控右上空间？看来白棋已经被逼上绝路了，20－23 以及一系列类似的变化在实战中都被排除，于是白采用 20－20 自然手段，22－31 亦有 23－H12 强防而无法成立，22 无奈再"飘"一手，黑 23 也自然。实战

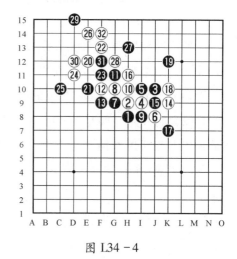

图 L34－4

24 是巨大时间压力下最后的试应手，黑 25！D9 位又出现了黑棋强大的进攻手段，此时仅剩不到三分钟的我孤注一掷，迅速排除了几个没什么前途的进攻选点，走出了白 26，联络所有材料强行进攻！其实这里我也只是算清了 27－28 不成立和看到了 27－H12 的最强防。实战 27－27？白 30 跳三

后白棋成功拓展出全新线路取胜！振奋人心的一局！其实27－H12后，我也准备好28－27继续进行强骗，但复盘拆解时才发现这个变化也是白必胜的，也就是说这个白26本身就含有一套精妙的VCT必胜手段！这个结论令我为之一振，实战攻防选点的良好状态得到了完美的印证！这盘棋过后，我的状态绝佳！这盘棋虽然不长，但其中的计算量却是整个七盘棋中最大的，很多内容无法在棋评中详细叙述，各位朋友如有兴趣可继续自行拆解、分析。

第五轮　瑞星局（交换），5A＝I7，黄圣明（黑）负李一（白）

"和棋大定式取胜之一"。二台周可鼎考兰志仁必胜变化，走到白32定形后兰志仁依然正确，所以我果断提和，黄圣明没有同意，走到黑57防守后兰志仁"攻崩"了，黄圣明果断提和，我也没有同意。这时我开始认真思考，黑棋在左下没有交换，在左上局部的处理方法似乎有亏欠，白棋上方的威胁可不是闹着玩的，于是白58尝试进攻。黑59后我考查60－61，61

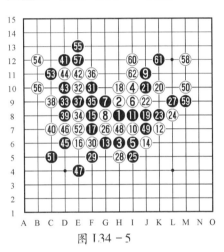

图 L34－5

－J13，62－J12，63－60，64－H11，发现黑棋隐约在上方存在VCF，其实这里白棋可以简单取胜，但这次误算反而令我打开了新的思路，我意识到60位是关键点之后，选择60－60！漂亮的VCT！

第六轮　瑞星局（交换），5A＝I7，李洪斌（黑）负李一（白）

图L34－6，"和棋大定式取胜之二"。黑棋在下方完全没有进行必要的处理，黑49后直接提和。我吸取了上一轮的经验，认真分析局面后在50位直接便宜了一手，白52连贯的手段，瞄准斜线上的长连和53位的"四四"禁手，黑棋在此处陷入被动。但另一个错误是，既然黑棋在上方采取了分断式的防守，就应该从防守效率的角度尽量放开白棋在右上孤单局部的优势，也就是 58－56－55 的手顺，而实战中 55 后让白棋先做 56 的交换，则是让白棋用在上方争取到的一个先手成功换回了左下、右下两部分足以取胜的优势。黑棋在左下后手处理干净之后，白 62 一手在实战中足以让任何对手崩溃，已经是无法防守了。

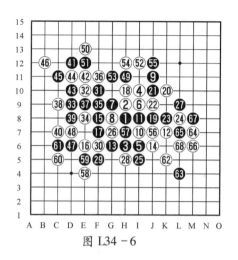

图 L34－6

第七轮　斜月局（交换），5A＝J9，李一（黑）胜冯小峰（白）

斜月二打定式。我喜爱黑 17 的走法，至 20 都是正常手段，黑 21 也是之前就准备过自认不错的应对。此时白棋在交换几手后 30 手陷入完全的防守，此处很难说白棋有没有更好的防御手段。黑 31 是比较自然的进攻手法，当时我判断左下、右下、右上都有不错的空间和材料积累，联系全盘取胜应该是很好的思路，但实战 32－32 大强防！左右的联络线路忽然变得

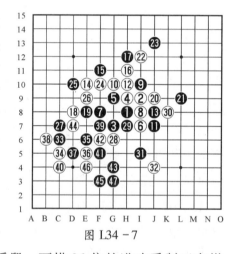

图 L34－7

很狭窄，我只好开始考虑左下治孤的手段，可惜 36 位的进攻受制于白棋干扰过多，无论如何都不行。而在一筹莫展之时，就急需一次思路上的调整——实战黑 33！斜线上的联络与 36 位相比恰好移动了一格，柳暗花明又一村！黑 35 连贯，卖个破绽逼迫白棋单控在强点 36 位。此处考查 37－44，38－B5，39－37，40－41 大强防！于是实战中黑 37－37 顺势单挖，白棋毫无材料和反击，黑棋则在局部形成三个活二，而此局面白棋的唯一防又位于完全不合棋理的 B5 位，实在是令白棋绝望。白 38 后，黑棋一套干净利落的 VCT 简明取胜！

三十五评

2013 五子棋吧"叮当兔杯"五子棋大赛，是通过星辰视频游戏世界平台进行，采用山口规则，45 分钟包干，具有相对较长局时的比赛。

❀　✹　❀　✹　❀

第一轮　疏星局（不换），5A＝G9、J8，
"该用户名被屏蔽"（李一）（黑）胜"pigerson"（白）

本次比赛我一律开局"疏星二打"。定式进展比较正常，对白 12 的变化我采用了比较平稳的应对方式。至黑 21 局面基本定形，此时双方材料连接性都不够强，白棋握有先手时接下来的基本思路应该是寻求下方到左下的广阔空间，可惜实战的 22、24 略显局促，因此 27 有机会走出预想的手段，考验白棋防御的同时试图进行多向连接。白 28 实在是糟糕的防御！很多棋手能够看到空间，能够算到连接，

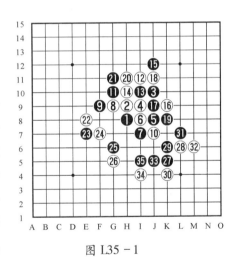

图 L35－1

却理解不了空间与连接的协调统一，因此往往会在权衡之时有所偏颇，此 28 或许就是看花了眼而试图寻求空间上防御的一种手段，实则没有阻挡住任何连接的关键线路，黑 29 非常舒服地一子通三路，局部已经必胜了。

第二轮 疏星局（不换），5A＝G9，
"bbksoft"（黑）负"该用户名被屏蔽"（白）

14－J9 的走法令双方都毫无连接
的变化，是对双方耐心的最大考验。
但在"杀手群"联赛中"一字杀手"
对我弈出的这招白 14，我认为也别有
一番风味，因而在此作出了尝试，15、
16 的交换本来正常，但黑 17 手的效率
实在是太低了，受制于白 16 和盘端的
影响，这一手从进攻方面来说似乎连
VC2 都没有形成，从防守方面来说，
黑 17 既没有阻挡住关键点和关键线
路，也没有把控住下方的空间。之后

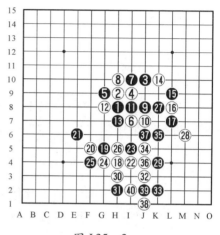

图 L35－2

我略作思考，确信上方无论如何攻击都不可能取胜。白 18 是大胆的脱先！
黑棋似乎是很被动地跟了过来，但在线路如此丰富的空间内，对手的防御
似乎还是欠稳妥。21 被甩到边上之后，白棋立刻抓住机会，白 22 一手必
胜！黑 23 简单败！这里还是有个小插曲：24－25 的三步抓禁和 26－32 的
简单双杀都被我忽略了，我只是单纯深入计算了这一路最自然的连续进攻
手段，并确定了复杂的 VC2 必胜。白 28 后白棋线路太过丰富，30 关键点
黑棋又控制不住，于是再无强防可言。

第三轮 溪月局（交换），5A＝F10、G7、G9、G10、G11、J7、J9、J10，
"该用户名被屏蔽"（黑）和"超微羊刀"（白）

图 L35－3，对手选择这个变化似乎是要考我几个唯一防，所幸这个变
化三年之前就拆解过了，黑 11 到黑 27 皆为唯一手段，但之前我也从未在
实战中走过这个局面，29 是局部定型和向中盘过渡的关键一手，除了 29
－29 之外是否还有更好的走法？实战的 29 后给黑棋在上方局部留下了一
些不容易算清的隐患，使得黑棋在中盘始终投鼠忌器，最终错失了许多占

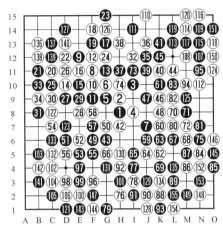

优的良机。31 之后怎么看都是全盘黑优的局势，但对手执白的应对却突破了我的常规想法！实战 32 起是白棋开始强行进攻，最大限度地消耗了黑棋右侧的优势，进而达到消磨黑棋全盘优势的目的，这再一次证明了即使不存在直接取胜方案的暴力进攻也不失为一种良好的行棋手段。33 先处理长连威胁，此时回过头来看，其实 35 的选点应该说是正确的，但我在这里还是没能坚持积极的思路，消极的走

图 L35 - 3

法令我最终丧失了取胜的机会。除了没能集中精力对白棋可能的威胁进行深入计算之外，还有一个重大的问题就是使用习惯了加秒规则后，回到包干制稍微有点不习惯，总是担心最后的时间出问题，给自己留后路的方式有些矫枉过正！此处 37－42 强手！白棋上方无杀下方无防，只能 38－126，逼迫黑棋 39－H14，以下 40－H13，41－I6！43－39！黑棋在上方稳妥地定形，白棋刚好无法取胜，而黑棋下方的势力则足够白棋难受了。实战 40 后我只能接受右侧优势被压缩干净的事实。实战 46 是非常具有迷惑性的进攻手段！此处 47 的处理依然草率，47－82 是否更好？48 后在局部是一个两难的局面，59 位进攻会受到白棋连续冲四的强行干扰，60 位防御又将直接丧失 59 位的唯一进攻点！更何况白棋始终留有 70 位的巨大威胁。不过这里的 49 仍然是不甘示弱的一手，黑棋抓住机会展开了进攻，但此时我出现了重大的误算，误以为 55 已经必胜！实战 56 出现后我才恍然大悟，所幸黑棋还没有崩溃。还想取胜的 59 手遭到了必然的反击，定形至 75 手，双方再也没有什么显著的机会了。在激烈的拍表大战中，双方的状态都被激发出来，攻防显示出了极佳的精确性，再没有给对手留下任何可乘之机，我也只得接受了和棋的结果。

第四轮 疏星局（不换），5A = G9、J8，
"该用户名被屏蔽"（黑）胜"五子棋天道无常"（白）

略显轻快的一局。19 稳妥的手段，20、21 也比较自然，22 先控制，23 顺势挡住后白 24 有问题，由于存在 9、23 的连接，25、29 的配合做杀手段直接必胜！31 起的必胜已经不难目算了，对手对于细节的忽略直接导致了失败。

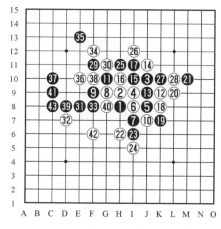

图 L35 - 4

第五轮 瑞星局（交换），5A = I6、I7，
"该用户名被屏蔽"（黑）胜"雄鹰王"（白）

图 L35 - 5，白 12 似乎是在观察我的策略，志在取胜的我也直接走出了 13。14 至 20 定形后的局面我并不喜欢，总感觉黑棋有优势但却无处下手。21 是否有更好的手段？25 是考虑过之后先缓了一手，但 26 的处理似乎太过简明。此处 27 - 26 似乎是更好的手段，实战的 27 空间感不强，同时由于 28 - 28 强防后，29 又是一个较强的反击点，因此只有 29 - 29 的进攻，局面黑优。此时我考虑了后续 30 位置

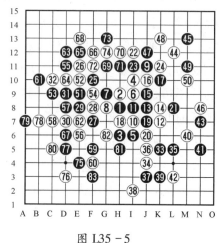

图 L35 - 5

的连接点，此处白棋也有更加积极的手段，但我没想到对手直接 30 - 30？我意识到虽然左下的空间被封死，但右下方也终于出现了机会，31 逼白上挡，32 反挡则 33 - 51！实战 33 后我第一感觉应该是黑必胜了，因为下方的空间和 35 的一子通三路必取其一，没想到 34 不可思议的防御！实战中黑棋又挣扎了几手，没想到 38 这样看似很弱的防御，却令黑棋依然自缚手脚而无法必胜，我顿时感到局面压力很大，实战的 41、43 强迫白棋先将右上冲四消耗掉，然后在 49 定形，此时白棋的防御并非重点，但看上去 50 的威胁性还是太小了，我做好和棋准备的同时，也考虑利用时间优势压迫对手，盘面虽然无法必胜，但黑棋总体来说还是生龙活虎的。51 先利用富余的材料整理局面，55 后我已经感觉到不会输了。交换几手后，上方也无法取胜，74 是否错失良机？实战 75 扑灭白棋最后的机会，正当我做好"拍钟大战"的准备时，白 80 忽然漏掉了两步的 VCF。幸运的一局。

第六轮　疏星局（不换），5A = G9、J8，
"该用户名被屏蔽"（黑）胜"离子阵阵雨"（白）

图 L35 - 6，白 6 的选择现在看来有一定危险，白 8 后黑 9 到 15 是比较平凡的采用进攻定形的方案，此处黑棋无须抢 16 位。黑 19 主要考察 19 和 F8 两个位置，但最终还是没得出什么决定性的结论，本着多边联系的原则还是走了实战的 19。21 自然扩大优势。22 后对手掉线判负。此处 23 - G9 是必胜的手段。

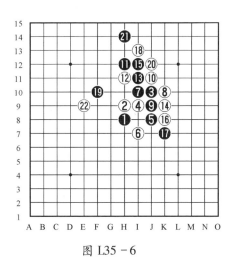

图 L35 - 6

第七轮　疏星局(不换),5A＝G9、J8,"该用户名被屏蔽"(黑)负"没人来吗"(白)

有趣的一盘。10、12 的手顺和常见走法不同,我没多想就直接走了实战的黑 13,其实这里 14－18 是白必胜!后面的胜法比较巧妙,大家可以自己尝试拆解。实战的 14,黑棋如何应对?从后续来看黑 15 并不是好手段,15－G10 是否更好呢?16、18 连贯的做杀手段,黑棋构造出的唯一一个活二一下子没机会施展手脚了。由于 19－26 简单败,因此只考虑挡在 16、18 活二的两端即可。深入计算后

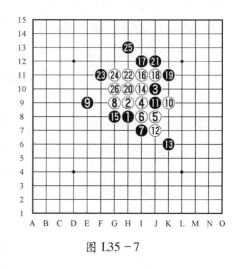

图 L35－7

19－22 难以看清,感觉白棋可能有很强的进攻威胁,无奈之下走了实战的 19,其实这里 19－22 才是局部的唯一防御,现在看来实在是草率啊!之后没多久,我也算出了白棋的必胜手段,最终无奈地在最末轮输掉了对局。

三十六评

中华连珠网慢棋系统：在这里，你可以方便地以不同的时限、假先方/假后方、山口规则或 RIF 规则（是/否自由开局）建立慢棋对局，等待对局或邀请他人参加，也可以加入对局或回应他人的对局邀请。时限最短至 1 小时包干，最长至 360 天包干，对于慢棋而言，3 天、10 天或 30 天都是不错的选择。

中华连珠网慢棋系统棋局选——慢棋Ⅰ。

❀　❀　❀　❀　❀

写在前面：

这些对局都是我在慢棋网上进行的。虽说有诸如思考时间长、软件辅助计算等差异，但最大的区别还是在于，我的这些对局并不是以"取胜"为根本目的而进行的。我力求所有的变化研究都对实战有所裨益，更偏重于变化的搜索和尝试。因此，这些棋评不会事无巨细地详述这些对局的信息及具体计算进程，只是对相关变化做一简单的评述，希望能够为实战寻求一些新的启发。

我会以 10 局为一个分段来进行对局的简评。大部分的对局都是以山口规则指定开局，10 天包干进行的。

此局第一个成果是验证了黑 11 是唯一防御。13 是有些弱的走法，但似乎仍然可战。白 14 是精心一招，捕捉到了黑 15 的必败，16 起白必胜。长星局总有"鸡肋"的感觉，未知变化确实很多，但研究上的时间投入与成果产出似乎不成正比。

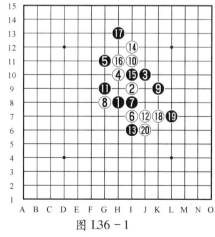

图 L36－1

黑15简单败了。此13究竟如何？强弱常在瞬间转化，看似弱手反而有更大潜力的情况也是经常发生的。

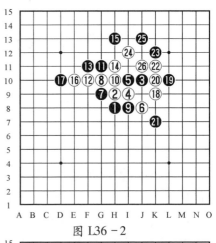

图 L36－2

白14似乎必败，不过后面也挺复杂的。由于黑11后黑棋必胜似乎有问题，因此现在11－14的走法倒是很常见。后面还有这样的一盘棋。

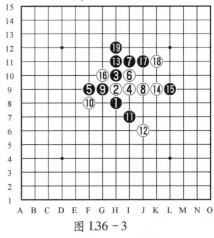

图 L36－3

前期白棋定形太苦了，黑棋小心翼翼地用八卦阵控制着局面。19这个位置，白棋能够先手占据的话应该还有机会吧。实战19之后20看来必然，但黑21之后，排除一些无用交换，应该是黑必胜了。白18可以换防，但黑棋控盘的总体形势没有变。

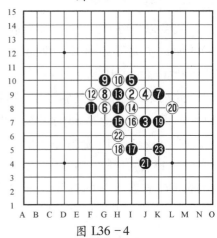

图 L36－4

白棋的走法并不强，19 后白棋有没有好防御？20 感觉太虚，右边又没有强手，21 之后黑棋有控盘优势，顺便防住了诸多白棋的线路。虽然之后还有棋下，但对手超时了（这盘棋是3 天包干）。

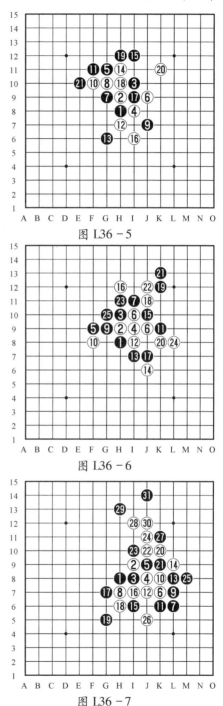

图 L36－5

针对威胁性可能更强的 11，白棋一路硬防，可惜还是贪图反击捅了篓子。

图 L36－6

这盘棋黑棋太生硬了，9－10、19－21 等都是缓和的策略。26 之后没想到限制这么大，黑棋动弹不得。白棋在上面一路强攻取胜。左下的活二能不能产生有效的反击并不重要。

图 L36－7

图 L36-8，几盘慢棋之后感觉云月四打很有价值，与雨月的盘端不同，需要特别注意！黑 25 定形，白 26 似乎是有些随意的拓展，当然这里能看到 27-K5 的走法，似乎并不理想，怎么办呢？实战的 27 是此局唯一亮点！取材于斜月一打一路必胜定式，异系易攻体现得淋漓尽致！28 局部最强防，29 继续进攻！此时 30-G8 跳三才是找准时机、其貌不扬的最强干扰，但白棋错失了机会，黑 31 忽然绕到了白棋身后，白刀子进红刀子出。

看来定式之所以成为定式还是有原因的。

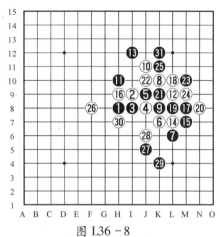

图 L36-8

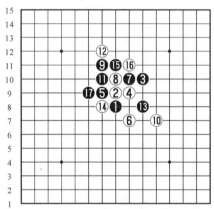

图 L36-9

黑 5 是尝试，白 8 必胜，后续不难。看来只剩下 7-11，8-8，9-13 的变化可以挖掘一下了。

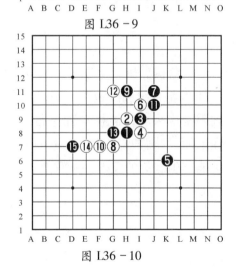

图 L36-10

中华连珠网慢棋系统棋局选——慢棋 Ⅱ 。

✤ ✤ ✤ ✤ ✤

黑 5 是尝试，很遗憾，似乎白棋应该有更强的应对，黑 15 之后突然呈现黑棋大优局面，白棋接下来直到白 34 的整套应对不是唯一就是可以分析出的最强防，黑棋始终没能攻下来。最后黑棋还是在攻防转换的过程中没有处理好，白 46 后局部必胜，黑棋无杀无干扰。

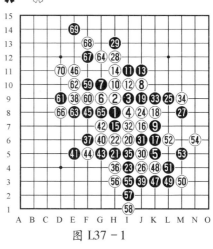

图 L37－1

图 L37－2，值得关注的白 12，对黑棋本来顺利的进攻有了一个关键性的干扰。黑棋如何进攻？实战黑 19 缓手，以下双方各自留有余味，交换几手之后安然和棋。

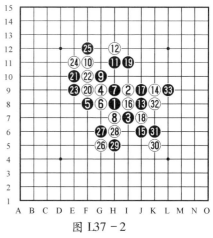

图 L37－2

图 L37－3，本想尝试此 11，白 12 跟防后双方针锋相对的激烈变化，没想到白 12 可以反挡，黑棋顿时被包围，以下至 19 手黑棋唯一，再往后怎么也摆脱不了白棋的外势，黑棋不甘受辱，投子认负。

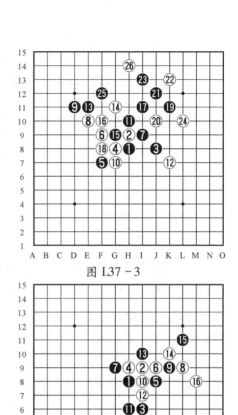

图 L37－3

图 L37－4，小变化中有大玄机。

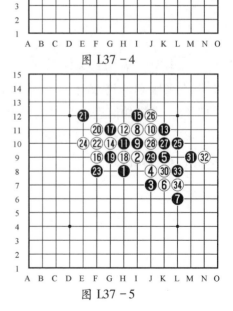

图 L37－4

图 L37－5，开局后白棋想尽办法破"卦"，或许是黑棋材料的保留处理让白棋掉以轻心，17、23 两手成功引诱和造就了白 24 的强攻，而黑棋早有漂亮的 VCT 埋伏于暗处。

图 L37－5

图 L37－6，黑 5 必败。

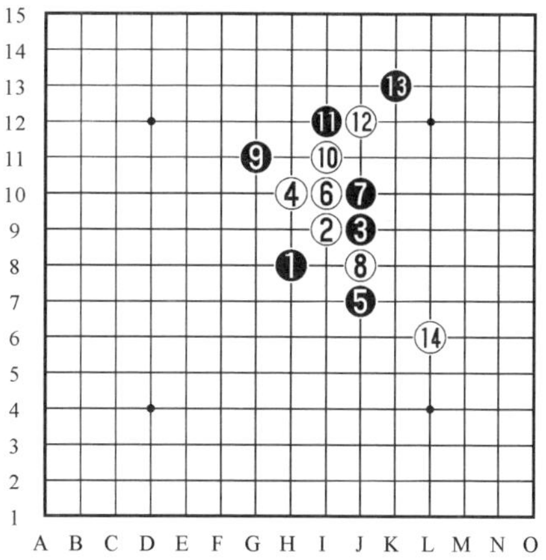

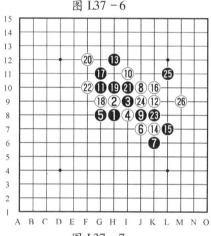

图 L37－6

图 L37－7，盘端问题需要关注，黑 15 必败。

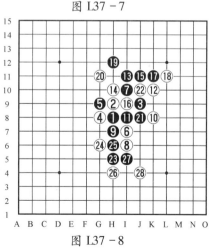

图 L37－7

图 L37－8，本型盘端问题也很重要。黑 11、13 是强攻的走法，这里白棋一定不要有多余的想法，老实走到 14。15～19 双方的应对还值得思考。白 22 后局面定形，黑棋已经是四面楚歌的局面，白 28 后黑棋不甘受辱，投子认负。

图 L37－8

黑7、9是比较生硬的强攻，或许在实战时更有效果。11的变化是忽然发现如实战进程所示。16只能塞入，整体情况黑已大优，于是做此决定。但没想到演变至白16后，黑棋忽然有VCT了。

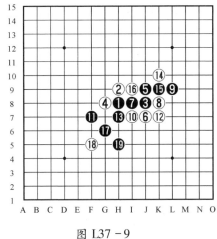

图 L37－9

图 L37－10，白8是过于奇葩的"破卦"，有些支离破碎的感觉。黑11很自然，白12似乎也很自然，但黑13忽然强行聚力必胜。

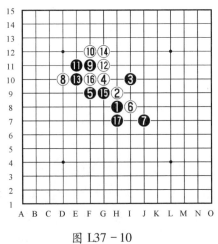

图 L37－10

三十八评

中华连珠网慢棋系统棋局选——慢棋Ⅲ。

❋　❋　❋　❋　❋

我总觉得瑞星这个14、16的变化白棋可以一战，黑棋的拓展机会总是不好，容易在拓展的过程中投鼠忌器走出漏洞。实战23感觉是正常的节奏，但25太过分了，白棋施展一套不算复杂的VCT。

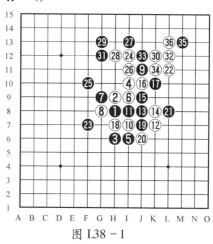

图 L38－1

图 L38－2，少见的白10，实战的话先冲四可能更有迷惑性！13后局面稳定，但黑棋在上方优势不足，还需要从长计议，白14看似奇怪的形状，但黑棋要想迅速组织攻势也有点困难。黑19被迫走了比较没有效率的一手，此时白棋本来应该慎重考虑，但实战白20以下的进攻不合时宜，到白26反而失先！由于上部已经稳定，黑27后在局部安然必胜。

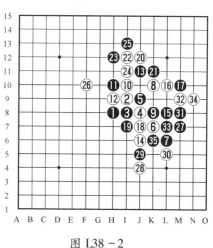

图 L38－2

图 L38 - 3，世锦赛出现过的变化。因为白 14 后已经呈现白优局面，本想看看对手如何在 11、13 两手中进行变化或进攻，但对手没有变……白 16 拉出优势，黑 17 直接必败了。

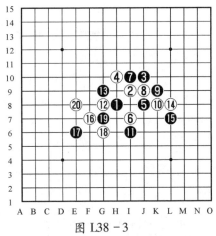

图 L38 - 3

图 L38 - 4，此黑 5 应该是黑棋稍好的变化。实战 10、12 有些直接，拆解之后发现黑 13 已经必胜。

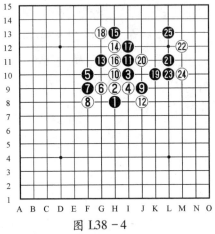

图 L38 - 4

图 L38 - 5，以前流传的一个很平稳的流星老定式。不过这里 34 必须先于 K11 进行活三处理，其他走法应该都必败。

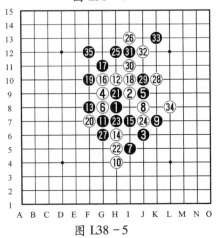

图 L38 - 5

图 L38－6，白 12 是失败的变招，以下黑 15 是看似平凡的好手，白棋接下来虽全力抵抗还是难免一败。

图 L38－7，黑 17 手是关键的选择：17－29 白必胜，但溪月局的话似乎 17－29 更好。21 抢关键点，以下进程平稳，不过最后白棋在左上的防御看来是疏忽了。

图 L38－8，黑 9、11 之后白棋主导的变化。21 反挡好，22、24 之后黑棋被迫交换，虽然从结果上来说少了一个冲四的处理，但就算勉强不死也是黑棋全盘受虐的态势，甚至连和棋定式都算不上吧。

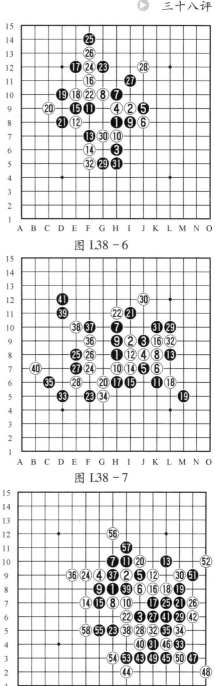

图 L38－6

图 L38－7

图 L38－8

平稳的一局，似乎结构对双方都
比较死板，虽然是黑攻白守的局面，
但双方机会都不多，可能 9 - 13 还更
有机会一些。

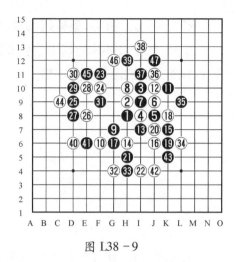

图 L38 - 9

图 L38 - 10，云月局与雨月局有
区别，白棋右上的优势不足被逐渐放
大。没想到 18 - H11 是必败点，此处
黑 19 的进攻选点值得琢磨。

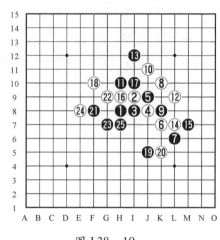

图 L38 - 10

三十九评

中华连珠网慢棋系统棋局选——慢棋Ⅳ。

❋ ❋ ❋ ❋ ❋

白 20 似乎是不好的选择，至少
21、23 整理形状让黑棋很舒服。28 不
冲四也痛苦，33 之后黑棋局部必胜
了，或许还是应该从 26 这里的处理进
行切入。

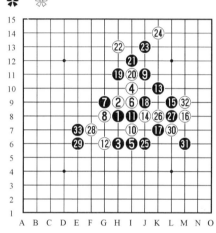

图 L39－1

图 L39－2，白 16 起强攻，但从
结果来说应该是"攻崩"了。黑 41
考虑了异系的进攻思路，42 是否还有
更好的应对？43 之后黑棋要么局部必
胜，要么从右侧中部借出极强连接，
再加上下半盘的空间，从整体来看应
该是黑必胜的局面了。

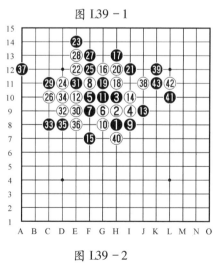

图 L39－2

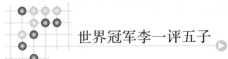

图 L39 - 3，黑 5 的尝试。7、9 唯一，11 似乎也比较强，15 败了，15 - E10 继续负隅顽抗？

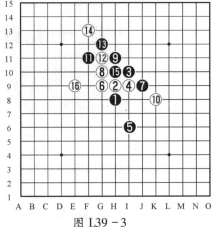

图 L39 - 3

黑 9 的变招。白 10 以下必胜。

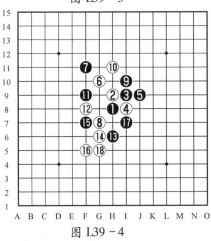

图 L39 - 4

黑 5 的选择基本是后发制人的思路，中盘白棋没有把握好，被甩离主战场，29 直接必胜了。

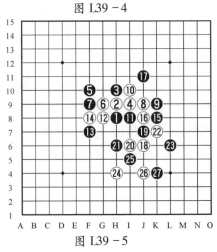

图 L39 - 5

白6之后忽然发现局面复杂无比，这里9－I8太消极，或许9－I10更好。15－16虽然也是白优但变化可能更加简明些，实战16后黑棋虽极力抵抗（包括27在内），但还是难逃失败。

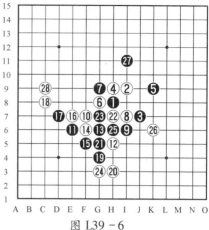

图 L39－6

黑19失败的变招。22妙手必胜。

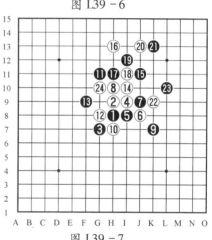

图 L39－7

第一次考查这个黑5，黑9是后续发展的关键点，但12后黑棋依然无奈。18妙手占优，19－I7大概是唯一吧。

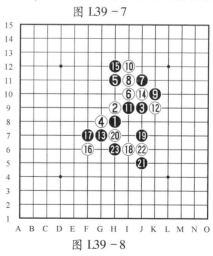

图 L39－8

黑9后的变化。12、14之后的形状，感觉对于白棋还是很舒服的，以下白棋强攻至28取胜。

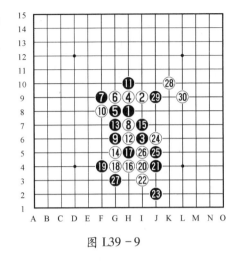

图 L39－9

因为这个白6的存在，看来黑5并不好，黑7必败。7－8，8－G9，9－10，10－H7定形，以下黑棋就算勉强处理干净右边也会因为禁手的拖累而让白棋从左侧中部向左下出头，黑的难局。

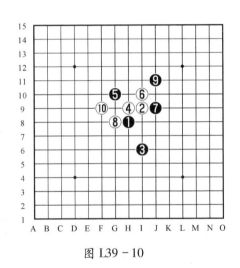

图 L39－10

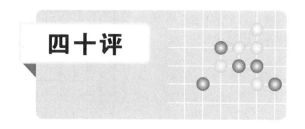

四十评

中华连珠网慢棋系统棋局选——慢棋Ⅴ。

❋　❋　❋　❋　❋

白6、8的变化。这个9还是给了10、12机会，不过从结果来看似乎是最强的。16以下黑棋看起来很窘迫，但强行交换至23看起来反而有定形逆转的趋势。24一手飘逸，但25到29后似乎黑必胜了。

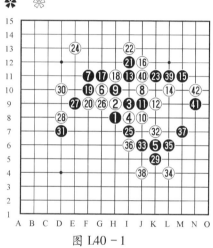

图 L40－1

图 L40－2，11、13是强攻的走法，其实这对于不熟悉的人来说是很有欺骗性的，以前拆过似乎14－27单挡是唯一手段，白棋两个活二总想让人有利用一下的想法，但其实是不能动的。以下是简单的黑必胜。

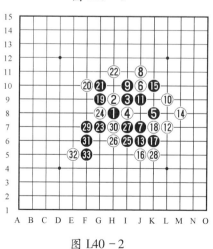

图 L40－2

图 L40 - 3，这个 15 盖头之后黑棋还是挺舒服的，18 简单败了。

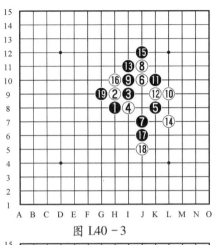

图 L40 - 3

图 L40 - 4，黑 5 是尝试性走法，这里白棋要特别注意 8 - J11 后 9 - F7 必胜！实战白棋节奏感良好，10 的位置也不错，此处双方都有一些值得探讨的走法，不过 15 这里还是应该考虑得多一些才好，以下激烈演变至白 28 瞄准长连的一手，黑 29 飘逸防御没想到是必败。

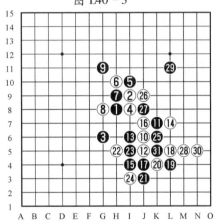

图 L40 - 4

黑 9 的变化。白 10 团住后还是很强力的，14 必胜了。

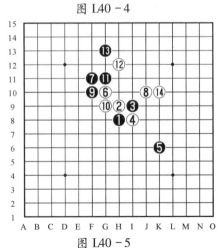

图 L40 - 5

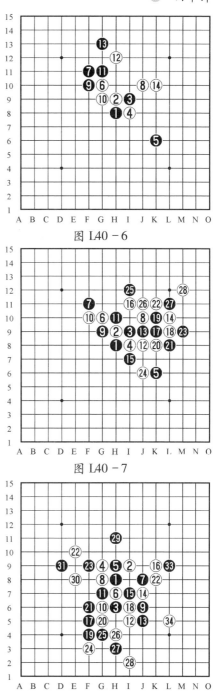

图 L40－6，8、12 的走法。这里的 13、17 很有创造性，之后白棋一路苦防还是难逃失败。

图 L40－6

黑 9 后的变化最终还是让白棋在右边产生进攻，看来要尽量避免这种局面出现，25 是不经意的败着。

图 L40－7

图 L40－8，令人震惊的黑 9 变化！10、12、14、16 都是唯一，18 除了实战之外也仅剩一个 18－25 没有拆出必胜，即便 18 定形之后黑棋也依然保持着不崩溃的架势，这样的变化（包括拆解过程中的一些相关变招）在实战中是具有极高价值的走法。22 必要。

黑棋进攻完毕之后的处理手法还是有些不好，此处 30 是强硬的手段，黑棋防点寥寥无几，大概是理论必胜。

图 L40－8

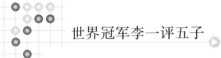
图L40－9，至黑15定形，16位是黑棋进攻的关键起始点，但白棋也并非没有其他选择。实战的交换对双方而言既死板又略显无奈，最终草草和棋。

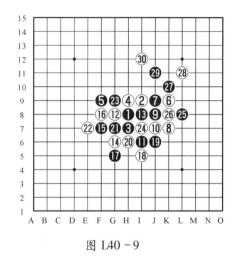

图 L40－9

14－14 和 14－18 是此型的两个强防，也动摇了这个黑5黑优的论断。实战中黑棋在左下取得了一定优势，但29的进攻有些草率，遭到白棋强烈的反击，32后已经显示黑棋难胜，因此33以下选择了一路和棋的走法。

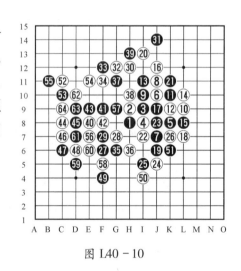

图 L40－10

四十一评

中华连珠网慢棋系统棋局选——慢棋Ⅵ。

❋　❋　❋　❋　❋

必败的黑 5，但实战时没有拆出来。9、11 之后黑棋已经大优了。

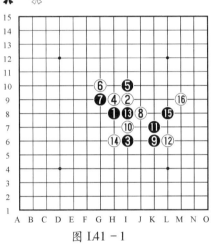

图 I41－1

至白 10 定形，11 起是双方交换选择的关键，14 后看似均衡的局面实则白优，因为 15－E7 是必败的走法，黑棋必须选择在右侧顶住压力交换，一旦失先就会遭到白棋占据 E7 位的强力进攻。此时黑棋不知为何直接认输了。

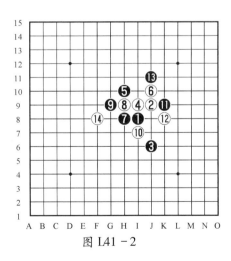

图 I41－2

黑棋不好的走法。白10唯一不要走错！白20之后黑棋已经无法控制局面了。

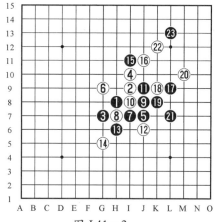

图 L41－3

典型的黑棋控盘走法。白棋没有太好的办法。31、33后黑必胜。

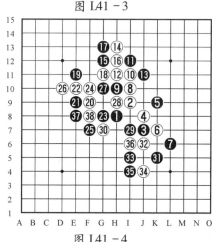

图 L41－4

黑7、9是很不错的走法，但黑11败着，脱先给白棋上面留下必胜。

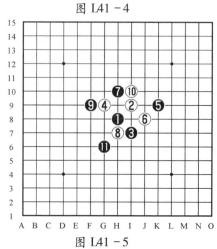

图 L41－5

黑棋在右上局部的强攻不是很理智，上面定形之后应该已经防不住了。

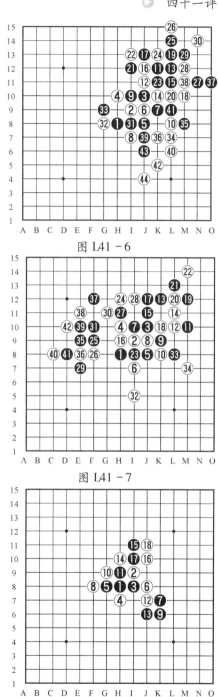

图 L41－6

图 L41－7，这里黑 11 之后的交换比较新颖，值得探讨，白棋的防御有些无奈，这里我觉得 23 有些保守了，可惜 32 失误。35－39 是必胜，实战 39 之后也是必胜。

图 L41－7

黑 7 的控制思路。白 8 单防被动，一般都采取对攻的走法，这里黑 9 是应对要点。此处 10－11 是唯一防御，不过之后黑棋只要走得稳妥依然能控制局势，是黑优的局面。实战 11 以下黑必胜。

图 L41－8

图 L41－9，11 之前思考的盲点！12－K7 唯一，但黑棋也有机会，实战 12 直接必败了。

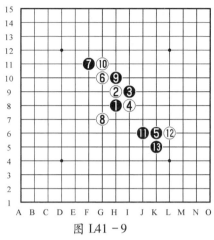

图 L41－9

14 开始选择了不同的思路，但基本策略并没有改变，就是利用上方局部的优势转移之后在下面成杀。21 定形后 23 应该是最强选择，28 以守为攻，这里黑棋的交换手段是关键，黑 39 失误，左边黑棋的进攻没有效果，40 之后可以引发右下的白必胜，再加上白上面的必胜手段，黑棋无法兼顾了。

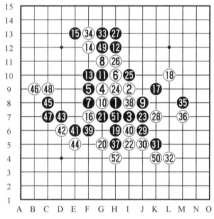

图 L41－10

黑 7 值得研讨，与定式的黑 7 相比更加柔和，此处白棋有一些进攻手段，但只要慎重应对黑棋就能积累优势。14 怪异，深入拆解后发现黑棋已经必胜。

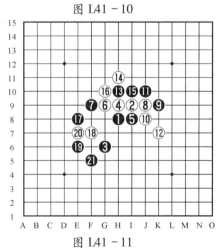

图 L41－11

明星三打，白 10 的选择是关键，看起来其他的防御力度十分有限，12 直接必败了，其他防御的后续也困难，这样这个 9 就基本确定了黑优的局势，期待有新变化的研究出现。

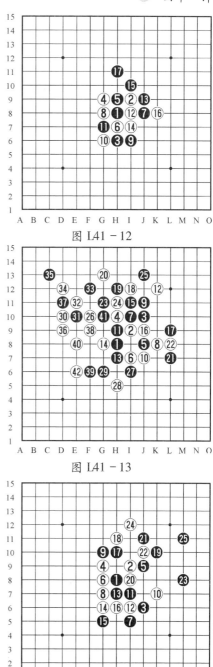

图 L41－12

图 L41－13，通流星变化的应对。前期黑棋的选择有一定威胁，但总体来说可以稳妥应对。演变至 26 白棋已经很舒服了，左边空间广阔，黑棋难以把握，30 应该是近乎必胜的一手。

图 L41－13

8、10 走法新颖，12 最强，但 13 的出现还是很好地稳定了局面。这里 16－H5 应该更积极一点，18 手似乎有些不稳定，19 试探性地进攻，20 是败着。

图 41－14

197

"流星三打"，黑棋没能走出很好的交换手段，26 后白棋基本必胜了。

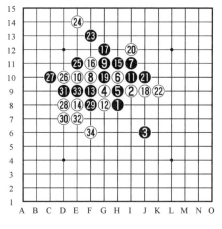

图 41-15

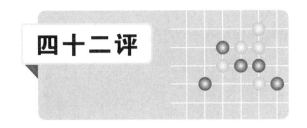

四十二评

第一届"棋心愉悦"杀手群联赛我能够夺冠，其实过程是相当坎坷的，在预赛中面对高水平棋手几乎有好的表现，进入半决赛和决赛之后也是以非常微妙的比分在继续前进，但最终的结果还是令我十分高兴的。我在本次比赛中，预赛15轮单循环进行了12盘对局，有3盘不战而胜，积12分晋级，半决赛三番棋打满三盘凭借预赛名次的优势平分淘汰"虫字杀手"，决赛五番棋同样打满五盘，凭借第四盘不可思议的一胜，以1胜4和的成绩战胜"缘字杀手"取得冠军。比赛在QQ游戏五子棋室（三手交换，五手两打）举行。

❉　❉　❉　❉　❉

第一轮　瑞星局（交换），5A＝I7，
"九字杀手"（李一）（黑）胜"天字杀手"（白）

寻找状态的第一局。15之后的变化很有趣，其实这里白棋有多种处理方式，优劣不一，有时会让人感觉比较混乱。实战中对手的处理似乎是将几种变化杂糅之后形成的。至白24是一个基本的定形，此处黑25后白棋在下方没有先手，因此27的拓展和多边联系比较自然，也不用担心后院起火。但这里白28防御较弱，以下黑棋直接VCT！

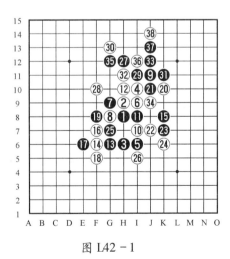

图 L42－1

第二轮　疏星局(不换),5A＝G9,"九字杀手"(李一)(黑)负"缘字杀手"(白)

针对此变化，赛前做过准备，当时仔细拆解了7后面的各种分支，排除了诸多变化之后，留下了这个颇占外势的黑15，自以为能够展开激烈的中盘战斗，没想到棋感良好的对手16试探后18直接必胜！虽然实战时并不知晓此处的客观结论，但也能明显感到黑棋的劣势，情急之下我走了19－19！其实这是简单必败的一手！但此时戏剧性的一幕出现了，"缘字杀手"

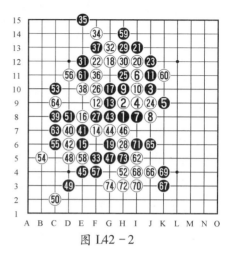

图 L42－2

竟然在简单的形势下跳错方向，黑23后我又抓住了一根救命稻草，由于19的强行拓展，白棋反而要为黑棋下面的优势头疼了。黑29是不吃亏的消耗走法，黑33后黑必胜！但白棋顽强地走出白38后呈现复杂的对攻状态。在时间压力之下我错过了并不算复杂的必胜手段，局面重新进入僵局。但经过跌宕起伏之后，此时的我实在太想赢了，展开了无谋的进攻，白52已经精确地看到了黑棋左侧没有什么前途，而我却怀着"大概不会吃亏吧"的想法跳了黑53，习惯性地认为"能够逼迫对手冲四防御的进攻都是好进攻"，没想到56后白棋给我造出致命的失先！此时我再也无力阻止白棋在右下第二次进行拓展了，最终的失败实在是咎由自取。

第三轮　疏星局（不换），5A＝G9，"琴字杀手"（黑）负"九字杀手"（李一）（白）

比较简明的一局。疏星变化很平稳，直到黑39定形时我还没有什么好的机会，但不够坚实的防御还是让我

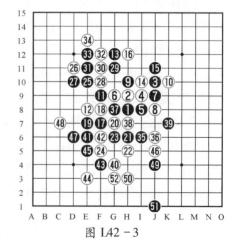

图 L42－3

在局部找到了机会取胜。18－42 或许是更加积极的走法。

第四轮 瑞星局(交换),5A＝I7,"茄字杀手"(黑)负"九字杀手"(李一)(白)

对手 13 手走错定式,遗憾速败。

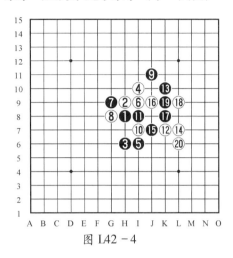

图 L42－4

第五轮 疏星局(不换),5A＝G9,"虫字杀手"(黑)和"九字杀手"(李一)(白)

艰苦的对局。面对黑 17 保留变化的走法,18 抢占要点很自然,但无论是实战的 19 还是 19－42,其实在局部的交换上都很值得探讨,不是很简单的局面。尽管如此,20、21 交换之后白棋在下方依然构造出了必胜!但由于对形状不太敏感,我错失了好机会,甚至在局部出现了误算。黑 45 后左半盘全是黑棋的势力,危机之下我背水一战,走了一手看上去很奇怪的白46!其实这里白棋是没有什么威胁的,

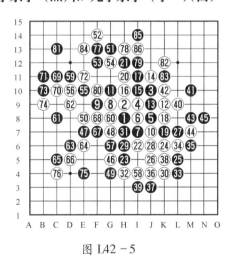

图 L42－5

只要黑棋大胆在合适的位置展开进攻,我这盘恐怕就凶多吉少了,但虫字杀手在这里的选择还是稍显迟缓,给了白 48、50 侵消的机会。以下虽然也是艰苦的防御,但黑棋也难以取胜,和棋也是最好的结果。

第七轮　丘月局(交换),5A =F9,"九字杀手"(李一)(黑)胜"狼字杀手"(白)

图 L42 - 6,面对斜月、丘月局,
我习惯执黑在二打的变化中寻找胜
机,但实战的这个 14,我并没有像
14 - 17 那么熟悉。白 18 手后我大概
出现了幻觉,也可能是对定式不熟悉
的原因,误以为黑棋在右边存在 VCT
取胜,交换的结果是亏得一塌糊涂,
不仅下方被白棋控制得滴水不漏,连
上边也留下了眠三的隐患,无奈之下
只得全力回防。至黑 61 找准机会控
回左侧。幸好这一阶段白棋的进攻也

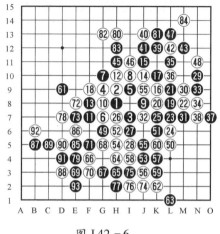

图 L42 - 6

不够犀利,至黑 79 局面再次定形。但此时对手或许是太想赢了,竟然从
80 开始寻找联络,81 立刻反先! 之后是跨越一个大对角线的电光火石般
的必胜手段! 白棋遗憾的一局。

第八轮　残月局(交换),5A =G10,"林字杀手"(黑)胜"九字杀手"(李一)(白)

在与高手的对抗中,布局用残月
局看起来并不是一个好的策略,但在
这一轮之前,我的积分还是领先的,
因此采用了比较冒险的策略,本意就
是希望全取一分,即便输掉情况也不
会太差。面对这样的挑战,"林字杀
手"也小心地采用了变化,实战至白
12 其实回到了斜月一打的必胜定式,
但 13 - 13? 定式中应当先 13 - I10 扩
大一手优势,此时我认真考虑了黑棋

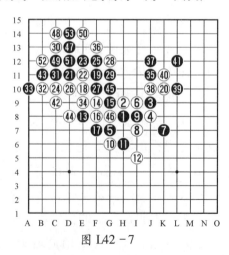

图 L42 - 7

这样的差异,选择了实战的 14 进行应对,这样黑棋在局部直接采取攻杀

202

就不成立了，而黑15分断之后也正式进入双方未知的领域。此际18是防守要点，20对节奏把握得也不错，正当进入我顺风顺水的形势时，25的团角打了我一个措手不及，这才意识到26-26整理形状的作用实在是有限，对黑棋的损害也不大。黑29后黑棋已经在局部形成联络，呈现必胜的形态，我几乎放弃了希望。实战白30是死马当活马医的一手，没想到竟然是勉强不败的强防之一！"林字杀手"看清形势后依然走得很冷静，但我防御成功后却有些手抖了，白36、38的处理有些草率，直到黑41后，黑棋在局部的形状十分恐怖，而我迫于时间压力难以找到强防，只得在42位先缓一手，而黑43干净利落的VCF反击带来了胜利。

第十轮　瑞星局（不换），5A＝I7，
"九字杀手"（李一）（黑）胜"静字杀手"（白）（Time）

寻求变化的黑11，至黑17都是稳妥的变化。白18-26似乎更强。至白22定形之后，是黑棋握有先手的良好局面。但我在这里的攻击或许有些急躁，黑23本意是甩开白棋创造眠三材料，但白24是看准方向的准确防御！白26起重新整顿局面，至黑31回防，先手反而回到了白棋手中。但42的进攻方式不流畅，黑45带有VCT的八卦拓展，是本局中我得意的一手。以下黑棋不留隐患地攻击，白

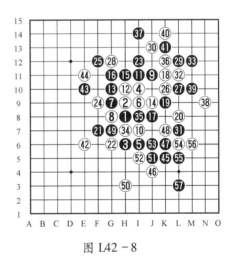

图 L42－8

棋还是迫于时间压力走软，最终被黑棋在局部强行进攻得手。

第十一轮 疏星局(不换),5A＝G9,"搏字杀手"(黑)负"九字杀手"(李一)(白)

白6、8求变,此处9－13后白棋似乎强防也不成立了。此处14先行展开是否合适?16后黑棋立刻向左侧拓展,显示了敏锐的大局观。此处黑19是无比精妙的一手!看起来白20－20似乎是阻挡活二同时通三路进攻的绝对手段,而黑21猛烈地反击!一子逆转!此处白棋如履薄冰的防御终于避免了速败。虽然白棋在左边局部掀起了小风浪,但黑41后黑棋还是稳稳地

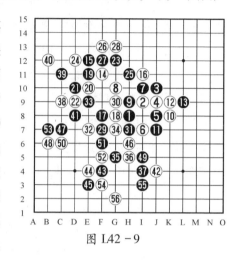

图 L42－9

控制了全盘。白42－H4似乎是最正常、最稳妥的防御,但为了避免和棋的结局,我在这里耍了一个小伎俩,实战的42－42!看起来只是一个为了争取49位、微不足道的进攻,其实更深层的含义已经在对局中清楚地体现了出来——诱攻!果不其然,面对巨大的诱惑,黑棋在43位毫不犹豫地展开了进攻,其后则是早已准备好的44－44!白棋借黑棋的随手突然在左右同时建立了优势!黑棋明显有些乱了阵脚,虽然白50错失了必胜机会,但白棋还是幸运地趁乱取胜。

第十二轮 疏星局(交换),5A＝G9"帝字杀手"(黑)负"九字杀手"(李一)(白)

不知是坚实还是消极——不可思议的黑11。白14以最快的速度开始组织进攻,一路拓展至白24,黑25必败的防御!但26未抓住机会,以下白棋无胜!28、30陷于攻防之间,反而为黑棋的反击提供了更多的材料,几乎是白棋崩溃的态势!但此处黑棋

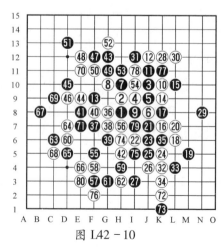

图 L42－10

的形状尚不完全，白棋防御虽然艰苦但还不至于必败。白56后双方显然都不想接受平凡的结局。白60积极的手段！乱战之中黑棋终于走出必败的手段，白68起白棋围绕禁手的进攻思路和技巧趣味十足。

第十四轮　斜月局（交换），5A=J9，"九字杀手"（李一）（黑）胜"魅字杀手"（白）

图L42-11，黑17是我惯用的手段。18、20的交换并不好，白22软弱！黑23以下黑棋完美必胜，其中黑29没有受到白棋斜眠三的干扰，是取胜的关键。

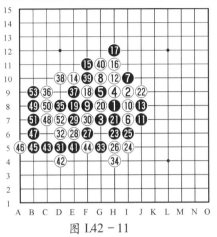

图L42-11

第十五轮　疏星局（不换），5A=I8，"九字杀手"（李一）（黑）和"一字杀手"（白）

预赛的最终局，也是我唯一比较倾向于和棋走法的对局。经过对比分的计算，确定只要我这盘和棋，就能晋级并在半决赛中对阵"虫字杀手"，这是我比较乐意看到的局面。实战"一字杀手"的白14先行变招！后续的研究表明这手变化相当积极，值得

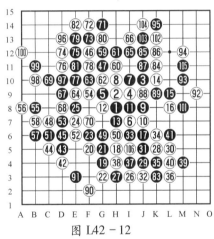

图L42-12

深入探讨。黑17后白棋先向左下试探，伺机瞄准左上的主要战场，同时22后又产生了向右下跨越的机会。此时黑棋的防御有些踌躇，其实黑25后白棋已经产生了26-43的绝佳进攻机会！但在压力之下白棋还是弄错了进攻的主要方向。白42、黑43交换之后我几乎已经确定这盘不会输掉了。后半盘白棋迫于晋级压力展开了疯狂的进攻，其间给黑棋留下不少复杂的取胜机会，但此时我当然不会冒险去寻求无谓的利益。最终此盘以和棋收场，我也取得了满意的成果。

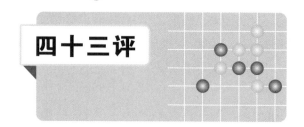

"棋心愉悦"杀手群联赛，自去年年底开始筹备到今年7月预赛结束，我投入了大量的精力进行比赛运作，预赛结束后我不再担任裁判和组委会工作。在这整个过程中，比赛的顺利进行也离不开"棋心愉悦"杀手群家族成员在管理方面的大力支持，在此我要对他们表示特别感谢。比赛在QQ游戏五子棋室（三手交换，五手两打）举行。

✳ ✳ ✳ ✳ ✳

半决赛 H2 第一局，瑞星局（交换），5A＝I7，"虫字杀手"（黑）胜 "九字杀手"（李一）（白）

本意是寻求稳妥的走法，但实战中的发挥实在是太过消极。从26起被对手舒舒服服地拓展到黑33，令人觉得不可思议：这种全盘的优势怎么可能会被黑棋这么流畅地走出来？而白棋却依然抱着7线上的眠三自以为还能对黑棋造成干扰。黑43起"虫字杀手"在局部势如破竹地疯狂进攻，最终我还是在几次弱防之后送给了对手一场轻松的胜利。

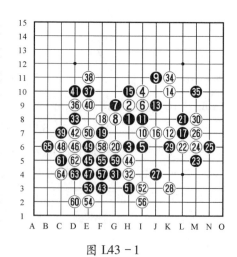

图 L43－1

半决赛 H2 第二局，瑞星局（不换），5A = I7，"虫字杀手"（黑）负 "九字杀手"（李一）（白）

上一盘意外的失败让我失去了稳定，再加上"虫字杀手"一反常态没有开出疏星，让我不知所措，两盘棋之间仅有的几分钟休息也无法让我找到更好的应对策略，到黑 33、35 手时进程竟然与上盘一模一样，此后我也没走出什么精彩的应对，至黑 45 黑棋再次占据了不错的优势，更别提黑 47 一手将白棋逼上了绝路！我无奈地在右上发起破釜沉舟的进攻。黑 49 为何下挡？不知道对方看到了哪些连接，

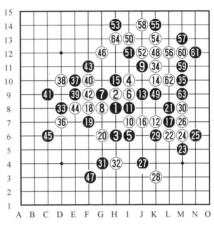

图 L43 - 2

尽管如此，白棋似乎依然无法必胜。幸运的是，在最后的挣扎中，黑 57 没有找到正确的唯一防，我幸运地扳回了一局。

半决赛 H2 第三局，瑞星局（交换），5A = I7，"虫字杀手"（黑）和 "九字杀手"（李一）（白）

图 L43 - 3，经历了一周的休息，我得以重新审视前两局棋。虽然也可以选择其他的走法，但我总觉得不能逃避这个令我险些翻船的变化，在这种想法的基础上，我重新分析了这两盘棋中的问题。经过细致拆解，我发现了一个重要的事实，那就是在右侧小空间的拓展中，黑白双方其实都没有什么有力的手段，之前两盘的 26、30 过于消极，以至于被黑棋甩开并迅

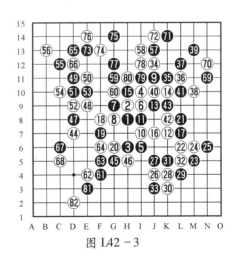

图 L42 - 3

速到左侧拓展才是真正的败因。在最终局中，实战的 26 就是采取了移形换位的思路，抢占了之前很令我头疼的黑 27 位，事实证明这样的走法取得了极佳的效果。右下局部定形后黑 33 没能联系上好的线路，而黑棋又在右上的交换中不慎失先，这样最终结果是我成功以先手占据白 44 位。以下，白棋毫无压力地防御至终盘，"虫字杀手"不得不接受被淘汰的结果。

冠亚军决赛第一局，瑞星局（交换），5A＝I7，"缘字杀手"（黑）和"九字杀手"（李一）（白）

查看了"缘字杀手"的比赛对局谱后，发现他执黑很少选择 13 活三的变化，因此第一局主要准备的变化是 19－31，20－21，21－27，22－32，24－20，此时 25－66 的走法被我拆解出白必胜，而对 25－I5 的正着，我则期待能在下方的交换中至少拿到一个先手，并找机会在 51 位进行拓展。实战中黑棋选择了不同的变化，我自然也做了相应的准备，34 后 35 的应对让我浮想联翩了一会。抱着试

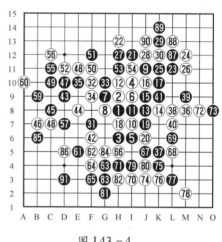

图 L43－4

应手的心态，白 36 先行展开了进攻！黑 37 是尖锐的应对！我一下子意识到了问题的严重性，黑棋利用我无谋的进攻顺势取得了右下乃至整个下方的大模样！无奈之下，至白 40 留下一些干扰后，我立刻在关键的 42 位进行了回防。以下黑棋在左侧的进攻十分猛烈，我也拼尽全力才防御成功。幸运的是盘面已经没有多少联络的空间了，而右下的黑棋又受到干扰处处受限，白 42 帮助我防御到了最后。最终黑棋的进攻没有效果，我惊险地取得了一盘和棋。

冠亚军决赛第二局，疏星局（不换），5A＝G9，"缘字杀手"（黑）和"九字杀手"（李一）（白）

"缘字杀手"布局疏星，我没有交换。实战的 18 相对于 18－80 是比较积极的应对，黑 19 看起来有些窝囊，实则黑棋伺机瞄准 48 的强攻点，并试图和 17、19 的横活二从左侧进行联络。实战时考虑到 20－75 有些脱离主战场，20－20 后 21－21 是自然走法，此后当我看到 22－22 外挡的走法后，此处的交换一下子变得乐于接受了。此后黑棋 23、25 整理形

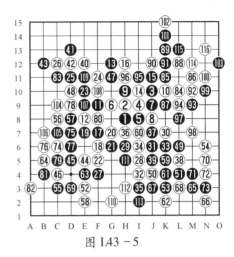

图 L43－5

状，黑 27！和白棋在局部展开较量。当我意识到无论 28－29 还是 28－111 直接阻挡黑棋的做杀线路，黑棋都有 29－28 的好手段时，28－28 的移形换位就非常自然了，下一手继续强行拓展至白 30！此处连续的关联手段为我带来了极大的优势。其实此时黑棋的材料并不少，我倒是迫切地希望"缘字杀手"能够做一些简化局面的交换，因为我已经算清交换之后的形势对白棋更好。但对手却保留了这些变化，反倒令我在进攻中被迫随时防备反击，无法放开手脚，结果 36 手还是落了一个大后手。最终，在左侧的进攻中，尽管由于黑 51 的失误令白棋白白多了一个先手，但空间不足还是限制了白棋产生进一步的成果。黑棋在此处的防御滴水不漏，我只得接受和棋的结果。

冠亚军决赛第三局，瑞星局（交换），5A＝I7，"缘字杀手"（黑）和"九字杀手"（李一）（白）

图 L43－6，这盘选择此变化有两层含义，一是这盘保和的气氛更加浓重一些，在经历了不可思议的两次对攻和棋之后，我意识到第三盘若是和棋将对我有利。第四盘将是"缘字杀手"在五番棋之内的最后一次开局，

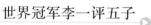

并且这次开局紧跟第三局，期间不太
可能进行策略上的调整，我可以寻求
积极手段力求在第四盘中取得胜利，
同时无论第四盘结果如何，我都将有
至少一星期的时间来认真准备第五盘
的策略。二是因为在准备的过程中，
我竟然意外地发现传统瑞星和棋大定
式的一个重大纰漏有可能导致白必胜
的结果，如果"缘字杀手"落入研
究，我很有可能在定式中白得一分。
抱着这种想法，当我看到"缘字杀

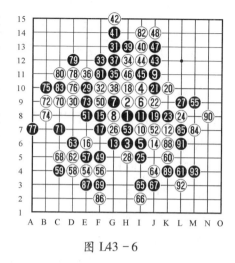

图 L43 - 6

手"真的以活三应对我的双跳12时，欣喜若狂！但世事往往并不尽如人
意，黑29变招！就在此时我出现了重大的失误，实战30记错定式必败！
由于29缺少在49位的先行交换，此时黑棋只需要31 - 34积极进攻就可以
走出一套不那么复杂的必胜！30之后我也纳闷局部黑棋怎么会有这么强的
进攻。但此时幸运眷顾了我。31寻求多边联系，32尽管有些憋屈，但还
是立刻抢占了连接要点，以下防御思路就是将黑棋的所有材料向边线压
迫，相信黑棋的进攻会因为空间问题而自行崩溃。另外，考虑到黑棋仍有
机会向M10拓展出眠三，因此47或K12的左右连接位置需要特别留意。
结合这些思路，白36至40的连贯防御终于全部看清，黑棋的进攻最终被
完全消解。此时"缘字杀手"还犯了一个小小的错误，黑43后白棋有机
会进行积极的交换，这样针对黑49的手段就存在白50的反击，实战中也
正是如此，白棋以最高的效率利用了所有的材料，完成了到54的定形，
在左右两边都留下了余味。以下则是黑棋直到终盘的艰苦防御，无奈空间
不足，材料也欠缺，最终白棋的进攻没有效果，双方第三次以和棋收场。
这是一盘我猜对了结果却没有猜到过程的对局。

冠亚军决赛第四局，疏星局（不换），5A＝G9，"缘字杀手"（黑）负"九字杀手"（李一）（白）

图 L43－7，不可思议的一盘棋，也是在这令人窒息的五番棋中四局和棋衬托之下的唯一胜局。疏星局的这个黑5是我执白十分有自信的一个变化，看到这个黑5后我的第一感觉就是这盘不可能输了。8、10 我也不会选择变招，因为虽然黑 11 被认为是比较有前途的一个变化，我却不以为然，12－12 是我的应对！此处 13－E8 的强攻注定因为材料不足而无果而终，13－G6 则 14－E8，15－F9，16－F5

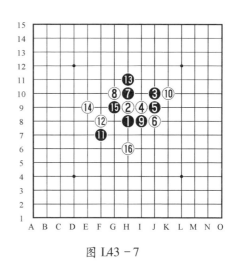

图 L43－7

避免回归定式！后续 17－I6 强行进攻，18－16 唯一防御！19－I7 后 20－H7 坚实，我认为此形状下黑棋完全无法寻求有力拓展，最终必然受制于白棋外势而失败。但实战这个 13 确实是合情合理而又令人耳目一新的手段，如何应对？黑棋在上下都暂时没有先手，但在下方有空间，上方则材料更加丰富，由于传统的白棋占据 E8 的思路已经被打断，反击能力大大减弱，因此对 G6 的黑棋进攻也必须更加重视。若单防下方局部则会被黑棋在上边攻击，因此聚力寻求干扰或反击就成了比较自然的思路。右边的白棋由于受到 5、13 斜活二的干扰恐怕不能发挥全力，此时我注意到实战的 14，由于 15－15 是简单败，而 15－G7 后依然存在 16－E7 的后续手段，白棋形状十分恐怖，因此便确定了这样的走法。没想到对手真的 15－15！真是幸运的一盘棋！

冠亚军决赛第五局，瑞星局（不换），5A = I7，"九字杀手"（李一）（黑）和"缘字杀手"（白）

图 L43 - 8，最终的一局，"缘字杀手"必须获胜以争取加赛的机会，无论我如何选择变化，都不可能避免一场苦战。果然，"缘字杀手"再也不敢让我执白主导分支，而是自己走出了白 12、14 的激烈变化！18 后黑棋有几种不同应对，此时我想到了我和朱建锋下过的一盘棋，因此选择了 19、21 的变化。但 24 之后我感觉形势并不很好，36 位的攻击始终是黑棋形状上的一处硬伤。25 后白棋走得很

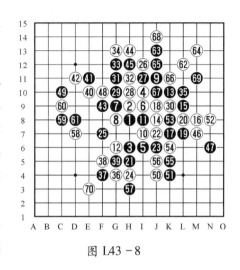

图 L43 - 8

有弹性，转移战场试应手。虽然 27 - 32 是一眼可见的走法，但 27 - 27 后白棋交换线路比较单一，看似形状不错但对于执黑防守来说其实更加容易处理，因此走了实战的 27。28、29 都是柔和的应对方式，这里白 30 的走法，我认为是一处重大的疏漏，在发展方向上出现了偏差，右侧过于狭窄的空间限制了白棋发展，右侧中部的白棋材料无法给黑棋带来威胁，也无法通过长连来产生影响，因此在这里我选择了贯彻始终的空间压缩式防御，31、33 之后不但让白棋的材料全部集中在了右侧，同时强行分断白棋左右联络。由于缺乏上部的配合，36 此时只能在局部产生威胁了。38 看似是不错的连接手段，但黑 39 直接穿通！受制于眠三的影响，白棋两条活二线路显得十分没有活力。以下白棋虽然极力拓展，无奈材料实在太少，也没有可以寻找失误的地方。白 70 盖眠三之后，我还在思考是在 D3 还是在 E4 进行防御，"缘字杀手"竟然提出了和棋。那一刻我十分激动，同意和棋之后终于夺得了冠军！

四十四评

第七届全国五子棋锦标赛，于 2013 年 10 月 3 日至 6 日在河北省石家庄市金圆大厦举行。男子组的曹冬、龚胜、芦海与女子组的汪清清、吴志琴、于亚君分获各组前三名。

✽　✽　✽　✽　✽

预赛第一轮　流星局（不换），5A＝I8，李一（黑）胜董建飞（白）

首轮比赛对手不强，进程也比较平淡，白 4 虽然力争变化，但在实力差距存在的情况下变化通常导致更糟糕的局面，黑 5 之后对手选择了看似最自然的白 6，其实黑 7 后黑优势，这里 6－9 是正着，以前与黄金贤研讨过该局面。其实这里白 8 向哪边活三都是必败，8－9 也是以前拆解过的，实战的 8－8 直接通黑必胜定式，其他的选点也改变不了黑棋主动的节奏，若深入拆解，黑 7 必胜都有可能。黑 11 起是简明熟练的攻杀。

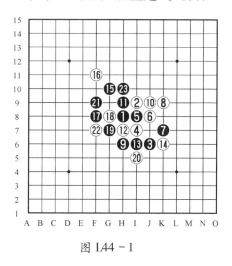

图 L44－1

预赛第二轮　云月局（不换），5A＝G9、H10、J9、K7，祁观（黑）胜李一（白）

图 L44－2，这轮之前得知对手有深入研究，恐怕对"云月四打"也

是有备而来。本次比赛对于云月四打
的判断基本还是平衡的状态，交换与
否似乎都可以。实战走白8是为了避
开准备，且由于研究过9-14的走法，
之后有一套白棋占优策略，有希望占
到便宜。不过实战的黑9还是最强。
此处还有9-11的走法，9-10则稍
弱。10、11自然交换，12的选择关
键，12-22最强！这里的计算思路是
首先考察右下局部，发现K5与黑1连
接不力，威胁甚小，这样就低估了顺

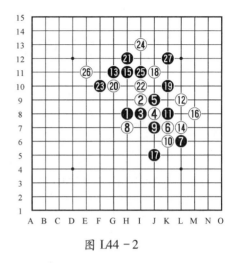

图 L44-2

应方向的5、11活二的潜力，另一方面，9、11的活二穿通右上与左下，
在我看来更具威胁，因此从空间和连接两方面考虑，初步选定了这个12。
之后考查了13-H10和13-15、15-H10，以及13-15、15-13，感觉白
棋都有强防或反击，但走完之后我还是忽略黑13单做的走法。此时单防
肯定是太过被动了，因此找到了白14反击争先的手段，虽然走14的时候
我意识到黑棋似乎存在强反击，但由于15-16看上去毫不吃亏，我没觉
得有多么危险，还是自然地希望15-16后白棋能进攻并对黑棋的优势进
行侵消。可惜实战的15一招毙命，击碎了我的全部念想。后续黑棋的进
攻也走得很严谨，以祁观的实力，16骗不到阻挡的方向也正常，后续挣扎
了几手便投子认负了。其实这里黑13本身就是黑必胜，虽然杀法比较复
杂多样，但在有14这种强防点的情况下，实战也不会选择被动防守，因
此与其赞叹黑15妙招制胜，还不如更加深刻地检讨一下白12的思路究竟
错在何处。

预赛第三轮　流星局（不换），5A = J9，李一（黑）和樊星岑（白）

受到失利的影响，这是非常糟糕的一盘棋。黑9变招后，对手可能顾
虑较多，竟然选择了白10这种非常艰苦的防御。11攻守兼备，黑棋似乎
在全盘实现了连接，而右下明显是防御关键。不知是有意还是无意，白12

看似屡弱的防御刚好阻挡了黑棋右下向右上和左侧联络拓展的关键斜线，黑棋在后续的进攻中，始终受制于此白12而未能形成真正的全盘连接。但即便能够有所联系，实战黑棋这样混乱的进攻手法也是毫无威胁的。黑棋在上部的拓展可以说是乱七八糟，白棋在局部的防御可能算不上最强，但白20之后依然扑灭了黑棋一切局部取胜的希望，黑25是局部典型的处理方式，意在保留最多数量的连接作为防

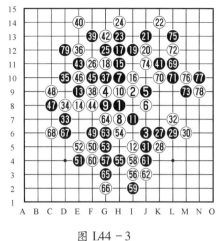

图 L44 – 3

御和侵消的储备。27后其实就是黑棋到处乱走的过程，所幸樊星岑似乎思路也比较消极，最后还是让我取得一盘和棋。

预赛第四轮 花月局（不换），5A = F11、G7、G10、I7、J6、K8，刘洋（黑）负李一（白）

图 L44 – 4，很有戏剧性的一盘棋。赛前在拆棋时仇云飞偶然提到 5 – 78 的传统分支后续被拆解出了黑必胜，我找别人问了一圈，想了解相关情况，无人回应，结果到了实战时我在打点选择上就陷入了窘迫，当时仇云飞说这个事情的时候旁边还有个人，但是我不记得是谁了，我现在也不清楚刘洋是否清楚这个结论。后来我考虑了一下，就走了一个选择比较多的分支，白12！而对手的交换手段应该

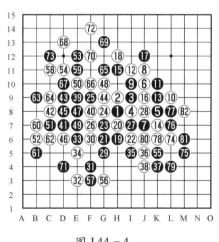

图 L44 – 4

说是很强的，局面至黑17定形，这里我初步感觉下方黑棋似乎还欠一个先手，就顺势用实战的白18先处理了一下上方，还考虑到如果黑棋在下

方贸然进攻，白占44位后在G12还存在争先的做杀手段，可以产生很强的牵制，不料黑19完美的局部进攻选点让我差点输棋，这里19确实是必胜的。白20显而易见的最强防，21、23也强硬，24后25反挡是我第一个基本确认的黑必胜，对手可能略微忌惮冲四的干扰（其实什么都没有）就跟随了，然后我只能硬着头皮又走了个强防26，然后27处理干净之后29再次必胜了，我又硬着头皮走了个30，然后我看到了第二个黑必胜，而且思路、手顺都极为简明，但对手竟然再次走漏了，33之后黑棋还是必胜的，不过这里的走法就稍微有些复杂了，34再勉强防一手，然后后面一直顽抗到42手，黑43终于给白棋送了一大堆反击，把自己持续了二十多手的必胜走没了……45活三之后也有一个花絮，我当时考虑白棋连冲两手把材料卖光的话，这盘棋可能就没机会取胜了，于是又大概算了一下，因为48位的VCF反击始终存在，所以黑棋应该也不敢随便冲47位，就单走了46，对手算了一会，忽然双眼放光，迅速走到黑51，然后问了我一句："是必胜了吧？"弄得我差点笑出声来。黑51之后我真的是心头一紧，因为确实没考虑过活三强行限制白棋反击的走法，不过我也立刻弄清楚了刘洋的误算在何处，局部的连接也看得比较明白了，落52手的时候还是非常淡定的。对手过了一会，大概是验算的时候，才看出反四的存在，显得非常懊恼，这也正式宣告了黑棋进攻失败和白棋反攻的开始。这里的第一个问题出现在黑55，感觉这个脱先的价值是很低的，这之后双方也都有了时间压力，局部走得不太严谨，56、57正常的交换，黑59后是白棋的机会，这里的68位在当时的情况下来说应该是很好的进攻选点，但是我迅速看到黑棋可以通过61、64、B10、A7、67的连续冲四将白棋的威胁完全消除，就放弃了，现在想想还不如直接单走68，毕竟连续冲掉这么多四也不是随随便便就能算清的，没准黑棋失误的可能会大一些。取而代之的妥协的白60效果就差很多，黑棋处理起来也很容易。实战至68后也没什么奇妙的连接来构造骗招了，72勉强再来一手，一骗F13的简单必败，二骗黑防E12，然后白棋单占K11，如果黑棋直接在右边处理的话，E14的"四四"禁手就抓到了，不过黑73还是很准确的防御。此时我只能保留连接最复杂的上方，先在右下捣乱，伺机占据I14位威胁斜线上的长连。没想到 78 后对手竟然不可思议地跳四……可能还是实战经验不足，太紧张的缘故吧，对方将白 78 看成了眠三的走法，我落下白 82 之后刘洋才发现那是一个活四而不是冲四，就这样突然结束了。当时裁判都在旁边围观，82 之后尚未终局，虽然刘洋都快收棋子去了，但还是给我吓得赶紧问他是不是认输，顺便把肖斌也逗笑了。其实最后我的用时一直是不到 1 分钟的，反而是他的用时一直在 3 分钟以上，可能还是不够冷静吧。

预赛第五轮　浦月局（交换），5A = G8、H9、J7、J8、J9，李一（黑）胜顾炜（白）

　　图 L44 - 5，"浦月五打"是黑棋优势，我很自然地选择了交换。8、10 就是无奈的交换，对手实战的 11、13，很久以前我和曹冬下过类似的一盘，当时曹冬走的 14 - 16，也是让黑棋攻了满盘，所以我对这样的走法还是比较满意的。对于实战 14，我考虑是否先做 15 - 16 的交换，由于 16 位活三之后黑棋左上还是先手，白棋向右下的拓展力度也不大，因此还是选择了保留，如果以后有必要先手占据

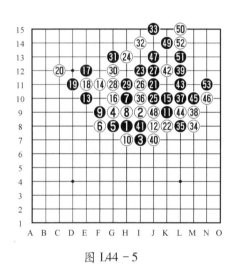

图 L44 - 5

17 位的话，还能顺势将 F10 的线路解放出来。实战 16 简明的处理，18 手的选择两难，虽然复盘时顾炜认为 18 - 19 于白棋而言完全没有反击，但我更加忌惮黑棋存在 17、19 活二的借用。倾向于双方保留还是交换干净，正体现了不同棋手的风格，也是战术策略的关键点。21 手关键，由于意识到 18、14 的潜力，第一想法是 21 - 26，但此时白单占 25 是先手，之后可以顺势防守于 K11，我意识到一旦斜线上白棋形成眠三，黑棋的空间和材料将被完全破坏。之后又考虑了 21 - 25，但 22 - 26 是对此顺势的强防（这也是 18 手这样选择的意义所在），很自然地发现白棋反击太强，再次排除。然后考虑转移战场走 21 - 40，但方向上实在是有些南辕北辙的意

味，而且局部白棋也可以做出很强的干扰。最后找到实战的 21，我是很满意的，除了威胁到 25 和 K11 两个关键点之外，局部产生的斜活三还让 26 的反击变弱不少，同时这个斜活三又很有效率地联络了之前保留的 17、19 活二。22 强防！23、25 自然走法，想来也没有别的强攻了，这里我已经做好进攻失败的准备了，因为算到 26-35 后的一系列交换，要么黑 27 位受禁手限制无法进攻，要么会被白棋反击，而失掉了这个进攻的起始点，就更别提在局部取胜了。26 后黑 27 毫不犹豫地便宜一手，终于抢到了进攻的核心！至 36 局面再次定形已经不难看清，这里由于黑棋的材料丰富，就算攻不下来大概也不会崩溃。实战时虽然时间异常紧张，但还是边走边算，完成了黑 37 漂亮的必胜！

预赛第六轮瑞星局（不换），5A = I6、I7，李一（黑）和曹冬（白）

有趣的一盘棋。上轮比赛消耗过大，没时间准备，思考良久确定瑞星局是唯一的选择。我还是比较期待曹冬交换的，我打算故技重施走双跳 12，继续在和棋大定式中寻找机会，不过曹冬选择了执白。实战选择了 26 的变化，这个走法我见过并且也确定不是什么太强的应对，但后续的应对不是特别熟悉。这里我出现了两个失误。一是认为 27-K5 之后，28-K4 是强防，其实黑棋存在一套 VCT。二

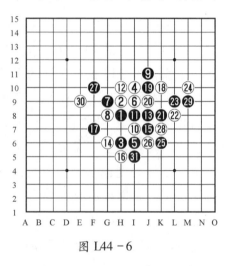

图 L44-6

是认为白棋如果挡中间的话，白棋可以在下方单防住，其实这里局部是黑必胜的，白棋必须自损右上的材料才能防御。如果了解后续的话我还是很乐于直接跳三的。不过实战时，考虑到取胜的可能性，还是将右下做了完全的保留，转而走了常见的 27。这里曹冬考虑了很久，28 直接活三了，将难题交给了我：29-29 明显是双方均势，29-31 则是非胜即败的胜负手。其实白棋在上方是有直接的 VCT 的，但这里无论是我自己还是曹冬都

没能算清楚，我一度很想走 29 - 31，但就在长考的过程中，我陆续发现紧随其后的几个对手都被高分领跑的选手赢掉了，因此我这盘必须取胜的压力一下子就减小了，变成了和棋也可以接受的心态，最后我还是选择了实战稳妥的 29，也算是幸运地逃过了一劫。走完 29 之后我和曹冬都知道这里的选择是什么意思，相视一笑。但对局毕竟还没有结束，我在这里已经算得很清楚了，如果白棋走 H11、G4 或其他比较富有进攻性的选点，我奉陪到底，但如果白棋直接防守的话，我也不做多想，准备接受和棋的结果。曹冬长考之后，大概还是没有找到合适的进攻方式，走了白 30 这个最典型的防御点位，我也就顺势走了黑 31 并直接提和，曹冬顺水推舟接受了和棋。

预赛第七轮　长星局（不换），5A = J8，芦海（黑）负李一（白）

由于对手分的优势，这盘棋我若和棋也会有很大的可能性晋级淘汰赛，不过这次我的心态摆得很正。长星局由于白 8 有一些不错的策略，黑棋还没有合适的破解方法，我自然没有交换。芦海的黑 7 提前变招。我意识到昨天谢维祥走过这个变化，想必也是内部进行了准备。白 8 自然，黑 9 控盘的走法，白棋选择多，但也必须注意绝对不能被包围。10 - 15 最自然的想法，但深入计算发现 11 - 29，12 -

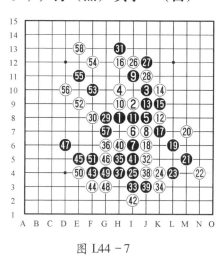

图 L44 - 7

11，13 - H7，14 - F9，15 - 10！左下方向恒星必胜定式形状发展，16 - F7 已经很无奈了，此时 17 - 28 一子通三路！再考虑到通过 K6、M8 联络，显然实战中这种走法太过激烈和危险，所以只好继续考虑其他的应对。我想啊想，忽然发现了一个问题，这个黑 7 这么飘逸，以我的风格应该早就尝试过了……终于想起来了！我确实走过这个黑 7，去年在一盘棋中执黑输掉过！于是一切的思路连贯起来，白 10 强硬！芦海面对这一手自然也能感到危险，思考良久选择了直接穿通的黑 11。14－14 还是 H7？考虑到不能让黑棋以外势迅速定形，还是选择了更加柔和多变的走法。15 手活三后我不知不觉在用时上吃了亏，这里我意识到 16－16 是对白棋局部有利，花费了大量时间终于验证黑棋没有 VCT，此处 17－29，19－H7，20－F9 强硬！若反挡，则黑棋通过 G 线上的干扰破坏 5 线上的反冲四，最终从 M9、L10 联络全盘完成"风车胜"。事实上，16 反挡则黑棋有并不难计算的 VCT 手段。此时我认为芦海采取这种手法，势必会在下方展开直接的进攻，但黑 17 手令我惊呆了！没想到竟然从这里进入了漫长的中盘争夺。我意识到 26 位是一个关键点，但毕竟没有直接的 VCT，因此先保留住变化，白 20 顺势解掉了 L9 位的反先，但 24 的选择又耗费了我大量的时间，走完 24 之后我大概只剩下不到十分钟，而对手的时间则非常充裕。黑 25 是体现黑棋实力的好手段！小局部的白棋防御我本以为做到了尽善尽美，没想到还有这样巧妙的渗透手法！此时我也只能无奈地祭出白 26 的强行反击，期待通过增加材料产生有效果的干扰。其实这里 27－31 是最强防，但由于白棋在右上局部还有后续手段，黑棋恐怕不敢轻易放松，27 冲掉之后，29 也被迫冲了出来，我成功消解掉了黑棋一条潜力十足的眠三。这里我似乎也错失了一个机会——黑 31 后黑棋在局部竟然没有 VCT，因此 32－F9 似乎成了制胜的手段。不过实战中面对黑棋下方的诸多材料，再加上时间压力，我实在没办法抛开不管。在几乎不到 1 分钟的读秒中，我艰难地承受着黑棋在局部强行聚力产生的大量连接，终于在白 44 手我确认消解了黑棋所有可能的进攻手段！此时白棋在左上的反击已经近在眼前。芦海显然不甘心这样被动地防御，而且由于 36、40 的存在，47 位反而变成了白棋的进攻要点，因此采取了先手占点的走法，但 48、50 落子之后，黑棋竟然不可思议地被一个小小的双三夺走了先手！51 被迫回防后，52 简明的一子必胜！虽然时间紧张难以进行详细计算，但白棋在左上以先手进攻的优势实在是太大。58 后芦海只得投子认负。其实到最后对手还剩下 20 分钟的时间，如果黑棋自 45 手起能够充分利用好时间的话，想必白棋想在读秒下取胜概率也是极小吧。

1/4 决赛，寒星局（不换），5A＝F9、F10、G9、I8、J9，李一（黑）胜江齐文（白）

1/4 决赛，我猜中先手。考虑到江齐文对打点还不太熟悉，因此尽可能选了一个打点多的开局。溪月局、峡月局，在赛前准备的过程中我大概和他说了说，因此暂时排除了，最后还是按原定计划选择了"寒星五打"。以我对江齐文的了解，我还是觉得他有很大可能选择交换，但最终他还是落下了最强的白4。实战的黑5有盘端问题并非必败。8 手也没有强行进攻，而是选择了比较平和的走法。9、

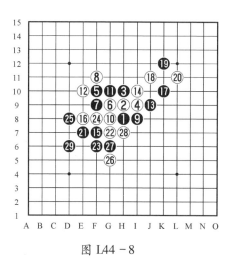

图 L44－8

11 的顺序，我在和祁观的交流中走过，感觉还不错，不过当时祁观的 12 手是直接反击的，实战此 12 也可，两者之间不分伯仲。此时我想到了一路变化：9－11，10－12，13－16，14－D7，15－13，16－H11，17－K8 黑必胜！虽然不知道去除 16 位的延伸是否有影响，但还是希望通过这个 13 手骗到一个 14－H11，如果能够同形取胜就占了一个大便宜。不过实战的 14 还是很稳。这里黑 15 的选择是对我的一大考验，经过深入计算，我终于发现 15－18，16－C8，17－D9，18－E6，20－21，21－E9 唯一！22－E5 重要准备！24－24 后强抓双禁逼迫黑棋活三双解之后白棋再冲四活三！以下无须继续计算，白棋先手牢靠，想不胜都难了，因此 15－15 绝对值。此处白棋的最强应对似乎是 16－G12，17 跟随后 18－H11，白棋通过上方局部的强行进攻破坏黑棋的势力，不过实战的 16 也是游刃有余的一手。这里黑 17 选择多，首要还是处理左边的白棋连接，但又感觉不甘心在节奏上被拖住。这时我灵光一闪，深入计算后非常机智地走了 17－17！这里对于白 18 两个方向的走法都有所考虑，如果 18－20，则黑棋在 21 位有反先，相当于消除了白棋左边的直接进攻，此时走 19－18，局部

强防20－I12之后，21－J8强攻！白棋只得下挡，此时再做23－K9黑必胜！排除了形状上最强的防点，其他的点位要么将黑棋向右侧中部和下部发展的线路留出来，要么让黑棋产生直接向下侧进攻的连接。另一方面，若18－28（低效！），则黑棋单走19－E9！消除白棋左边优势的同时在左侧向左下或下部保留了发展的可能，又在右上利用白棋形状的不完善强行构造出了一个先手。带着这样的双保险，我看着江齐文的表情越发严峻，然后他走出了出乎我意料的先冲四再跟防！这样我的两套走法就都不成立了。20定形之后，第一想法自然是21－K11以严整的形状穿通，但考虑到黑棋在右上空间不足，一旦无法成杀，K9位的白棋将对下方的进攻线路产生极大的阻碍，再加上左边的先手本身不牢固，这样极有可能将局面拖回均势，因此决定暂时保留右上的连接，毕竟白棋无论如何在局部都不可能直接争先。但此时我发现了重大的问题：右上的处理一定只是连三吗？K9位的连接是被黑棋确确实实地得到了，这究竟会产生什么影响？带着这样的疑问，我重新将目光集中到黑棋连接最多的左侧来。突然，我发现了21－21的走法，似乎有很强的的直接进攻。首先计算22－28，之后23－C7，白棋被迫24－22，25－25，26－27制造禁手，以下28－E9后29－F5长连解"四四"禁手附带两步VCT！看到这样漂亮的手段，我立刻为之一振！继续计算后，发现22－27简单败，22－22后黑棋取胜不难，唯有些麻烦的选点是22－D7，这步看似软弱的防御，令黑棋仍然存在23－26争先的后续，黑棋这手做杀不会失先，且更重要的意义是解除了黑棋连冲时白棋的反四威胁，以先手要到了26位和I7位的联络！有这样良好的后续，我也无须深入计算22的防御了，直接21－21！江齐文考虑了几分钟，走了22－22，不知他是否算清楚了后续的变化，但黑棋接下来的VCT已经在我的脑海中浮现了一遍又一遍。黑29后，江齐文投子认负。

半决赛，花月局（不换），5A＝G7、G9、I7、J6、K6、K8，曹冬（黑）胜李一（白）

可以说这是不幸的一盘，当曹冬猜到先手并叫出"花月6打"时，我已经看到了结局。我当时不清楚曹冬是否知道最终的VCT手段，但我已经尽了最大的努力去避免这样的结果。白6没有多想，白8稍微考虑了一下也没有变化，因为形状的过早改变会导致过于松散，在计算方面会产生过大的压力。黑9之后，我惊讶地发现我找不到增加变化的方法了，归根到底，还是由于计算力的孱弱，无法看清所有的变化。算得比较深入的一路是 10 - 24，11 - 14，12 - J10，13 -

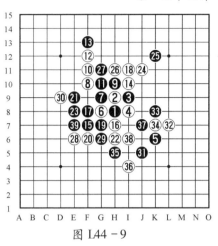

图 L44 - 9

J8，14 - 34，15 - J6，16 - 38，17 - J5，18 - 37，19 - 32，以下黑必胜容易，10 - 27 后的黑必胜走法也不难算清，包括其他的一些交换手段。虽然此处的计算还有颇多瑕疵，但在我的能力范围之内，我实在找不到其他变化的手段了。定形至白30，黑31后我感到茫然，32 - 32、35、36 是三个强防，但我已经不可能判断出哪个是最强的变化了，谈论 32 的弱防并没有意义，因为除了切实的拆解或计算之外，并没有办法能判断 32 是否真的比 32 - 35 或 36 更弱。只能说，相对于 32 - 35、36 之后黑棋在局部有诸多的进攻点位，32 - 32 至少首先布置了一个四四的反杀。另一个重要而明确的思路是，16、32 形成了一个明显的五连筋，为了减少白棋的反击，33 - 34 是显而易见的第一手段，而消耗了黑棋一个重要的冲四之后，剩下的局面虽然依旧很复杂，但我似乎已经看到黑棋没有那么容易取胜，正因为如此，违背常理，让白棋轻松防到四三杀点的这个必胜的 33 才更加可贵。34 显然的唯一防，之后不久，我便看到了这套不算复杂的 VCT。

季军决赛，溪月局（交换），5A = F9、G10、G11、H11、I8、I9、J7、J9，李一（黑）负芦海（白）

最后的一盘棋，芦海布局"溪月8打"，我毫不犹豫进行交换。在八个打点的选择中，我不可抑制地想去创造一些东西出来。或许是出于偶然，我看到了实战的黑5选点，我看到了6 - 8 的走法通溪月局另一黑优变

化（1－2－3－8－5－4），我还看到了黑棋在 I9 始终有强烈反击，我也看到了实战白 6 的强力应对，但是我算错一手，7－I9，8－10，9－I7，10－I11 的反击竟然被我忽略了！黑 5 落下之后没多久，我忽然发现这个打点竟然通回"新名变化"，按照 1－2－5－4 的顺序，3 的打点是我没有见过的，而白 6 落下后我才发现，若 7－I9，8－10，实际上就是通回了 1－2－5－4－I9－10－3－6 的白必胜变化！此时，

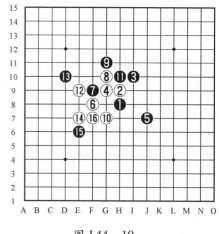

图 L44－10

一切的线路都展现在我的眼前，白 6 的白必胜已经再也不可阻挡了。

＊＊＊＊＊　＊＊＊＊＊　＊＊＊＊＊　＊＊＊＊＊　＊＊＊＊＊

封底"李一"VCF 答案：

G4/G3，H5/F3，I4/J3，F7/E8，I10/G8，K8/J7，H11/J9，H12/H10，K12/L13，I12/J12，H15/H14，K10.

四十五评

第五届圣诞五子棋连换规则挑战赛，于 2013 年 12 月 21 日在北京东城区光明教育培训中心举行。曹冬、高聪、李一分获前三名。

❀　❀　❀　❀　❀

第一轮　郭林福（黑，①④⑤）负李一（白，2③6）

考虑到盘端问题，白 6 至白 12 是既定策略，20 之后白棋已经很舒服了，黑棋无谋的进攻加速了失败。

第二轮　李一（黑，①③）胜朱天逸（白，24⑤6）

图 L45－2，偏两路盘端通疏星局，有这个打点，我是倾向于执白的。我忽然想起实战中至黑 15 的变化，之前在网上下的时候不是很熟悉，即使按照原来的盘端，如果不了解相关研究的话要想稳妥防御下来也要费不少精力，现在还多出了空间，我便立刻决定从这个走法中进行突破。24 强行送长连定形，但白 26 还是不慎，必败。由于空间和材料连接等诸多原因，即使白棋在局部防御成功黑棋也不至

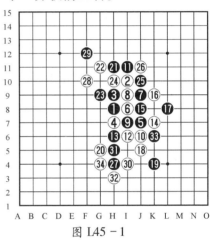

图 L45－1

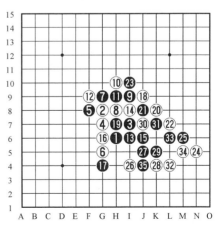

图 L45－2

于崩溃，可以说这盘是黑棋稳固走向胜利。

第三轮　李一（黑，②③④⑤）和仇云飞（白，①⑥）

白6避开37位定式，实战的黑7
是认真权衡后的走法，其他变化要么
后续发展不好，要么白棋有较强反击，
这里白8同样出色！考虑黑9时我发
现去掉白4之后局面对称，但我思考
许久也无法确定这个白4到底对哪个
方向有影响，最后还是选择了实战的
变化。一系列交换之后至黑23定形，
可以说是白棋开始反击的节奏，但白
24效率略显低下，我一下子从全盘的
窘迫中解脱了出来，以下黑棋通过进

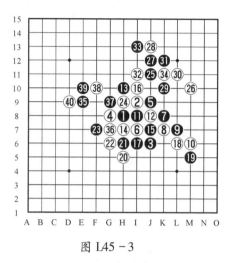

图 L45－3

攻连消带打，虽然没能取得实质性的进展，但也足够和棋了。

第四轮　李一（黑，①③）胜曹冬（白，24⑤6）（Time）

黑1直接消灭任何通型的希望，
开局阶段让曹冬花费了不少的时间，
也是我所希望的效果。这里的变化我
是比较忌惮8-11的走法的，感觉不
稳定，但这个8-8就让我高兴不少，
以下的走法比较单一，17也是稳妥的
选择。这里18冲四反先常见，之后配
合三条眼三的连接对黑棋进行侵消，
但在这个盘端下，且不说白棋下方的
力量弱了不少，单是上方增大的广阔
空间已经让白棋难以轻松了。这个变

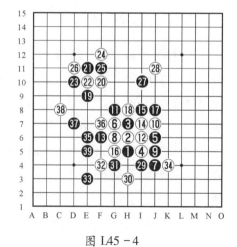

图 L45－4

化我在上海慢棋网上走过一次，大概清楚整个局面的结构，因此我看到18

之后，知道白棋是完全让出了一个先手，于是保留了下方的诸多余味，先在上面寻求攻击。左上局部至26定形，27选择多，实战是既配合进攻形状，又向右边联系，还干扰左上白棋连接的一石三鸟的手段，白28直接压住最大的进攻空间，29再从底部绕回来争取联络两侧。此时曹冬的时间已经很少了，30、32的走法是必败的，右边黑棋有先手VCT逼迫白棋必须阻挡一下，然后黑35一子通四路，配合37的走法确定必胜。

第五轮　李鹏（黑，①④⑤）负李一（白，2③6）

再次通回流星定式，慢棋中走过这个8、10，黑棋因为连接不利无法强攻，与空间关系不大，因此这个变化走起来还是比较自信的。看到黑17之后我知道这盘基本拿下了，以下到22都是正常交换，现在全盘黑棋没有任何发展，白棋在上部、32位和右侧都有很不错的进攻势头。实战果然如此，23、24、25令黑棋二换一直接丢先，26先手牢固，空间广阔，又有一定连接，28后直接必胜了。

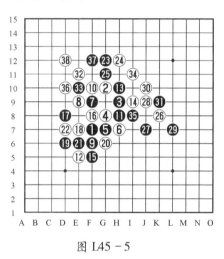

图 L45－5

第六轮　李一（黑，2③）负高聪（白，①4⑤6）

图L45－6，黑5之后我有交换与否的权利，这里白6必然，关键在于接下来如何变化。虽然考虑过7－9的走法，但由于盘端问题，白棋有诸多骗招，黑棋的胜法都难以成立。另一个自然的想法是7－8，8－7，局面激烈，很难判断哪一方更加主动。移形换位之后忽然发现7－7是有趣的变化，于是如此选择，这里8－8自然，若8－15则9－8后白棋遭到围困，黑9也可以跟防。这里白10是有点读不懂的防御，我关注了一下黑棋的形状，忽然发现可以以八卦阵一战！于是黑11走了一手富有空间感的棋。12好棋！黑棋不能单盖19位，只能换一个方向防御，此时14又利用简明

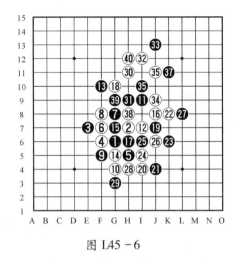

图 L45－6

的先手塞回黑棋要点的同时联系上了白 10，这里 15 是明显的防御，白 16 机敏！这里考虑了一下 17 外挡的情形，但感觉虽有先手不过局部很难直接成杀，一旦失败很有可能会直接崩溃，因此还是走了稳妥的 17，以下 18 至 22 是漂亮的走法，相对而言我执黑的思路倒是有些不明确。22 之后白棋准备强行向上方联络，而黑棋 23 的走法是非常不好的，虽然 24、25 的交换也想到了，但看到 26 之后才发现给白

棋留下了太多的余味。27 是很无奈的走法，28 后我才发现这里黑棋斜向下的材料已经完全报废，也就是说这个 23 及后续的交换白白送给白棋一个斜向的活二，还未能对白棋上方造成干扰，实在是失败的手段！30 之后黑棋已经很难防御了。

　　下完这盘棋之后，我一直在思考，这盘棋的走法并不适合我的习惯，虽然最后的 23 被证明是一个严重的败招，但是不是根本原因呢？通过在脑海中不断复盘，我终于发现了这盘棋最有问题的一手棋——最强防的黑 15！按照前面几手棋的思路，15 很明显应该继续走在 19 的位置（虽然这一手是必败的），但我连想都没有想就直接塞在了中间，这不假思索的一手强防，恰恰是我在这盘棋中的整个战术体系崩溃的开端，而之所以会有这样的走法，则是因为白 12 后黑棋不能单盖，动摇了我对八卦阵防御的信心！可以说正是这不假思索的黑 15 决定了整盘棋后续的走向！

　　千里之堤溃于蚁穴，哪怕是对手无意之间的一手棋也可能打乱整个部署，而反过来说，不论在多么凶险的环境下，依然能够冷静思考，坚持自己的战略，才能更接近胜利。

第十六届世界五子棋锦标赛，于 2019 年 7 月 31 日至 8 月 10 日在爱沙尼亚塔林业余爱好中心 Kullo 举行。A 组资格赛（QT）Oll Aivo、Gardstrom Petter、Fedotov Denis、Nakayama Tomoharu 、Epifanov Dmitri、Koyama Jun 获前五名晋级 A 组。

✤   ✤   ✤   ✤   ✤

第一轮　李小青(黑)胜宣然(白)

前期双方交换平稳，黑棋略为主动。针对黑 17 的控制手段，白 18 看起来很不好，虽然直接成了两个活二，但黑棋仍旧可以顺势外挡，先手不弱，空间进一步扩大，即使白棋有强防手段也免不了被黑棋用进攻表达成满盘控制。实战白 20 必败，后续黑棋进攻没有问题。此处白棋可以选择 18 - 22，简单干净地处理连接，引诱黑棋进攻，白 18 - 27 也可行。

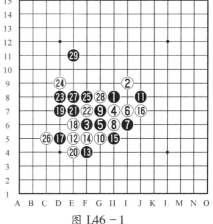

图 I46 - 1

第一轮　Jang Won - cheol（黑）负汪清清（白）

图 I46 - 2，白 8 - 17 强防，此 8、10 也成立（金星局同型变化下不成

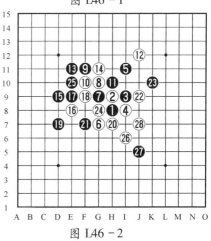

图 I46 - 2

立，空间多一格后黑必胜），黑 13 - H12 则白 14 - H11，黑 13 - J10 则白 14 - K9。后续黑棋在左边的进攻有些草率，黑 15 必败。

第一轮 Sandstrom Richard（黑）负小山纯（白）

白 12 必败，15 - K10 必胜！可惜黑棋没有看出来（这个位置实战其实不太容易想到，主动塞一个眠二的手段其实很少见，而且黑棋的注意力很容易被左边白棋的反击吸引，不一定能意识到有取胜的手段）。后续基本就是白棋的进攻表演，再加上黑棋防御并不很强，对局就草草结束了。

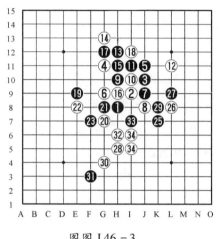

图图 L46 - 3

第一轮 Jonsson Peter（黑）负 Fedotov Denis（白）

白 20 或许还有更好的手段，但黑 21 的效率实在太低了！虽然后续白棋的进攻仍然有些放不开手脚，但黑 27 已经是任人宰割的防御手段，白 28 后左边扬起的空间优势太大了。

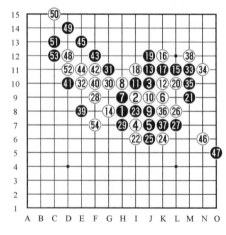

图 L46 - 4

第二轮　汪清清（黑）负 Mesila Villem（白）

看似正常的变化，奇妙的白 12！黑 13 必败！当然黑棋还有其他防御手段，在毫无危机意识的情况下，单盖黑 13 怎么看都是最自然的手段，真是有趣的变化。

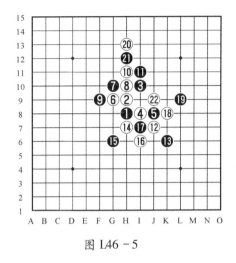

图 L46－5

第二轮　Hōbemägi Martin（黑）胜 Nikonov Konstantin（白）

至白 16 定形，白棋太过苦闷，黑棋轻松展开进攻。白 22－42 应当是更为有力的手段，实战不知是方向判断失误还是想引诱黑棋进攻，走了 22 的手段，后续黑棋进攻节奏不错，下方战斗获取的优势成功向左边集中，而白棋的形状一直不好。白 36 唯一防！可惜白棋最终还是漏掉了 40－43 的唯一防。

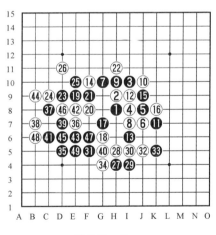

图 L46－6

第二轮　Jang Won－cheol（黑）胜 Park Woong－bae（白）

图 L46－7，白 10 后黑 11 的进攻思路十分有趣。黑 17 后白 18 对攻的思路有点奇怪，很有可能误认为黑棋没有进攻的手段才选择了白 18，否则这个局面理论上不至于走得这么激烈，这样黑 19 后估计白棋心中是很慌的，虽然还有其他强防，但实战白 20 直接必败了。

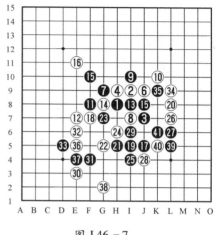

图 L46－7

第二轮　李小青（黑）负小山纯（白）

图 L46－8，到黑 19 为止黑棋的进攻形状很不错，但似乎赢不下来，这种局面对于黑棋而言是很大的考验，既然如此还不如将材料全部保留为好，但实战无法从事后的角度出发来思考。黑 35 宣告进攻失败，但局面仍在可以控制的范围内。中盘黑棋从右侧向右下转换的思路很不错，而且白棋的走法也比较保守，黑 63 已经完全向着和棋发展，可惜最终黑 85 是错防的一步。

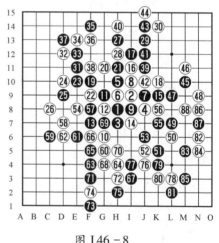

图 L46－8

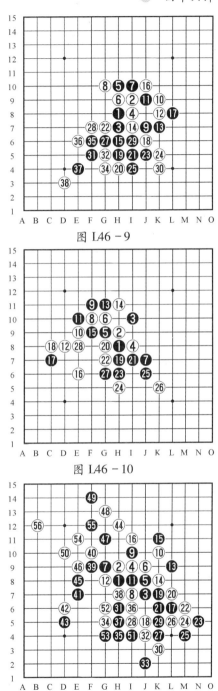

第三轮　Gardstrom Petter（黑）胜 Fedotov Denis（白）

图 L46－9，白 10、12 的处理手段演变至黑 15 后看起来有些被动，白棋应该如何防御呢？实战白 22 弱防，黑 23、25 是精彩的必胜！

第三轮　Topkin Georg－Romet（黑）负宣然（白）

图 L46－10，白棋在前期以局部进攻作为牵制，白 16、18 是有趣的手段，此处黑 19－28 应是唯一防，实战黑棋草率进攻，落入白棋陷阱而失败。

第三轮　李小青（黑）负 Epifanov Dmitry（白）

图 L46－11，白 12 逆止是否更好？至白 16 属于比较正常的交换，但黑 17 局部进攻形状较差，白 18 攻守兼备！此后白棋开始逐渐积累优势，至黑 33 黑棋终于全面让出先手，此处白 34 选择较多，黑 45 继续以攻为守是李小青的风格，白 50 积极对攻！黑 51 问题手，我当时看到这手认为进攻无理，猜测李小青这时从心态上已经难以控制局面了，果然黑 53 弈出大漏勺，做了个假 VCF，白棋在局部拿到先手轻松取胜。

图 L46－9

图 L46－10

图 L46－11

233

第三轮　Hõbemägi Martin（黑）胜汪清清（白）

图 L46－12，黑棋序盘进攻积极，白 24 必败！此处黑 27－33 可胜，但黑方未能算出，白 34 关键防御后黑棋进攻失败！此时对于白棋来说局面已经优势了，白 40！或许白方意识到单防已经防不住了，只好开始全面进攻，但汪清清局部防御应对有误，最终让对手死里逃生赢下一局。

第五轮　韦振强（黑）胜汪清清（白）

图 L46－13，黑优局面下，韦振强选择了直接进攻，但白 12 弱防导致脆败，不谈实战的黑胜手段，黑 13－16 也是黑必胜。

第六轮　Hõbemägi Martin（黑）胜 Jang Won－cheol（白）

图 L46－14，类似黑优的变化之前提及过，需要指出的是，这里白 14、16 强行活三反而不好，黑棋在后续进攻中，先手、连接、空间皆备，白棋实战难以防御。

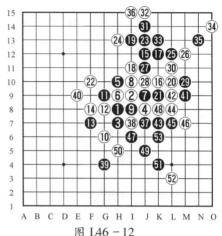

图 L46－12

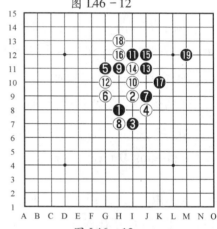

图 L46－13

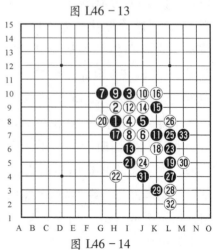

图 L46－14

第六轮　Fedotov Denis（黑）胜 Epifanov Dmitry（白）

黑 7 至 15 的变化此前出现过，理论上来说这么走对于黑棋风险太大，如果没有深入研究建议不要尝试。实战黑棋防御精准，白棋始终无法取胜。黑 39 至白 50 一番交换后形势逆转！黑棋利用先手成功抢占 51 位，此后白棋可以说是节节败退，最终被黑棋在局部以进攻取胜。

第六轮　韦振强（黑）胜宣然（白）

白 12 是稍弱的变化，黑 13 必然，黑 15 关键！黑棋优势局面。此后黑棋应对冷静，整理进攻形状的同时逐步清理白棋的威胁，最终一举取胜。

第六轮　李小青（黑）负中山智晴（白）

至黑 19 局面黑棋主动，白 26 是有趣的防点，令黑棋应对困难，实战 28、29 皆是有力的交换（29 - K9 看似先手但以长远来说并不好），此后黑棋在右下试图进攻但未能取得成效，白 44 积极应对，白棋让黑棋换着换着把先手换丢了，白 54 及白 68、70 连续构造进攻形状，黑棋最终未能成功防御。

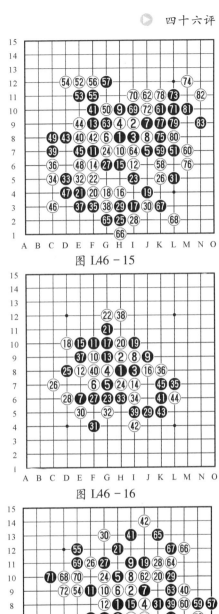

图 L46 - 15

图 L46 - 16

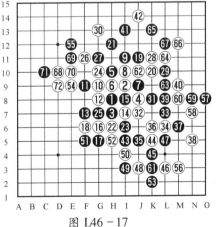

图 L46 - 17

第六轮 Gardstrom Petter（黑）胜小山纯（白）

黑 19 是十分有趣的选择，白 22
－F9 如何？实战 22 虽一时争先，但
白棋对黑棋右上的优势始终不能有效
处理，至白 32 白棋既无先手也无可靠
连接，无法干扰黑棋进攻，以下基本
就是黑棋的进攻表演，白 54 后黑棋联
络全盘以漂亮的进攻取胜！

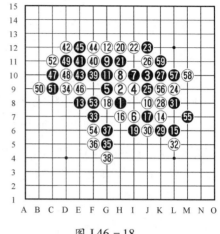

图 L46－18

第七轮 Topkin Georg－Romet（黑）负小山纯（白）

图 L46－19，开局激烈交换后局
势回归平稳，但白 20 后黑棋的连接
始终无法被有机整合，形状反而越来
越散，黑 29 的方向选择有问题，让
白棋留下了向下过渡的有力材料，白
40 蓄势待发，白 44 局部必胜！后续
白棋应对精准，联络全盘取胜。

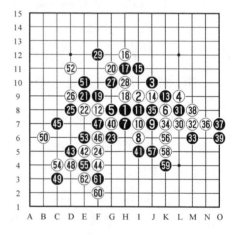

图 L46－19

四十七评

第十六届世界五子棋锦标赛，于 2019 年 7 月 31 日至 8 月 10 日在爱沙尼亚塔林业余爱好中心 Kullo 举行。A 组（冠军组）的曹冬、弗拉基米尔·苏切科夫、神谷俊介，女子组的吴志琴、李小青、伊琳娜·麦特列维利，公开组的韦振强、维尔姆·梅西拉、张源哲分获各组前三名。

✿ ❀ ✿ ❀ ✿

第一轮 Gardstrom Petter（黑）负 Vladimir Sushkov（白）

白 8 防御后，黑 9 试应手，这手棋削弱了白棋 K12、9 位的连接线路，如白 10 - 31，则黑 11 - G9 或许是不错的进攻思路。实战白 10 反挡，黑 11 继续削弱白棋材料，同时保持黑棋的连接线路，几手交换后黑 15 稳妥，白 16 必败！黑 17 是联络左右的关键一手，此处白 18 - 31 也是强防，但仍有黑 19 - 19、21 - 21！此处黑胜看似更加复杂但选点单一，不难算清。实战白 18 放手一搏！强行构造连续冲四

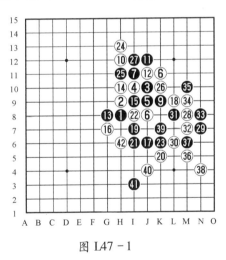

图 L47 - 1

防御手段，令必败局面复杂化。压力之下黑 23 未能算清胜法，被白棋一套连攻抢回先手之后简单抓禁取胜。

第二轮　小山纯（黑）胜 Aivo Oll（白）

松月开局后局面意外回到有盘端差异的"疏星二打"，黑15定形后正常应该是白棋缓慢控制局面的过程，但执白的 Aivo Oll 如同吃错药一般在局部发起了自杀式进攻，甚至黑25后白棋仍不死心，又强行交换到白34手，此时白棋材料消耗巨大，黑棋外势、连接均十分充分，黑45起通过进攻直达胜利。

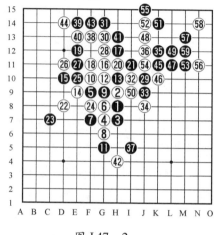

图 L47－2

第二轮　中山智晴（黑）负 Dmitry Epifanov（白）

白14起白棋一番交换实际效果并不好，至白28白棋已经处于一种任人宰割的状态，但不得不说黑31的进攻值得商榷。此处进攻能够转移区域的可能性很小，白32后黑棋上、左两边都显得很薄，还多出了白棋的活二干扰，白40、44打断连接要点，此时黑棋已经很难取胜了。黑45是攻防兼备的手段，体现出黑棋保留进攻材料的心态，但可惜的是，这里恰好掉了一个简单、巧妙的抓禁手段，白50后白棋惊险取胜！

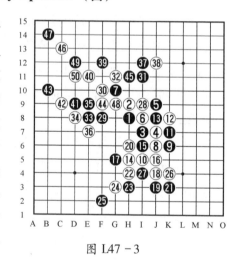

图 L47－3

第三轮　Sushkov Vladimir（黑）负 Fedotov Denis（白）

开局至黑 15 定形，黑棋在下方留下的材料过多，白棋不得不补一手——白 16，黑 17 自然，黑棋形状很不错！此时白棋决定积极应对，白 18 黑 19 后白棋找到制胜方法！白 26、28 利用黑棋禁手缺陷强行进攻，白 30 后 Sushkov 无奈认输。

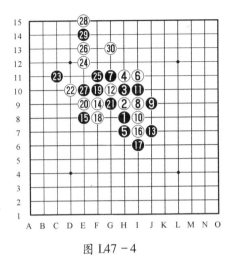

图 L47－4

第五轮　神谷俊介（黑）负冈部宽（白）

图 L47－5，白 10、12 将局面引入混乱！上方白棋优势较大，黑棋无法直接防御，黑棋势必选择 13 位或 K8 进行消耗，其实此处 13－K8 是黑必胜！实战黑 13 必败！一念之差形势逆转，白 14 防御后黑棋大势已去。

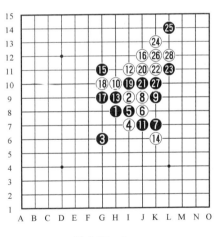

图 L47－5

第六轮 井上史也（黑）胜 Denis Fedotov（白）

即使对手的实力较弱，Fedotov 的这手白 8 也太过狂妄。黑 9 是当然的手段，白 10 必败！此处黑 13 - 14 或者黑 13 - E10、15 - 14 皆可必胜，实战变化也可。黑 17、19 是漂亮的组合进攻手段，白棋再无强防。

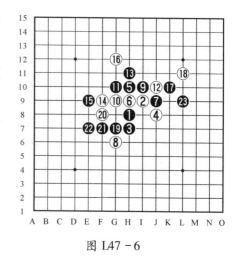

图 L47 - 6

第七轮 Aivo Oll（黑）负梅凡（白）

惊险刺激的一盘对局。黑 11 - 12 常见，实战黑 13 必败！白 14、16 整理形状……白 18 - 24 对攻是漂亮的必胜，黑棋材料不足，白棋形状强横，牵制完美。实战白 18 牵制黑棋斜活二，而核心目的则是让 24 位成为 VCF 做杀点，虽然方便了后续计算但拖慢了进攻的速度，一下子让局面产生了不确定性。此处黑棋需要善加利用现有材料，或可转危为安。但实战黑 19 是必败一手！此后白棋再未出现任何失误，白 24 是殊途同归的必胜！

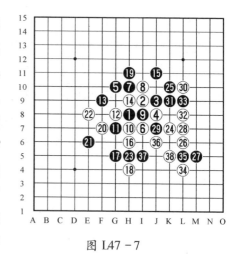

图 L47 - 7

第八轮　井上史也（黑）负梅凡（白）

图 L47－8，梅凡的白 10 主动求变，至白 14 都是很自然的定形，与正常定式（白 10－15）对比来看，白棋的连接中心向左侧偏移，注意到黑棋在右侧的优势仍然十分有限，此时寻求黑 15－16 之类的手段应当是很自然的想法，但实战黑 15 大恶手！白棋接下来积极交换，黑 19 只能如此，至白 24 防守后黑棋形状已经很不好了，黑 25 是毫无意义的反击，此处白 26－K5

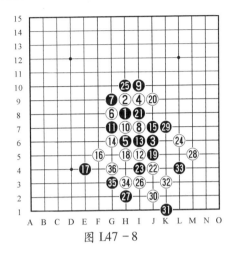

图 L47－8

必胜！实战白 26 缓手，黑棋挡中间如何？黑棋太过忌惮白棋向左侧的连接而防在了外侧，此后梅凡再未留给对手任何机会。

第八轮　冈部宽（黑）负曹冬（白）

黑 11～15 是连贯的手段，黑棋主动！此处白棋最佳应对仍需探索。如果白棋利用仅有的活二来消耗黑棋显然和白棋的整体思路有所矛盾，局部单防是比较优先的考虑。白 16 后黑 17－H11 牵制或 19 位单防都是不错的选择，上方始终有稳固而干净的先手，又能迅速压制下方白棋的材料，争取以优势向下方过度，就达成了这个局面的核心战略。实战 17 看似攻势猛

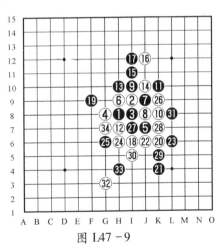

图 L47－9

烈，实则脱先的大恶手，白 18 必胜！此处黑 19－J5 强防，白 20－25 之后仍有一些分支需要计算，实战黑 19 简直不可理喻，白 20 后白棋简单必胜。

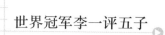

四十八评

"铁良杯"2019五子棋五林争霸赛，于2019年8月24日在北新桥街道社会服务管理分中心举行。徐建鑫、李一、郝天一获得前三名，朱烝绪、喻九宁、喻小米获得少年组前三名。

❋　❋　❋　❋　❋

虽然是地区性的比赛，但也吸引到了各地不少高手前来参加。本次比赛刚好安排在浙江赛后一周，我一直也打算做些准备，但在一周时间内我没找到训练的状态，连日常的下棋都没有进行，只有心态还是比较轻松的。

本次比赛采用连换规则，以前的开局范围限定在黑5之前，现在扩展到了白6。到了比赛场地之后我才知道是"五轮积分编排＋名次轮"（本组参赛选手近30人），时限是"30分钟基本时＋每手30秒"的加秒制，基本算是快棋，胜负的偶然性也必定加大。比赛结果也是如此：包括杨彦希、曹冬在内的高手都未能进入前六名，倪仲星也仅仅获得第五名。我运气不错，获得亚军，虽说名次轮输得确实有些冤，但整个比赛的状态很不错。这两个多月来，从衢州到宁波再到北京，比赛历程就是对棋感、定式理解和体力的考验，希望自己能够越下越好吧。

第一轮　李一（黑，①，③-4，⑤）胜黄俊铭（白，2，6）

图L48-1，对手的前两手我也不知道该如何应对，凭感觉布置了3、4，双方应该都能接受。黑9是否有更好选择？实战白12是强硬的好棋！赛后初步拆解后发现黑13-14或许更好，而实战没有太多精力和时间细细验算白棋进攻路线，至黑15局面简明，白棋材料丰富还有一定主动权，黑棋虽略苦但也只得接受，白16脱先问题手，黑17简单验算后得知活三可胜，白棋必然回防，实战白18基本就是自己在骗自己了，之后黑棋简单取胜。赛后拆解黑17比较复杂的黑必胜，白棋虽有强防但黑棋总有妙手突围。从白12的选择、白16的选点思路来看，对手对于攻防选点、计算等

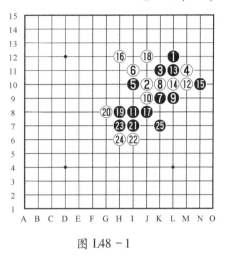

图 L48－1

方面都有不错的理解，但归根到底先手更重要，没有这个前提，后面的所有东西往往是空中楼阁。

第二轮 李一（黑，①－2，⑤）胜吕彦（白，③－4，6）

对手迅速将局面变回了疏星局令我稍感意外，思考之后觉得黑7在这个盘端下应该有所作为，但对手并不会定式并走了白10问题手，黑11看上去理所当然，我也一度认为这应该是个黑必胜的形状，但赛后拆解发现似乎仍有强防，此处变化还需细细研究。白12并不算强的防御，考验黑棋的进攻，其实在这里上方盘端少了一格，我对于能否完成进攻是持怀疑态

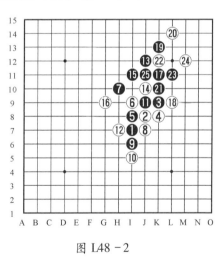

图 L48－2

度的，黑13试应手，第一感白14－L8，之后黑15－19，17－22强杀是否成立（赛后拆解成立）？此处白14－15最强防！15－H12，16－26，17－I13，18－G11，19－25，20－J13后黑棋由于盘端问题似乎无胜！但实战白14太弱！后续黑棋简单胜，如白16逆止则黑17－26！黑必胜目算不

难。顺便提一下对手下得实在太快，就算计算不够深入，有时间的时候掌控一下行棋节奏也是必要的。

第三轮 李一（黑，③-4，⑤-6）胜郝天一（白，①-2）

前6手跟着感觉走，白8、10似乎是太过自然的应对，明显对黑11这样明显的强手浑然不觉，这可以说是随手棋导致失败的典型例子。赛后拆解黑11稍微复杂的必胜！实战白12弱防，后续黑棋VCT不难。

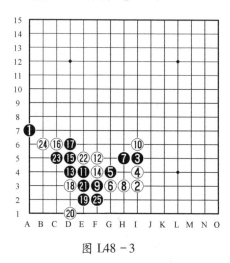

图 L48-3

第四轮 马宏洲（黑，③-4）负李一（白，①-2，⑤-6）

图 L48-4，局面演变为流星局后，我没想到什么太好的变化能巧妙利用此盘端，但又不想进入"流星一打"慢慢战斗，于是走了一个我简单拆解过的复杂变化。黑5、白6基本平衡，个人初步理解：白棋攻势多样主动，如果黑棋能够完美化解，或许能获得少许外部优势。黑7-21或许最强，但依然十分复杂。我对这个局面有一些基本理解，而对手面对陌生

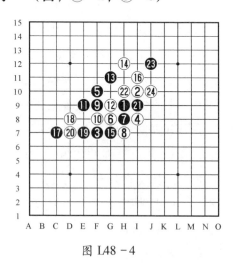

图 L48-4

局面恐怕有巨大压力，更容易出现一些失误。白8-21将主动权交给黑棋如何？实战白8稳妥，这里黑11-G6是当然一手，后续演变复杂。对手

实战的黑 11 可谓自杀的一手，这一手让白棋四个活二生龙活虎，自己一个活二还没法攻击，虽然有黑 13－22 这样理论上的防点，但后续演变依然白优。实战黑 11 的走法毫无道理，导致崩盘。

第五轮　李一和徐建鑫

仅有的两个四连胜相遇，后无 3.5 分的追兵，议和双双进入决赛。

名次轮　徐建鑫（黑，①－2，③－4，⑤）胜李一（白，6）

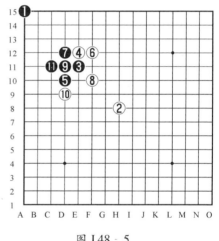

图 L48－5

图 L48－5，黑棋不可思议地利用上边角，黑 1 取胜十分有趣。

我想我已经很久没有因为意外失误输掉过对局了。极端化的开局之后，我一直将平衡盘面的压力留给对手，黑 5 后我没找到必胜点，于是继续防守。但白 10 一手误算直接输了，据回忆，当时的情况大概是这样的——

我：你算一下，防哪边？

大脑：白 10－D13，黑 11－F9，好强……

我：到底怎么样？

大脑：算不太清楚，好像就是白棋往下斜活个三，然后黑棋顺势挡住，白好像不行……

大脑：那只能消耗白棋材料，比如单做 E13，让黑棋后手填死 F13 之类的……消耗材料转到下面来，这样黑棋外侧会多出不少连接……

大脑：不行，还是算不清楚，黑棋能借出不少东西来。

我：算了，你看看另外一边。

大脑：嗯，差不多吧！

我：啥？

大脑：嗯，大概没啥问题。

大脑：黑棋走 11 位，白棋反一手，黑棋抢完先手，好像局部杀不了吧，白棋总归能跟过去搅和搅和，还有几条冲四可以利用。

然后我就防错了，基本上可以归咎为思考过度导致思维出现盲点。或者时间压力小一点，或者头脑清醒一点，或者这时哪怕有口水喝，都不太会出现这样的问题吧！

四十九评

第二届世界五子棋公开赛，于 2019 年 9 月 12 日至 14 日在浙江省安吉县中南百草原度假酒店举行。杨彦希、焦政瑞、李伯来分获各组冠军。

❋　✸　❋　✳　❋

这次比赛我征战 A 组，取得了第 6 名（并列）的好成绩，基本体现了我目前的实际水平。8 月底接触索索夫规则，临时抱佛脚式的准备确实不够充分，而且由于要补充的打点、定式或变化实在太多，使得实战准备和计算力锻炼的难度增加不少，所以在比赛中在应对的方向上吃了不少亏，否则或许能取得更好的成绩吧。本次比赛总成绩 5 胜 2 和 2 负积 6 分，其中执黑 7 盘 5 胜 2 和，执白 2 盘全败，假先 5 盘全是水月局也是无奈之举，取得 3 胜 1 和 1 负，假后 4 盘 2 胜 1 和 1 负，倒还算平均。用时方面差异较大，有 4 盘棋自己用时在 45 分钟之内就结束了，另外 5 盘棋自己的实际用时都接近 90 分钟或更长。第六轮的对局虽然输掉却是满意之作，第五轮、第九轮的对局则略显遗憾，其他 6 盘棋可以算中规中矩。个人感觉索索夫规则对定式和变化的依赖过重，虽丰富了可下局面，但并没有在开局和中盘之间取得比较合适的平衡。

比赛场地设在中南度假酒店，比赛环境可以说十分优越，赛事组织也很出色，宽裕的用时也保证了选手的良好发挥，虽然三天连续作战九轮令人疲惫，但可以接受。除了一千元奖金之外，赛事还提供了纪念奖牌、证书以及不错的纪念品，令人十分满意。希望以后这样规模和形式的比赛能越来越多、越办越好！

A组第一轮·李一（黑，-/-）胜汪清清（白），水月局，5A=H7，I6，I7，I10，J9，K7，K9，K10

图 L49-1，序盘的另一手段是黑7-J9，以下白8-9，黑9-28，白10-7，双方稳妥应对，局面均衡，黑棋选择较多、稍微主动。尽管如此，我还是希望能够将局面走得激烈一些，于是选择了实战的黑7。白8、10是比较常见的防御方式，此时我想起赛前曾看到黑11、13的必胜简谱，虽未详细拆解，但此时我也并没有关于黑棋后续如何拓展的其他思路，不如大

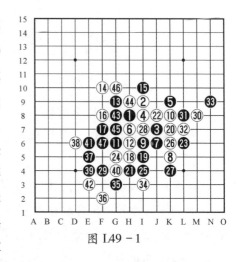

图 L49-1

胆尝试！白14对手思考很久，实战手段必败，黑15-I11复杂，黑必胜！此后双方交换再次趋于平稳，但白20强硬！此时如黑21-22，则白22-26，24-H3，26-J5简单取胜！压力之下我决定走黑21放白棋进攻，利用诸多反击材料牵制对手，此策略从结果而言取得了成功。对手并没有善加利用已有材料逐步扩大优势，也没能计算出成立的直接进攻手段，最终在攻防交换的过程中弈出了单纯防御的白24弱手，此时黑棋如何选择？26位是否先冲掉是一个关键，在双方都面对时间压力的情况下，我选择了保留冲四点，让对手有一个造长连的机会，黑29定形之后局面远比黑25-26，27-25的定形方式复杂，而更加复杂的局面意味着对手犯错的可能更大，这样的实战战术希望初学者能够有所领悟。回到实战，白30?！对手走完这一手我知道我这盘肯定能赢了，给黑棋提供31位的斜二连接当然不合常理，此后白棋32活三必然，先牵制黑棋J线的跳冲四，接下来对手很快就会发现——白30的唯一意义就是希望白34-M6争夺先手，但黑棋在下方是两套而非一套VCF，白棋争先不成立——此时的重大误算足以对对手构成致命打击。白34之后，黑棋迅速组织进攻，白棋也没有多少时间认真思考防御，此后黑棋的胜利是必然结果。赛后拆解显示白24是

必败的一手。此型黑 11、13 的进攻手段强硬，但白棋仍有唯一防御手段。

A 组第二轮　李一（黑，－/R）胜邱彧瑾（白），疏星局，5A＝G9，I8，I9，J7，J8，J9，K9，K10，共 25 手

有趣的一局棋。对手开疏星局可以理解，此弱 4 是我在赛前准备过的手段，研究发现有 5 个必胜点和诸多陷阱，但在出发前一天我发现了另外两个必胜点，使得我一度放弃了此弱 4 的选择。但真到了实战，我还是决定兵行险招！对手在我打出白 4 后很快交换，却花费了四十多分钟来计算我给出的八个打点，或许对手认为从几十个点中避开陷阱选出八个点要比从八个点中选出一个点更加困难！也

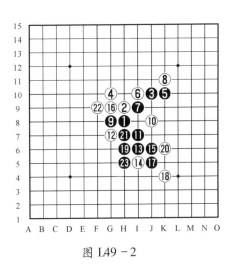

图 L49 - 2

或许是因为对手认为我要了八个打点一定会有一个平衡可战的选择。可惜现实往往残酷，实战对手已经陷入巨大劣势，实战选择的白 6 分支是我拆解过的必胜，白 8 - 12 则黑 9 - 8，11 - K9 是黑棋后中先必胜！实战白 8 后黑 9 自然，黑 11 是关键的必胜手段（黑 11 - 15 也可必胜）！黑 13 后黑必胜实战不难计算。关于此白 4，我选择的八个打点中除 16 位以外的七个打点我均详细验证过为黑必胜。黑 5 - 16 也有黑必胜一说，我本人没有亲自验证过，有兴趣的朋友可以自行拆解。

A 组第三轮　李一（黑，－/－）胜 Han Tae - ho（白），水月局，5A＝G8，G9，H6，H9，H10，I7，I10，J8

图 L49 - 3，实战黑 7 不知如何选择，其实黑 7 - G9 最强，实战走法看似强硬其实不好，白棋只要不随意消耗竖线上的材料，黑棋就不能顺势借力。黑 9 反击意义不大不如顺势跟随，白 10 是出乎意料的一手！白棋怎么走出优势了？心中不禁一阵迷惑。这里我思考了比较长的时间，最后觉得

在陌生局面下一直被陌生的对手牵着鼻子走也不是办法，不如拉开架势拼一回刺刀——黑11！这里白棋眠三的线路不管是直接冲四还是做杀，至少先手还是在黑棋这里，如果白12 - G7则黑13 - G9应对（此手段赛后拆解黑必胜）！我将复杂的局面扔回给对手，对手将会如何选择？实战对手很快走了12、14?！接下来黑棋的VCT手段简明，对局十分意外地迅速结束了。

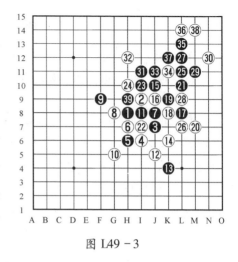

图 L49 - 3

A组第四轮　李一（黑，－/－）和 Epifanov Dmitry（白），水月局，5A = G9，I7，I8，I10，J9，K7

图 L49 - 4，此局面六打七打皆可，但从战略上来说六打留给双方的发挥空间都略小，实战我也比较求稳地选择了"丘月三打"的变化（有盘端差异）。白8这里我是期望对手能够活三的，实战白8后我考虑黑9 - 34要求对手通回是否可行，注意到白10 - 14的强硬手段之后还是作罢。针对盘端问题，对手的白12是有策略的一手，也是相当成功的一手，自始至终我都没能利用上黑13的首招攻击点，

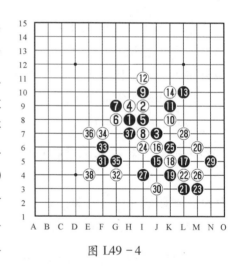

图 L49 - 4

白14的借用反而给我带来了巨大的压力。白18后我发现了这个局面的问题所在——我已经找不到合适的机会来"停止"我的进攻了，而在没有胜机的区域强行进攻而保持局面不崩溃其实对进攻方是有巨大压力的。从黑19开始，黑棋的进攻手段普普通通，对手也没有出现任何防御失误。白28这里我认为没有必要着急争先，实战白30又被拖过来了，争先意义不

大。即便如此，白棋始终保留了右侧中部对黑棋的巨大考验以及左边半个盘面的优势空间，我的进攻压力也已经越来越大，对黑35出现误算，一度认为黑棋接近必胜，白36简单有力的防御后我才如梦初醒。但白38后对手突然提和，我当即同意，幸运地捡回了半分。终局时双方的所剩时间都不算太多了，Epifanov对我说他昨天晚上下棋时间太长，今天实在是想多休息一下，所以选择了和棋。

A组第五轮　李一（黑，－/R）和何舒军（白），彗星局，5A＝F8，共130手，117，129，130＝Pass

图L49－5，基本没有干劲的一盘棋。彗星局是我在赛前准备的最后一个开局，现在看来确实准备得太不充分了，流星局是我唯一熟悉的局面。但"流星一打"现在的问题是——大家越来越倾向于白棋稍优的判断，所以研究重点也集中在白棋如何拓展优势上面，这直接导致黑棋可用的变化越来越少。中午休息时我思考了很久（由于本次比赛棋谱实时公布，很容易判断到对手开彗星局），没有找到

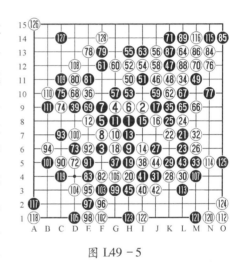

图L49－5

任何可行的策略，也不想在流星一打的变化中和对手慢慢纠缠，最后整个人都没什么斗志了，于是就贡献了这么一盘丑陋不堪的对局，真是十分遗憾。整盘棋在技术层面上可评价的内容很少，白28起白棋就可以直接在上方展开进攻了，当然白从34开始的进攻也没有什么问题。白38防御正确。白56－58后白棋简单胜，对手漏掉了；白64－66（67）后也是简单胜，对手也漏掉了；白70－84后白棋还能胜，对手仍然没走出来。黑69之后我提和，对手没同意，到七十多手的时候对手又来一个提和搞得我上火了，我也没同意，反正我正式提和过一次，我也不能再提了，那就慢慢

下吧。白80之后我也漏了一个简单胜，此后双方再无机会。至于白112这种棋，在我看来是一种明显的侮辱。我黑117Pass，之后主裁判 Ants 过来提示了双方连续 Pass 判和棋的规则要求。黑129再次 Pass，对手也选择Pass，一盘又臭又长的对局终于结束了。

A组第六轮 Lavrik–Karmazin Maxim（黑，–/–）胜李一（白），寒星局，5A = G9，G10，I9，I11，J7，J9

精彩的一局棋！黑5之后的走法我并不知晓，仔细回忆后想起白棋将黑棋向上方压制的基本走法，黑棋有一些强硬的进攻，但因空间有限而给白棋留有防御手段。其实8–I10也是相当强硬的一手（或许比实战走法更强）。黑9–11则白10–H7，白必胜！这里白10–20也是值得探讨的一手。11到13手双方交换自然，白14是关键手段！这里当然有白14–

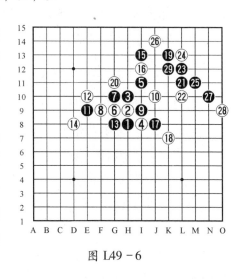

图 L49–6

20 等其他的稳妥走法，但此14是故意将黑棋向上推的手段，选择此手时我已算到黑15后白16的唯一防，以及随后白20的唯一防，这手14是利用盘端空间不足向对手极限施压的战略手段。但对手黑17活三是我的漏算！黑棋右上的进攻保留了一个小小的连接机会。此时白18–20则黑19–H6，黑必胜。实战白18正确！黑19后白20唯一！此时对手的时间已经所剩无几，我也认为我的防御已经基本成功。黑21是精彩的攻击！对手当然也知道如果按照常规的进攻线路走恐怕无效，于是突破常规奋力一搏！此时我算到白22–22及L14两个防点，但L14防御没有反击机会，很容易被对手在22位继续展开巨大威胁，事实上赛后拆解白22–L14，发现黑23–22后黑必胜！实战白22唯一！黑23是最后的进攻，由于我在计算白22时花费了大量的时间，终于还是没能走出白24–J13的唯一防御手段，对手最终取得了胜利。纵观整盘对局，在陌生的变化下，双方的每一手棋都有着明确的战略思路，并将战略同精细的计算尽可能结合起来，最后我的计算还是没能跟上我的思路而导致失败，但不可否认这是我在这次比赛中下出的最精彩的一盘对局。

A组第七轮 李一（黑，-/-）胜赵杜平（白），水月局，5A = F8，G8，G9，H9，H10，I7，I10，J8

我故意避开之前走过的 H6 打点，选择了不太常见的实战黑 5，之后对手果然保留了此手，我已经算到黑 7 后白 8 - 9，黑 9 - I8，白 10 - J9！判断双方可战，赛后拆解发现白棋优势很大！但我当时确实没找到更好的黑 7，于是还是选择了实战的手段。此处黑 7 - F9 似乎最强，对手思考了一下走了白 8?！以下黑必胜的手段被拆解过不下十次了，黑棋迎来朴实无华的胜利。

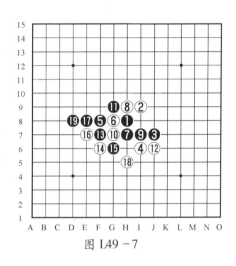

图 L49 - 7

A组第八轮 李一（黑，-/R）胜 Danilin Ivan（白），名月局，5A = F7，G7，G8，H5，H7，H9，I6，I8

图 L49 - 8，对手开了名月局，我想了想干脆将其演变成水月局。实战黑 5 是我乐于见到的一手，这里我倾向于白 4 叫 8 打也是因为对于此黑 5 变化，我执黑执白都有不错的思路。此型由于黑 3 位置对于白棋很不舒服，因此白棋必须走得积极主动一些，白 10 对攻最佳！黑 11 也妥善应对，注意此处白 12 有一些可选的变化：白 12 - I11 看似强硬实则黑棋有复杂的 VCT，黑必胜。白 12 - G9 主动要求黑棋消耗材料，局面一时激烈但仍能回归平稳。白 12 - 17 是攻守兼备的一手，此时局面也复杂多变。白 12 -

18 单防不可取,黑 13 - 12 黑必胜!实战白 12?! 此走法自然也不行,或许对手不太熟悉此局面。此 12 后我虽然没有详细印象但能感到是一个黑必胜的局面,而黑 13 是毫无疑问的必胜第一招。白 14 - 18 强防,黑 15 - L10 漂亮的必胜!实战白 14 后黑棋 VCT 取胜不难。

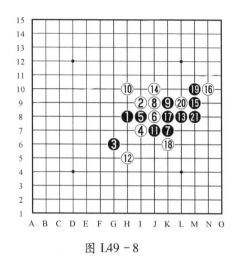

图 L49 - 8

A 组第九轮 杨彦希(黑,-/R)胜李一(白),水月局,5A = G9, H9, H10, I6, I10, J8, K9, L6

图 L49 - 9,最后一轮在晚上下,可能是三天的比赛令我筋疲力尽,白 4 之后我有点记不清打点了。这里要我走 8 个打点还是没有问题,主要是我记不太清左上方远处的打点位置(15),走八打要同时涉及两个相对平稳的打点(I6、9),心理上有些不太接受,故后来想了这样的打点来保底。然后想到,对手打 8 个点总会有平衡点吧,就干脆让对手来走了,至少我

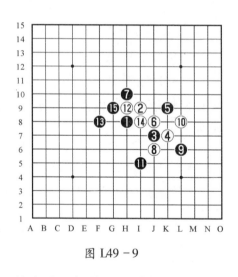

图 L49 - 9

还能避开 J9。此处我优先考虑黑 5 - I6 的走法,但除了一路黑必胜(白 6 - 6)的线路外也没想到其他可行的走法,黑 5 - 9 则白 6 - 6 演变成黑必胜也不行,另一个有印象的变化是白 6 - J9,以下预想黑 7 - 12,白 8 - 14,黑 9 - H7,白 10 - H6,黑 11 - I7,黑大优?! 单从材料和形状来分析黑棋明显存在优势,但深入拆解后发现黑棋并无更好的后续!可惜实战在没有

研究的情况下难以选择这个变化。至此，实战的黑 5 也就成为我唯一的选择。考虑到显著的盘端差异，我预想黑 9 – 12 后白 10 – 9！不料黑棋竟然可以直接黑 9 – 9?！以下白困难。而面对这样的困境走到黑 13 之后，这里白 14 – I10 是很强的手段，以下黑 15 – G7，白 16 – H6，黑 17 – 15，白 18 – E7 是我计算的盲点！在巨大的压力以及根深蒂固的黑大优的局面判断下，我还是没能冷静客观地走出强硬防御，选择了实战白 14 这样自杀的一手。后续黑 15 正确，以下白 16 – E7 则黑 17 – F10，黑棋 VCT 不难，白 16 – I11 则黑 17 – I10，冷静的后中先！白棋在右侧无法争先，左边黑棋材料丰富、空间广阔，白棋已经没有任何有效的防御手段，实战黑 15 后我只得干脆投子认输。

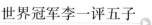

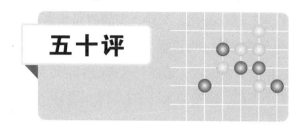

五十评

第十三届全国五子棋锦标赛，于 2019 年 10 月 3 日至 5 日在海南省海口市黄金海景大酒店举行。男子组的李一、曹冬、黄圣明与女子组的霍九旭、董晓丽、王烨林分获各组前三名。

✼　✼　✼　✼　✼

首先祝贺本次比赛取得圆满成功，感谢比赛主办方及工作人员的辛勤付出。

自 2007 年以来，我终于取得了国家级五子棋个人比赛的最高荣誉，喜悦之情溢于言表。自 2013 年淡出以来，我连五子棋的新闻都没有关注了，2019 年复出半年以来，成绩优异。比赛和精英赛一起作为我今年的收官之战，可以说是完美的结局。

在比赛之前，我一直在为精英赛准备索索夫规则下的相关变化，对山口规则下的变化其实并没有进行很深入的拆解，全凭着公开赛、浙江赛的对局经验以及国内近年公布的棋谱来了解其流行变化，当然索索夫规则下的开局变化准备必然也会涉及全部山口规则的变化。比赛过程中的状态其实是处于一个逐步提升的状况，第一天的三轮比赛都有严重失误，幸运地取得了 2 胜 1 和的成绩，第二天的三轮比赛我自认有相当出色的发挥，豪取三连胜，最后一轮之前我以大分优势位列第一。实话实说，最终轮对我来说并不是特别特殊的一场战斗——取胜必然冠军，和棋确保前二，输棋则将位列第二到四名，既然胜负和皆有不同结果，保和争胜就是最基本、最普通的战略了。夺冠之后，我的心情也没有想象中的那么激动——付出必定会有收获，有时收获可能并不如你所愿，但只要一直努力，终将得偿所愿。本次七轮比赛经历了七种不同开局，总成绩 5 胜 2 和，充分说明了赛前总体研究达到一定效果。假先三轮取得 2 和 1 胜，假后四轮全取 4 分，执黑 2 胜 1 和，执白 3 胜 1 和。本次比赛的用时比较紧张，部分局面在短时间内也难以走得尽善尽美，但皆已尽力而为。

本次比赛的场地设在海口市黄金海景大酒店，比赛环境十分优越，休息得很好，为我夺冠提供了很大帮助。

第一轮　溪月局（不换），金洪利（黑）负李一（白），5A = G7，G9，G10，G11，I9，J7，J8，J9，共 42 手

对手选择了"溪月 8 打"的开局。对于此局，我一直认同是黑稍好的局势并一直执黑，此次我突发奇想决定执白！对手的打点选择有较大问题，有些必要的打点并没有走，我则留下了一个我比较有信心且理论上也是白好的分支。黑 9 - I7 是另一常见选点形状，在此盘端下黑棋防御压力较大。实战至黑 15 定形。白 16 似乎是自然的选择，白 16 - G5 直接展开形状或许也不错，此处几手黑白攻防

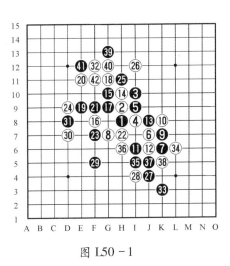

图 L50 - 1

交换要求比较细致，大家可以尝试自行拆解。黑 17 当然一手，此时我计算白 18 - 23，黑 19 - 22 后黑棋防御稳固！引出 37 位威胁的同时，可确保白棋没有 VCT 的机会！对于此局面我一度陷入迷惑，认为自己可能稍微急躁了。虽然白 18、20 从技术上来讲依然比较强硬，但我的心态已经开始趋于保守。白 22 本意是防守，但黑 23 后白棋存在精巧的制胜手段（白 24 - 25），这里就不做过多介绍了，有兴趣的朋友可以自行拆解。黑 23 后的黑 25 是早就多有注意的黑棋进攻要点，白 26 反挡才是正着！黑 27 - 28 是此处唯一的反攻必胜手段！可惜对手同样错过了，实战 27、28 交换后局势回归平稳，黑 29 连接太过孤立不好！与右侧没有呼应。此后白 30 压制黑棋眠三连接并形成连续进攻手段，由于已经没有可用的反击，黑棋陷入被动，黑 31 只能单防，实战防御手法必败，白 32 直接必胜！黑棋显然

已经无法防御，被迫展开进攻，但后续白棋连续强防准确无误，至黑39对手只得无奈回防，白棋简单取胜。

第二轮　寒星局（交换），李一（黑）胜黄立勤（白），5A＝F9，G9，I8，J9，共47手

近期"寒星5打"白必胜已经公布，后续"寒星4打"将成为研究重点，值得关注。序盘黑白双方都有不同变化手段，但我还是选择了相对熟悉的一路，直至19手都是曹冬在今年世锦赛上走出过的变化，对手并未主动求变。白20的防御选点是分歧的开始，如 Denis Fedotov 选择白20－31，则黑21－43，黑必胜！实战白20后黑棋如何选点仍需要细细探讨。我在实战中的表现十分差劲。黑21是

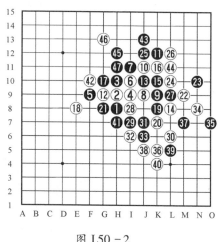

图 L50－2

强硬进攻的一手，我也知道这一定会逼得对手开始强攻，而连续强攻的手段、相应的防守，直到白28猛烈的抓禁，是我已经算清的线路！明明看到白棋有强力手段，但我脑中"对手会失误""我能防下来""这个应该不可能必胜"这样欺骗自己的想法却萦绕不去，硬是固执地、扭曲地走了实战的黑21，而带着这些根深蒂固的想法，在技术层面上反映出来的结果，就是我既没有冷静地选择黑23反挡这样的手段，也未能选择我已经计算过的黑27－32长连解除 VCF 抓禁这样的唯一抵抗，白28后白必胜！这盘棋我理应接受一场惨痛的失败，但局面在最后一刻却出现了反转——对手在时间压力之下未能走出白38－39的必胜一手，实战白38！黑39！局面一下子恢复平稳。但对手似乎觉得退无可退，也未能看清黑棋的反击，白40后黑41利用 VCF 反先，黑必胜！幸运的一分。

第三轮　明星局（交换），曹冬（黑）和李一（白），5A＝G9，I7，J9

这盘棋对于双方而言都互有保留，也是节奏比较混乱的一局棋。"明星三打"从技术层面上已经被确认是一个黑优的开局，而且主要分支选择的主动权掌握在黑棋手中，所以对手选择交换在情理之中。此型黑7、9的选择是关键，黑7－H10后盘面将较快进入中盘，黑9－I10是黑棋占优的关键一招！后续白攻黑守，只要能够防御住白棋所有的手段，将进入黑优的节奏。而白棋有两种选择，要么在上

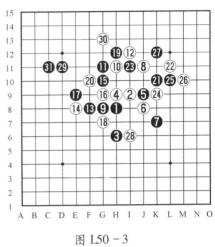

图 L50－3

方局部强攻骗杀，不成功则成仁；要么通过进攻开始转移，先手逐步削减黑棋外部优势。不管哪一种选择，对于白棋来说都是困难的一局吧。实战黑9！为古老的平衡定式，至黑23定形后，白24－25是比较积极的一手，以下黑25－F14，白26－J10，黑27－D14，白28－G14是关键防点！以下黑棋局部无胜，右侧防守将略有压力。由于我不是很熟悉左上方的黑棋进攻手段，不太清楚是否属于比较容易的局部防守，权衡之下还是走了比较保守的白24，定形后我直接提和，但对手并未同意。我原以为黑9的选择已经说明对手能够接受和棋的结果，不料在此处还得继续下。实战白28不好！黑29关键一招，局部必胜！细算之下才发现此点竟然如此之强！我不清楚这个定式怎么会演变成这个样子，一下子感受到了巨大的压力。实战白30必败，黑31必胜后对手提和！真是戏剧性的结果。黑29后对手也认为白30是最强防点，因此黑31手后就准备和棋了，我也算是再次幸运地逃过一劫。实际黑29后，白棋有若干选择，如白30－K11则黑31－M11，如白30－M11则黑31－K11，如白30－E11则黑31－D12，如白30－D12则黑31－E11，此后黑棋依然保持局部必胜，白棋唯一的办法就是

在 I7、H7 连续活三将斜线的大跳二提前削弱，方可在局部继续防御，但此种交换完全背离了白 28 的本意，清理了下方黑棋的不稳定因素，使黑棋在下方定形十分完善，还给黑棋从左上向左下的过渡提供了相当的便利，后续发展黑棋依然具有相当优势。实际 28 - H7 才是正着！经过此番拆解，我们可以看出白 28 选点的重要性。

第四轮　雨月局（不换），陈新（黑）负李一（白），5A = G7，G8，G9，H10

图 L50 - 4，开局后我主动求变，对手也不甘示弱，至黑 7 为近来流行定式，局面将迅速进入中盘。黑 11 后我忽然注意到白 12 - F10 是有趣的走法，强行还原到"水月""新月"的变化。但考虑到盘端差异，我担心后续黑 13 - 12，黑 15 - F9 后左右两侧均有适当空间，反而令白棋陷入两难境地，最终还是选择了比较朴素的白 12。白 14 后预想：黑 15 - 33 正常，白 16 - 32 是比较积极的手段。实战黑

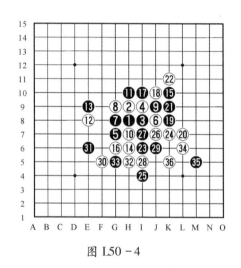

图 L50 - 4

15 是奇异的一手！经历了吃惊与紧张后，我冷静地发现了此处的问题——由于白棋 6 - 14 活二的干扰，黑棋此处根本没能构造出 VCT！想明白这一点后，白 16 果断抢先，立即形成大优的局面。黑 17 ~ 21 只能如此，白 22 方向正确！黑 23 败招！白 24 起是教科书式的白棋必胜手段，黑棋毫无招架之力。从实战策略而言，只有选择黑 23 - L9 对攻才能获得仅有的一线生机，任何其他保守的防御方式皆不可行。

第五轮　瑞星局（交换），李一（黑）胜兰志仁（白），5A = I6，I7

对手开瑞星局的时候我已想到后续会有双跳 12 的和棋策略，而我的应对也早已浮现于脑海之中，实战进程果然如此。黑 15 是异常的选择

——理论上也的确不是强手。白16应对，黑17图穷匕见！此招变化我从未见任何人在实战中走出过，此招是我在今年公开赛最后一轮中给朱建锋准备的一招，可惜当时未能发挥，今日终于找到了实践的机会。此处黑棋可强力牵制，白棋对攻并不成立，如白18－36，黑19－24既是唯一防也是唯一胜的强硬反击，后续有精彩绝伦的VCT手段！大家有兴趣可以自行拆解。白棋只能消耗右边局部的材料去

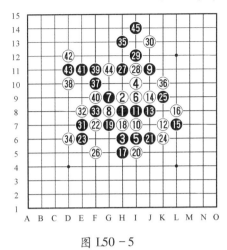

图 L50－5

进行防御，这种消耗会导致上方的形状被提早确定，且黑棋在上方将有微弱子力优势，如果白棋在下方交换过程中失先，则黑棋可以在中盘于上方先手展开有力进攻。而如何进行先手优势交换，消磨黑棋下方局部的绝佳形状，实战对于未作准备的白棋而言实在是太过困难的任务，更危险的情况则是被黑棋先手占到20位形成猛烈进攻，白棋甚至有可能在局部出现防御失误而速败！此处我拆解的最佳应对应为白18－25，白20－M7，黑21－J10，白22－24！此后黑棋反四协助白棋定形，白棋右下势优黑棋必须防御，白棋有足够的材料先手向下方过渡并平稳定型，最终可以抢先于上方展开进攻。实战的平衡走法也可，但黑25后白棋需要在下方防御一手，将上方的先手拱手让出，黑27后局面仍处于基本平衡的状态，而黑棋自黑15起的战略目的已经全部达成，我的心理优势是极大的。白30败招，黑31黑必胜！当然这只是复盘分析的结果，实战我只是按照黑优去下的。白32最强防后黑33先定形，此时我注意到37位的连接要点，也考虑过在左上局部强取胜利，结果却走错了顺序，此处黑35－37是漂亮的必胜！实战黑35逼迫白棋反挡，继续向左上延伸，看上去是占便宜的一手，但白36落下之后我突然注意到黑37后的白38－H10，黑39－G10不成立！后续白40－L10、白42－L11绝地反击，白必胜！因而黑39只能挡在中间，胜机也将离我而去。此时我的时间也很紧张了，何况开弓没有回

头箭，黑37仍然不变！在压力之下，对手还是出现了失误，黑39黑必胜！

第六轮　残月局（交换），江齐文（黑）负李一（白）；5A = F7，G9，H11，I8，I10，共68手

图L50-6，对手开局打点强行寻求变化，我也欣然接受挑战。实战黑5对于新棋手而言可能比较陌生，这其实是很早之前"妖刀"盛行时的相关研究，总体白好。黑11后我对定式已经不太熟悉了，只知道白棋绝不吃亏的结论，花费不少时间终于找到了最强应对手段白12！既然此处白棋没有失误，黑棋至黑19的定形也只能如此。白棋虽有先手但材料实在太少，反倒是黑棋的形状展开得很有意思，

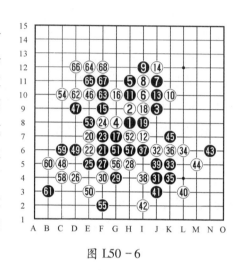

图 L50-6

白20选择比较自由，实战走法只是思路之一，大家可以不必拘泥于此。黑21在我看来有些过于用强，实战此处白棋的防御就比较简明了，白28是防御的关键点位！之后黑棋的走法确实有些固执，此处攻防交换大家自行研究即可，并无太多可评价之处，至黑45失先，黑棋终于把自己埋到了自己挖的坑里。白46在空旷区域展开试探，黑47看起来是霸气侧漏的一手，但却有形状上的隐忧。白棋立即展开连续进攻，剑指D8位的禁手，逼迫黑棋连续冲四消耗材料，白54顺势一挡相当于先手占据要点。以下双方在时间压力下紧凑应对，最终白棋还是展开了白64的形状，实战情形下黑棋无法防御了。

第七轮　峡月局（不换），李一（黑）和黄圣明（白），5A = G10，H7，H10，H11，I7，K7，K10，共82手

图L50-7，黑7是分歧点，由于盘端问题，此型黑7-8白棋较好，黑棋不宜选择，如果是溪月局则三个黑7变化可以说各有千秋。实战12

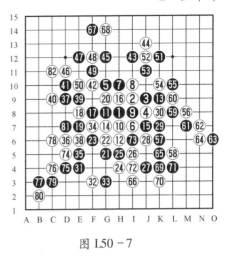

是近来流行的手段，需要重点研究，黑 13 挡两边皆可，白 16－19 是否更加积极？至白 20 定形后黑 21－54 是常见手段，此后白 22－60，黑 23－59，局部攻防手段还需要深入研究。实战我想保留 15 位所在斜线，决定求变，故单挡黑 21。白 22 后黑棋选择防御，我计算黑若 23－73，白 24－24 如何，后续总感觉黑棋无法将局面处理干净，存在一些隐患，实战的走法是更有信心的一路。至黑 29 都是预料之内的手法，白 30 后黑 31！此局面白棋再无任何威胁。后续几手都是比较稳妥的手段并将黑棋左下的空间优势转化为连接并通过左上向上方过渡。黑 43 重新展开进攻，白 44 也是强防，在时间压力下我很难组织起更有力度的进攻手段了。黑 47 起是和棋下法，对手也无可奈何。

图 L50－7

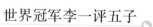

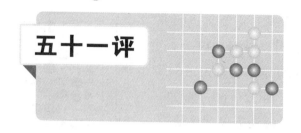

五十一评

　　第三届全国五子棋精英赛，于 2019 年 10 月 6 日至 9 日在长寿之乡海南省澄迈县盈滨半岛亚泰温泉酒店举行。男子组的杨彦希、祁观、李一与女子组的李小青、汪清清、吴志琴分获各组前三名。

✽　✽　✽　✽　✽

　　首先祝贺本次比赛取得圆满成功，感谢比赛主办方及工作人员的辛勤付出。

　　这是我第二次参加索索夫规则的比赛。我针对大部分开局白 4 的应对数量增长到了 2 个，掌握的开局也增长到了 2 个（水月局、彗星局），变化的准备主要是研究近年来国际赛事公开的棋谱、日本名人战系列的棋谱、2019 年 9 月安吉世界公开赛的棋谱以及俄罗斯慢棋优质对局，自我感觉还是比较充分的。精英赛的用时比锦标赛略长，但经过锦标赛的铺垫，我也比较适应了，只不过一天三轮（第二天四轮）的赛事还是比较考验体力的。最终我取得了 5 胜 5 和 1 负的战绩，其中假先 5 局 2 胜 3 和，假后 6 局 3 胜 2 和 1 负，执黑 3 胜 2 和 1 负，执白 2 胜 3 和，个人也算比较满意。比较有趣的一点是，我本来打算用彗星局和水月局轮流开局，对朱建锋我开了彗星局，对兰志仁还是开了彗星局，没想到和得更快了，对祁观我按原定计划又开了彗星局，对曹冬时我想起他在世锦赛上对中山智晴选择的白 4，恰好有个有趣的变化可以采用，于是也开了彗星局，最后一轮，我想我对刘洋怎么着也要换成开水月局了，准备了几个小时，最后决定看看对手的对局吧，发现对手也是主开水月局，避其锋芒又一次选择了彗星局，无巧不成书，最后还是变成了连开五盘彗星局。彗星开局变化丰富，技术含量高，但太容易被迫和棋仍是个令人困扰的问题。除此之外，在本次比赛中溪月局、峡月局再次被大量发掘，这两个开局在索索夫规则中的地位就如同疏星局、瑞星局在山口规则中的地位，无论如何都能走。比赛过程中，我基本上还是顶住疲劳，保持了良好的作战状态，最后取得季军，也算名副其实。

本次比赛的场地设在海口市澄迈县亚泰酒店，环境十分优美，住宿条件也不错，美中不足就是餐饮的水准与锦标赛相比实在有些逊色。比赛期间收获了风格独特的纪念品，主办方还准备了有海南特色的零食大礼包，在这一方面值得称赞一番。

第一轮　游星局（-/-），黄立勤（黑）负李一（白），5A = H6，I6，I7，I9，I10，J7，J8，K5，

见我的对手选择游星开局时我差点笑出声来，但是我忍住了。白4八打必胜！这是我单独准备的骗招，目的是出其不意取得一分。八个必胜打点后续虽不太复杂，但八个必胜打点位置的确定几乎不可能通过现场计算完成。而总有一些棋手，也包括一些对手，他们的准备工作往往并不是那么充分，计算力也不属于顶尖。本局我有备而来，对手也无法选择交换，

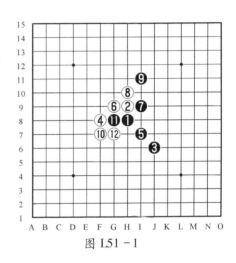

图 L51 - 1

硬着头皮苦算到几乎超时，最终还是只打到了四个必胜。而我则一边回忆一边计算必胜手段，轻轻松松地仅用20分钟就拿下了比赛。

第2轮　峡月局（-/R），李一（黑）负梅凡（白），5A = G10，H7，H10，H11，I7，J7，K7，K10

图 L51 - 2，黑7略做变化，此型第一个要点是黑9唯一防（溪月局盘端不同，可单防三三点）！白12我个人以为不如直接白12 - 14，后续对比，如黑13 - 13则不好，以下白14 - 31！如黑15 - J7则白16 - 41！如黑15 - G7则白16 - 12张弛有度！实战白14后，白棋略微亏损但仍可一战。

此时或许黑 15 - 31 更好（长远来看）。实战黑 15 追求直接手段，白 16 稳健！以下我计算许久都未能找到突破性的进攻手段，无奈地一边尝试进攻一边保持局面稳定，而白 26 是富有潜力的防御手段！压力之下我未能找到适当的处理手段，至白 30 定形，不知直接黑 31 - 32 强硬试探如何。实战黑 31 后白棋直接占据 32 位，后续围绕优势形状向右上拓展，我在时间压力下节节败退，最终还是输掉了比赛。

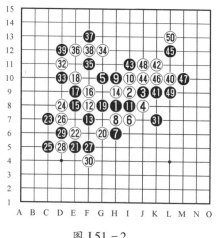

图 L51 - 2

第三轮　彗星局（－/R），朱建锋（黑）负李一（白），5A＝F9

图 L51 - 3，黑 9 至黑 11 定形，白 12 是积极的手段，先手破坏黑棋右上的进攻形状，白 14 重新盖回，这两手是经过讨论和软件初步分析过的走法，但反而给自己埋下了危险的种子，黑 15 是强力的干扰手段，接下来白棋如何应对？我思考了很久竟没有找到答案，其实此处应走白 16 - 54！以下黑 17 - 55，白 18 - 57，此后两侧均可形成强力进攻，黑棋也不存在什么反击手段，但此种进攻手段将几乎耗尽白

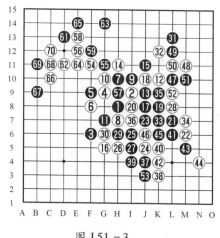

图 L51 - 3

棋所有形状和材料，太过极端，实战实在难以自然走出。无奈之下心一横，白 16 单防下方，放黑棋在右侧直接进攻！我想我已经很久没有采用这样被动的战术了。黑 17 后我计算白 18 - 23 则黑 19 - 47，黑棋优势巨大！因此白 18 无奈挡在中间。此后黑棋拓展有力，至黑 23 定形（黑 21 必须冲四）。此处白 24 - 25 是最强防御，局面干干净净，但我一直在计算白

24 的选点和 46 位的防御选择，忽视了对其他强防的搜寻，更糟糕的是，直到最后我也没算清若白 24 - 46，到底黑棋如何取胜，这里避免了直接必败就是在靠运气了。黑 27 后黑棋材料众多，我依然面临很大的防守压力，实战白 28 必败，黑 31 - 39 黑必胜！面对白棋多处连接优势，对手似乎也显得有些急躁，黑 31？白 36！不可思议，对手竟然忽略了如此简单直接的上下共防！局势瞬间逆转，黑棋虽然勉力控制形状不至于直接崩溃，但黑 53 终究落了后手。白 54 后白棋简单必胜！

第四轮　雨月局（ - /R），李一（黑）和奚振扬（白），5A = F8，G7，G8，G9，H10

图 L51 - 4，当我选择这个黑 13 时我从未想过这盘棋还能以和棋结束。说句题外话，本次精英赛之后，该白 12 之后的黑 13 应对被研究确定为唯一（定式黑 13 - 18），黑 13 - 14 也是复杂的白必胜，算是一个不大不小的理论突破。实战黑 13 后，白 14 - 35（白 14 - 16 似乎也能直接必胜），黑 15 - 42，白 16 - 16 白必胜！实战白棋应对也强硬，而黑 17 就回到我拆解过的局面了。黑 19 必须，白 22？！我惊

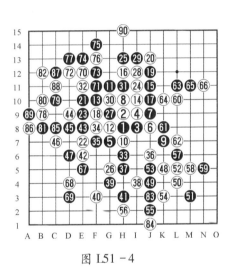

图 L51 - 4

了一下，心想这里好像没有如此简单的必胜吧！然后很快看到了黑 23 的唯一防。对手在这里花费了很长时间进行计算，但也没有看到有效的取胜线路，为我提供了不少的时间优势，黑 25 继续选择激进的手段也是为了利用这种优势。白 26 是意外一招——此招实际必败！黑 27 - 45 消除白棋 VCF，黑 29 - 28 黑必胜！然而此时我却陷入思维定势——24、8、22 形成的冲四形状在两个冲四点上都受到黑棋的反击，如此脆弱的形状让我忽视了除 27、34 之外的其他防御选择，最终错失胜机！实战定形至黑 35 其实并不好，白 36 抓住我的疏忽盖住好点后，黑 37 再次走出了激进的防御，

实际此处白38 – 45，黑39 – F6，白40 – 43，白42 – 67白必胜！可惜对手在时间太过紧张的情况下，实在是没有办法计算了，接下来白棋虽然在很长一段时间内都保持了一定的威胁，但始终无法将其转化为胜势，黑55先手防御后，白棋的所有连接都被分割削弱了，后续对手尽力创造机会，但仍然难以逃脱和棋的结局。

第五轮　彗星局(– /R),兰志仁(黑)和李一(白),5A = F8,I8

图 L51 – 5，意外的一盘棋。我为了规避"水月""新月"的变化而选择了彗星局，没想到对手迅速接受并走出了和棋定式。我对此变化一知半解，实在没看到双方有任何理论上的机会，想了想还是接受了和棋。

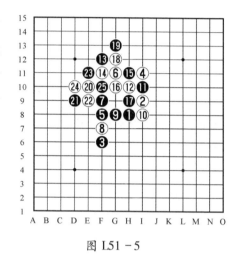

图 L51 – 5

第六轮　银月局 (– /R)，李一 (黑) 和杨彦希 (白)，5A = F8，G8，H6，H10，I6，I7，J9，K7

图 L51 – 5，白14单盖后黑15有不同选择，实战的黑15比较稳妥。白18是异常的一手，但基本能看出是在骗黑19 – 24，以下白20 – 23，黑21 – 22，白22 – 27白必胜！不过此处黑19 – 29对攻成立，为最强应对。由于两种对攻在连接上有类似之处，因此我未将正着算得太深入，转而选择了直接防守。考虑到24 – 29向H4的连接，确定了实战的黑19。以下白棋主动展开至白28定形，此处我思考很久也没有找到适当的进攻点，实战黑29是不留后患的攻击方式，演变至白32的交换也在预料之内。黑33控制一手后，盘面形状展得比较开，空间略有不足，对于双方而言进攻材料都很匮乏，防守起来却较容易。在这个局面下双方同时采取了控制的思路,局面将越走越死板,却无可奈何。
预料如此,我和对手默契地接受了
和棋。

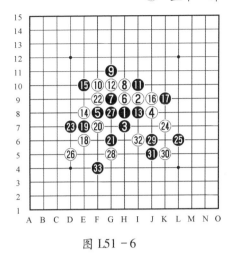

图 L51－6

第七轮　彗星局（－/－),李一(黑)胜祁观(白),5A＝E5,E7,F5,G5,G7,H4

简单有趣的一局棋,顺便感谢杨
彦希在赛前给我提供的"红牛"。黑5
好棋!对手迅速陷入陌生局面,此时
双方的想法极为有趣。对手误认为他
的打点数要少了,以为此黑5必胜,
抱着死马当活马医的心态走了白6,
其实此处白6－I7是最强防,后续演
变比较复杂,白6－12白稍好,白6
－10后,黑7－6黑稍好。同时我的
记忆也产生了偏差,明明没有拆过白
6的选点,却认为白6－I7是唯一防

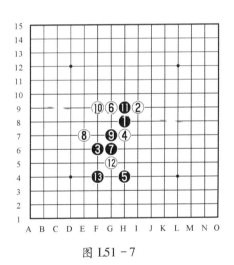

图 L51－7

御,看到实战的白6后我的第一想法也是黑必胜!黑7后白8必然,黑9
为关联手段,此两手组合进攻其实是同时计算好的,以下白棋虽然勉力防
守,但只要不拘泥于直接的VCT手段,就能看到黑13一招必胜,选择此
招并非我随意试探,而是因为已经将白棋防御全部算清!其实此处胜法还

269

有其他几种，但都殊途同归。对手苦苦算到时间耗尽，知道大势已去，无奈停钟认负。

第八轮　丘月局（ - /R），李一（黑）胜张轶峰（白），5A = G9，G10，H6，H10，I6，I8，J8，J9

这是我在本次比赛中最艰苦、状态最差的一盘棋。早上起来我偶然想到丘月局的问题，发现此白4要八打可能通到残月局的平衡变化，而我恰好有一路锦标赛准备的变化没有用出来，就简单记了一下打点，把黑5 - 10（58）的基本走法拆解了一番，没想到实战对手真的选择了这个开局，却反过来要求我打八个打点！混乱之中我又把打点记错了，思考半天也没能确认22位的打点，最终迫不得已

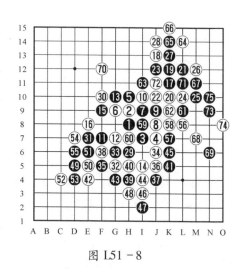

图 L51 - 8

选到了这个我完全不熟悉的黑5。白8之后显然有黑9 - 22，白10 - 12，黑11 - 13，白12 - 10，黑13 - 72这样强硬的走法，但后续依旧复杂，实战在没有研究的情况下也很难走得如此刚猛。黑9缓手，此后局面基本平衡，但黑11太不老实，白棋应对过后优势已经开始倾向白棋，虽然看似还有黑13 - 33的走法，但白14 - 40简单占优，局面将变得越来越不可控制。无奈之下我选取了最保守的一种战术——黑13一副任人宰割的模样，期待对手在进攻中出现失误。此时白14 - 58看起来不错，实战白14是更加强硬的好棋！黑15看来只能如此，此局面白16 - 34对攻成立！后续黑17 - F8，白18 - 30白大优！但实战白16突然保守，尽管险象环生，我也只能抓住这一丝机会奋力求生。设想黑17 - I12则白18 - 18，黑17 - 72则白18 - I12，以下黑棋无论如何也不行，实战黑17只得如此，白18是十分有创意的一手！既防守了要点，又消灭了黑19 - 20连接左右的企图。此后黑棋以攻为守，至白28戛然而止——这里已经尽可能展开和积累了黑

棋所有用于反击和干扰的材料，在不确认 G11 等位置是否能够必胜的情况下，后续进攻不理想，故在此时 29 回防！此后白棋受制于黑棋积累的材料，始终无法迅速提升攻击力度，而我也在时间压力和精神紧张的情况下丧失了进一步寻觅优势的意志，本来激烈的局面意外地越走越平稳了。黑67 先手做杀，后续用剩余的材料拖住白棋左上的攻势，这盘棋基本可以和棋了。但对手白 68 冲了很奇怪的一手！此时我忽然注意到对手的眼神开始迷离游移，似乎有点看不清局面了，我觉得他很有可能误算了右边 VCF 的线路，于是我毫不犹豫开始和他一起看向左上方，用专注的眼神"暗送秋波"，果然对手被我"带歪"，白 70 走出了低级失误，我也幸运地在最艰苦的对局中取得一分。

第九轮　彗星局(-/R)，曹冬(黑)和李一(白),5A = G6,H6,H7,I6

白 4 落下之后这盘棋的结果基本就确定了。与之前三盘和棋的区别在于，这是我"特别能接受"的一盘和棋。此和棋变化黑稍好，或许仍有研究余地。

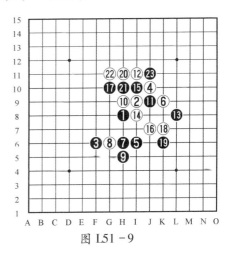

图 L51 - 9

第十轮　银月局（-/R），李一（黑）胜芦海（白），5A = G8，H6，H10，I6，I7，J9，K7，K9

图 L51 - 10，白 8 是有些委屈的一手，而白 8 - 16 的走法以最近的研究来看也不一定好，从战略上来说，白 8 - G6 仍有相当价值。实战白 12、14 破坏黑棋形状，此时我比较担心对手会强行分割黑棋连接，毕竟他都走出白 8 这样的手段了，接下来对手若下出任何强手，我都不奇怪了。因而此处的战略思路是试图从外侧进行连接，而且我认为 G8 这个位置于双方而言效率都极低，因此尽力规避或尽可能让对手占据，之后便有了黑 15、17 的手段。白 18 激烈！此局面单防其实也可，但我注意到白棋的进攻线路比较脆弱，一番计算后果断选择黑 19 对攻！此处设想白 20－E10 则黑 21－F6（实际黑 21－E5 黑必胜！），白

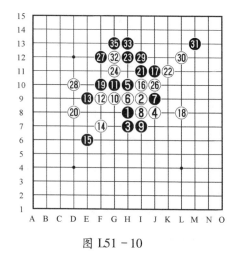

图 L51－10

20－24 则黑 21－E8 黑必胜！白 20 只能如此，此时黑 21 在上方局部的威胁便显露无疑了，此处白 22－24 苦防是唯一手段，但白棋先手反击尽失，将成为黑棋可随意进攻的大优局面，而实战意图对攻的白 22，我其实早已验证完毕，黑 23 一招必胜！以下如白 24－K7，黑 25－29！

第十一轮　彗星局（－／R），刘洋（黑）和李一（白），5A＝F8，H6，I6，J8

有些轻松的最后一战。杨彦希提前夺冠后，对于我而言第二名与第三名其实没太大区别。由于我的小分领先奚振扬太多，一盘和棋已经足够我确保季军。

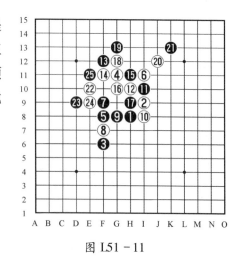

图 L51－11

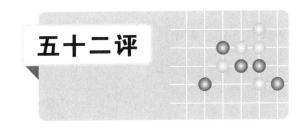

五十二评

第57期全日本连珠名人战名人位决定战第三、四局于2019年11月16日至17日分别在练马区生涯学习中心、石神井公园文化交流中心战罢。中村茂名人以2.5∶1.5的战绩成功卫冕！

✿　✿　✿　✿　✿

丘月局，中村茂（黑）负神谷俊介（白）

前期双方平稳行进，白16走法较多，实战是比较灵活的一种方式，于黑棋而言应对也是一番考验。至白24定型，局面平稳，黑棋稍有先机。黑25问题手！此招效率不高，于白棋而言在局部的损失极小，但却获得了宝贵的先手机会，白26最强应对！以下双方走法激烈中不失微妙，至黑35初步定形，局面干净，白棋毫无后顾之忧地展开攻击！至白44白棋优势已经比较明显了，黑47败招！此处白50

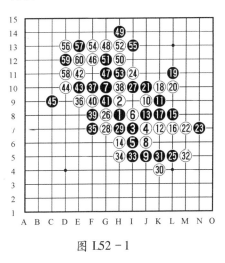

图 L52－1

－59白必胜！可惜紧张之下神谷俊介未能一击制胜，实战白50后黑51－52是唯一防，但中村茂名人同样出现了误算！以下白棋再未留给对手任何机会，白60后黑棋投子认负。

寒星局，神谷俊介（黑）和中村茂（白）

白6略为少见的走法。黑9是比较关键的抉择，黑9－J7更加注重外围空间控制，实战走法则加强了直接连接。但黑棋接下来左边局部的进攻手法似乎略显急躁，如17、19手的组合在总体方向上似乎不知所措。中村茂名人白20、26的防御思路十分飘逸，虽然当下局面尚属平衡，但经验尚浅的神谷俊介似乎陷入无法深入计算的迷雾，黑27恶手！白棋抓住机会立即整理形状，黑35低效的防御过

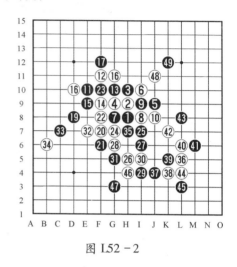

图 L52－2

后，黑棋先手材料尽失，局面已经进入白棋的表演时间。尽管中村茂名人在四十余手漏掉了一两处比较复杂的攻杀胜法，但白棋的优势已然无法撼动。黑49仍落于后手，更何况全盘黑棋已再无取胜的可能，绝望的挑战者没有选择继续死缠烂打，直接提出了和棋。

中村茂（黑）胜神谷俊介（白）峡月局，5A ＝ G9，G10，G11，H10，I7，I8，I11，J8

图 L52－3，中村茂执黑在五手打点的选择中给出了不常见的、通常被认为白稍好的选点，黑9后，局面一度趋于复杂。序盘阶段双方行棋都比较慎重，上午仅对弈至13手即封盘午休。下午续战，双方继续展开中盘缠斗，中村茂在黑23手的选择上长考近一个小时，而神谷俊介没有耗费多少时间就给出了实战的白24恶手！此招

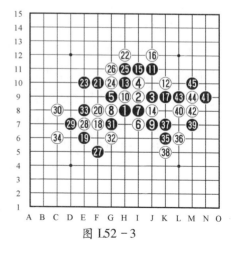

图 L52－3

的草率应对让黑棋迅速展开至黑 27 的优势形状，神谷俊介则在盘面劣势和时间紧张的双重压力下不断亏损。白 34 手局部定形后黑 35 迅速拉开架势，白 36 弱防！之后黑棋以细腻而凌厉的攻击手段直取胜利，至黑 45 手神谷俊介投子认负！中村茂名人先得一分。

神谷俊介（黑）负中村茂（白），彗星局，5A = E6，E7，E8，F7，F8，G8，G9，I8

"彗星八打"布局结束后，已经六十岁的中村茂名人丝毫没有落伍的迹象，连续走出最新最强的流行应对，神谷俊介沉着以对。此后名人执白率先出手，于 12、14、16 手走出一串相关联、欲擒故纵的手段，一边引诱黑棋主动进攻，一边在一侧积聚子力，同时将黑棋材料向盘端进行压制，白 16 看似稍弱，给黑棋留有不少连接材料，但黑棋无论何种进攻线路都无法形成突破，只能期望以细致的进攻为

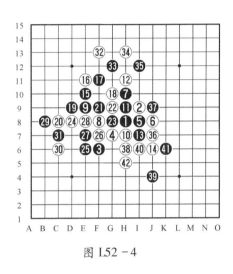

图 L52 - 4

手段，继而控制局面——这对于神谷俊介而言似乎难度过高了。神谷俊介执黑苦思冥想直至读秒，始终未能找到处理办法，只得强行进攻，而中村茂成竹在胸地拍下白 24 手，封死了黑棋所有的进攻希望。强弩之末的黑棋试图做出抵抗，但在时间和局面的压力下已经力不从心。白 32 后黑棋的干扰材料全部被限制住，而白 14 手时在右侧积聚的优势又虎视眈眈，黑棋不能兼顾，再无防御可能。绝望的黑 35 之后，白棋干净利落地在右下方向简单取胜，至白 42 手神谷俊介投子认负。终局时，中村茂的用时竟然比神谷俊介短了将近两个小时！

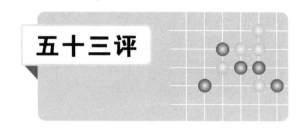

五十三评

2019 年广东五子棋冬季赛，于 2019 年 12 月 15 日（日）在广州弈客体育俱乐部举行。李一、吴镝、黄立勤分列前三名。

✳ ✳ ✳ ✳ ✳

首先祝贺本次比赛取得圆满成功，感谢俞亚萍老师的盛情邀请，感谢比赛主办方及工作人员的辛勤付出。这是我第一次来广州，两天不到的时间还是比较仓促，而且 15 号一整天都是在比赛，希望以后还有机会能够进一步领略羊城的风采。当然，比赛当天中午的牛杂和晚上的海鲜都令我大饱口福，在此也特别感谢当地棋友们的热情款待。

本次比赛有幸以四胜一和的战绩取得冠军，还算是延续了全国赛以来的良好状态……其实，全国赛之后我除了上俄罗斯慢棋网拆棋之后就没下过棋，只在比赛前一周练了几盘，比赛中走出的变化基本都是全国赛前后没有尝试过的一些走法。相对于在不到一个月前参加过智运会的其他棋手，我这次倒是并没有制定太高的目标。具体而言，比赛过程中除了第一轮对手较弱和第三轮对阵贺启发之外，其他三轮都一度面临很大的压力，但还是顽强坚持了下来。由于设了种子选手的缘故，前三轮我和吴镝一直在前两台没有变动过，然后我就欣赏他花式简单胜，我坐在旁边简直"酸"得不行，幸好第四轮还是把他捶下去了。四轮过后全场我一个 4 分的带着一大堆 3 分的，这给我最后一轮的战略战术选择提供了便利，虽然我并不是以和棋为目的下的最后一轮，但从客观上来说，当时的状况还是对我开局的选择产生了一定的影响。

第一轮　残月局(交换),郑海杰(黑)负李一(白),5A=5,6,7,9,I9

图L53-1,对手并不熟悉打点和定式,我简单取胜。

第二轮　寒星局(不换),朱凯(黑)负李一(白),5A=5,7,9,J9

图L53-2,对手布局"寒星4打",我考虑到寒星4打在智运会出现过多次,或许有一些我不清楚的未知走法,自身的熟练程度也有限,而且回想起近期日本名人战五番棋挑战最后一盘棋中村茂的走法,于是决定大胆尝试,就没有选择交换。黑9如我之前所讲是一个分歧点,我个人还是认为将黑9-60作为实战思路更好一些,黑11强硬!此处我首先看到白12-20,黑13-16对攻黑大优(实际黑必胜),后续就一直在考虑直接防守的走法了,其实此处白棋似乎仍有一些积极的手段可形成反击(白12-

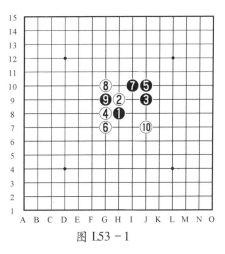

图L53-1

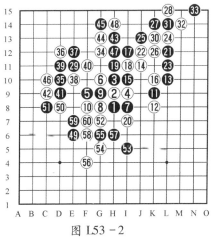

图L53-2

57等),可惜被我遗漏了。此处白棋防点选择很困难,即使以不让黑棋很顺利地占据16位作为原则,也有不同的防御方法,后续计算对于实战中的白棋而言很难看清。之后黑棋的进攻较为直接,此处的攻防大家可以自行拆解,其实白14、16的走法已经必败,黑棋的胜法甚至不止一路,但黑17缓手,白18强防后,白20、22开始有意识地打断黑棋全盘连接要点,将白棋分而治之的同时持续向边线发展。之后,黑棋逐渐面临时间压力,很难迅速组织起强有力的进攻,直至白42手防御,黑棋进攻彻底失败。白50后随意试探两手，黑棋难以防御了。

第三轮　峡月局（不换），李一（黑）胜贺启发（白），5A = 5，6，7，H10，H11，I7，K10

面对"峡月7打"，虽然我执白也能一战，但对手没有交换还是给了我莫大的机会，我也终于有机会走出新招——黑5！这个打点是我在俄罗斯慢棋网对战时偶然发现的走法，而从整个局面的角度来看则更具有战略意义，由于其他选点或有必胜或有明确的优势，执白一方即便在明知陌生的情形下也很难不选择这个打点。此处白6-7展开正着，黑7-H10则白8-6，白必胜！白8-L6必然，后续白10-15，黑11-16，之后白棋仍有

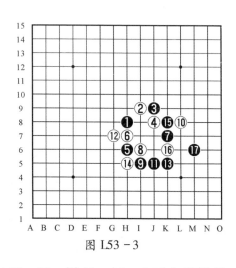

图 L53 - 3

不同攻击选择，黑棋若能妥当应对仍可一战。但这些通过深入拆解得出的结论于临场计算的对手而言实在太过遥远，实战白6已经有所亏损，黑7自然控制一手，后续发展白棋很难突破黑棋的外围，黑棋应对轻松而白棋压力巨大。之后黑9-11自然也可，但实战我故意向激烈的方向行进，目的是给对手更大的压力。白10?！不可理喻的一招，完全不合棋理的应对，即使单从表面状况来看，黑棋存在于15位直接打断的走法，活二数量的变化已经暗示了白10的无理之处。此处黑11-J4或为最强，白12-K3则黑13-11，黑必胜！白12只能反挡，但黑棋仍有黑13-11，黑大优！实战黑11走法也强势，如白12-J4则黑棋存在精巧的取胜手段，大家可以自行拆解，因而似乎只能选择白12-15，黑13-M8，白14-14，黑15-J7，白16-J4，局势看似一时稳定，但黑棋先手在握，白棋又没有明显的反击，黑棋只要利用好保留的材料，轻松发起全盘进攻是唾手可得的事情。实战中对手选择了白12，不合时宜地进行对攻，后续黑棋简单VCT胜。

第四轮　疏星局（不换），吴镝（黑）负李一（白），5A＝5，13

　　对手布疏星局后意外选择了2打，并给出了13位的打点。我思考了一下，觉得后续的整个变化最大问题是黑棋主导性过强，执白很难避开对手的战术目的，故而最终选择了保留一打变化。黑7是如我所料的变招，紧接着就是看似奇怪的白8！有一次我在网上开着软件拆棋，偶然发现黑7后软件给出了白8的选点，我心想怎么会走出如此奇怪的应对，于

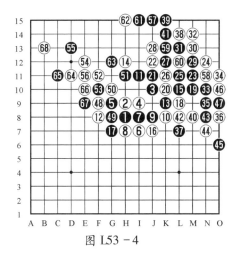

图 L53－4

是翻了翻一些很老的定式书，发现这一招白8早有记录，算是老定式，并且有黑优的结论（早期被认为是黑优的局面），大部分经过深入拆解都有必胜的可能，如今白8怎会成为很强的应对呢？这种矛盾感令我印象深刻，但后续并没有深入拆解。实战可以说是突发奇想。对手立即展现了其敏锐的进攻嗅觉，而我在计算白12选点时无谓地浪费了太多时间（回过头来看，这里白12的防御是必然的一招），陷入了十分不利的局面。白14反挡似乎也可，黑15后黑棋形成十分有利的形状，其实此处局面并非一面倒，而是意外地可战（白18－I10）！但在时间压力之下我无法实现准确的判断，白18必败！黑19起是十分复杂的VCT！复杂到对手也没能走出来……不清楚对手是何时意识到进攻失败的，总之黑棋在局部无谓地挣扎了一番，黑33是最后的骗招，但白34早有准备，之后黑棋已经接近崩盘，而白38抓住机会先冲导致黑41随手失先，这成为了压垮对手的最后一根稻草。白48后看似计算内容很多，然而取胜手法皆符合棋理，且不难走出。

第五轮　丘月局(不换)，李一(黑)和韦振强(白)，5A＝5，7，27

　　图L53－5，不是很清楚对手对于这盘棋是否有强行争胜的意志，黑7

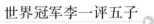

若变招也属正常。实战走入漫长的定式，白16则是第一个分歧点，白16–28的和棋率更高一些，实战这个走法则显示出白棋依然存在争胜的意愿。白18以后的走法在今年的大小比赛中被奚振扬多次走出过，并且多次取得了简单胜，我也进行了相同的尝试。其实这里我是很期待黑19–27的，至少这样我还算比较熟悉，实战黑19曾简单拆过一次，印象中是可战，实战

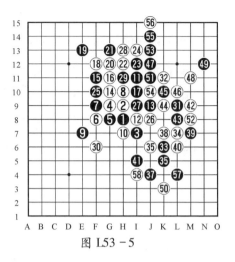

图 L53 – 5

中我计算了一下白20–D10、E9的进攻手段皆没有建树，于是转而寻求稳妥的交换。此处白20–K8强硬！黑21–24是略显窘迫的唯一应对，后续局面如何还需细细研究。回到实战，白30定形后可以预见黑棋会在右侧展开进攻，这个局面很像第二轮的情况——在已知的战略布局下进行防御，所承受的压力还是要比第四轮的情况小不少。黑31是联络上下的好点，白32一边控制不同的进攻线路，一边为后续反击埋下伏笔。之后黑棋是否先把34位跳掉后续差异明显，但白36之后黑棋无论如何选点，下方的进攻始终要被白38、42之后无穷无尽的冲四死死拖住（此处大家可以回顾白32的趣味所在）。其实此处白44–53，白必胜！实战在时间压力之下我还是错过了胜机，但白44依然是很有威胁的手段，这是我迅速构造出的一个陷阱——如果黑棋不慎走出黑45–46，则白棋将迅速攻击取胜……然而对手将其识破并走出了强防。白50防御后黑棋始终无法跳脱白棋的干扰，黑57无奈地补回一手，白58顺势一挡并形成F5和G6的强劲攻击点，随后先手提和！在这个局面下似乎对手面对提和也很无奈，最终接受和棋助我夺冠。其实白棋前期定形之后，D11位始终是黑棋的一个不错的进攻点，先行占据再谋其他方向联络或许更好。

李一棋迹

❀ ❀ ❀ ❀ ❀

1989 年 10 月 19 日出生，清华大学土木工程系毕业。

2004 年在北师大附属实验中学兴趣班接触现代竞技五子棋，启蒙老师房艺黠，在那威五子棋俱乐部拜师曹冬。

2005 年 10 月天津第四届全国五子棋邀请赛少年组第 10 名，初出茅庐，中国棋院授予初段。11 月北京高校赛第 31 名。

2006 年 5 月北京中学生团体邀请赛冠军（北师大附属实验中学一队一台），7 月北京第七届民运会五子棋比赛中学组冠军。

2007 年 3 月"昕鸿杯"连珠五子棋非著名棋手挑战赛第五名，4 月京津团体对抗赛北京二队成员，3 胜 1 负，总比分 11 : 5。5 月中国棋院首届全国团体赛第 10 名（北师大实验中学队一台，个人 6 胜 1 负）。5 月首届京沪擂台赛三锋，逼和擂主俞满江六段。7 月"永安财产杯"五子棋大会战 A 组第 10 名。8 月秦皇岛首届全国少年儿童锦标赛男子少年组冠军，中国棋院授予四段。10 月石家庄首届全国五子棋锦标赛男子成人组第 15 名。11 月第八届北京高校五子棋邀请赛十战全胜夺得个人冠军，并率领清华大学队获得团体冠军。

2008 年 1 月"新春杯"首届新体验五子棋争先赛亚军。6 月第二届全国五子棋团体赛第六名（北京那威俱乐部队四台）。

2009 年 1 月首届北京五子棋联赛（天王赛）冠军。5 月第六届上海名人邀请赛亚军。第三届全国五子棋团体赛第三名（北京队二台）。7 月第六届浙江五子棋公开赛第 10 名。10 月石家庄第三届全国五子棋锦标赛男子组第九名。首届智运会北京选拔赛第一名。12 月"京良杯"五子棋连换规则挑战赛亚军。

2010 年 5 月第八届世界团体锦标赛冠军（中国队一台），RIFCHINA 授予七段。7 月第三届"京系连珠杯"五子棋联谊赛冠军。8 月第七届浙江五子棋公开赛 B 组第三名。10 月石家庄第四届全国五子棋锦标赛第七名。

2011 年 5 月第五届全国五子棋团体赛第九名（那威俱乐部男队三台）。10 月石家庄第五届全国五子棋锦标赛第七名。

2013 年 4 月秦皇岛第七届全国五子棋公开赛冠军（"棋心愉悦"一队三台）。10 月石家庄第七届全国五子棋锦标赛第四名。

2013 年李一、厉艳、康岩、陶涛翻译日本斋腾秀一《五手两打总论》。《五手两打总论》是第一代中国竞技五子棋入段棋手必读。五手两打是竞技五子棋的最基本的开局模式，因此《五手两打总论》也是现代五子棋爱好者的随手读本。

2019 年复出，7 月浙江衢州第十届全国五子棋公开赛男子组第三名，升六段。8 月宁波浙江省五子棋公开赛 A 组第五名。北京"铁良杯"五林争霸赛（连换开局模式）第二名。9 月浙江安吉第二届世界五子棋公开赛 A 组第六名（并列）。10 月海口第 13 届全国五子棋锦标赛男子组冠军，第三届全国五子棋精英赛男子组季军。12 月广州 2019 年广东五子棋冬季赛第一名。